因為夢，我還活著

Dreams That Can Save Your Life

Early Warning Signs of Cancer and Other Diseases

讓夢境告訴你
身體到底出了什麼問題！

賴瑞・伯克、凱瑟琳・奧基夫・卡納沃斯──著
Larry Burk　Kathleen O’Keefe-Kanavos

許芳菊──譯

名家推薦

「這本啓迪人心的書可以拯救你或你所愛的人一命。數十個經過醫學驗證的夢境故事，對於致命疾病準確地做出診斷、預測或給予最有效的治療建議，這將幫助你信賴你的夢和直覺。夢是現代醫療團隊重要的一部分，我依賴它，這本書會說服你，你也應當如此。」

——卡蒂·坎伯爾（KATHI J. KEMPER）

醫學博士、公衛碩士、《眞正的療癒》（*Authentic Healing*）作者

「作者提出了我們需要留意預警夢的證據。我們不須活在這些夢境的恐懼中，而是要欣然接受這最美好的禮物——可以挽救你生命的夢。」

——諾曼·席利（C. NORMAN SHEALY）

醫學博士、博士、神經外科醫師、《活著的幸福》（*Living Bliss*）作者

「正如這本美妙的書所展現的，通過夢境來到我們身邊的訊息可能是重要的、迫切的，甚至是救命的。

但是，我們之中太少人注意到。非常感謝作者們有勇氣走出醫療的框架之外，擴大我們的視野。他們用心分享的內容讓我們受益良多。他們鼓勵我們自問：『還有什麼是可能的？』如果有的話，這將是改變生命的問題。」

——湯瑪斯・哈德遜（THOMAS HUDSON）

醫學博士、放射科醫師、《希望之旅：擺脫對乳癌的恐懼》（*Journey to Hope: Leaving the Fear of Breast Cancer Behind*）作者

「最容易被忽略、輕視的健康訊息來源就是我們自己的潛意識，特別是我們的夢。在《因爲夢，我還活著》這本書裡，對於這條古老的、在夜間通往智慧的道路，有生動的描述。這種能力是我們與生俱來的一部分，它們是偉大的禮物，忽視它們就得自擔風險。」

——勞瑞・杜西（LARRY DOSSEY）

醫學博士、《萬物一心》（*One Mind*）作者

「這本突破性的書是我們一直在等待的橋樑，它將玄奧的夢境世界與醫療和科學的現實世界連接起來。讀完這本書後，你再也不會把你的夢擱在一旁。」

——凱莉・蘇利文・瓦爾登（KELLY SULLIVAN WALDEN）

暢銷書《心靈雞湯：夢與無法解釋的事物》（*Chicken Soup for the Soul: Dreams and the Unexplainable*）共同作者

「這本書不僅包括了個案研究，而且還告訴讀者如何記住自己的夢境，並且將它做實際的運用。不論是醫生或他們的病人，都應廣泛閱讀這本書。這本書的寫作手法，讓人讀起來有如一系列的偵探小說，結局令人驚訝，這將會讓讀者有動力去記住他們的夢境，並對他們的發現採取行動。」

——史丹利．克里普納（STANLEY KRIPPNER）

博士、《*Working with Dreams and PTSD Nightmares*》共同編輯

「這本令人振奮的書，結合了最新的心理學研究，探討夢對於預測癌症發生的能力。作者喚醒了我們內在的力量，讓我們得以覺察——並且療癒——我們生命與身體的眞實狀況。」

——納亞斯瓦米．德維納瓦克（NAYASWAMI DEVI NOVAK）

阿南達共同精神領導、國際社會發展研究所全球大使和平獎共同獲獎人

「作者將我們敏銳的注意力帶到這個時代最大的流行病之一——癌症。每個人都能從這本讓人大開眼界的書籍中獲益良多。閱讀本書可以讓我們了解，夢如何與疾病的早期診斷連結在一起，這將造成受苦與療癒、生與死之間的巨大差別。」

——傑瑞．拉扎魯斯（JERRY LAZARUS）

《夢：聆聽上帝的聲音》（*Dreams: Listening to the Voice of God*）作者

「這本非常激勵人心的書不僅記錄了數十位癌症倖存者的預測夢，而且似乎也喚醒了讀者心中這類的夢境。對於任何想要喚醒他們內在醫生的人，我強烈推薦這本書！」

——特里西亞・麥卡農（TRICIA McCANNON）

《靈魂的天使起源》（*The Angelic Origins of the Soul*）作者

「讀了書中這些夢者的詳盡敘述，讓我對於夢將恢復在醫學上應有的地位燃起了希望。」

——讓・馬克・艾姆登（JEAN-MARC EMDEN）

DreamsCloud.com 網站總裁、共同創辦人、CircadiaLabs.com 共同創辦人

目錄

第二部　乳癌研究團隊的眞實故事　83

第六部　所有疾病的療癒指引夢　289

第七部　兒童的夢　337

第八部　診斷他人的癌症和疾病的夢——和別人一起做夢，以及爲別人做夢　349

第九部　結論與對未來的願景，關於預防、直覺的指引，以及靈性的含意　383

致謝

凱瑟琳（凱特）・奧基夫・卡納沃斯

如果沒有以下這些人的奉獻，慷慨分享他們非常私人的訊息與夢境指引，這本書便無法完成，而那些夢，可能將繼續被認爲「只是一個夢」。

所有在伯克醫師〈乳癌夢境研究計畫〉裡的女士，都是很棒的人與夢者，我個人非常榮幸能與她們合作，並且認識她們。蘇珊娜・德・格雷戈里奧（Suzanne De Gregorio）煞費苦心地採訪了研究小組的所有參與者，並且幫助她們寫下故事。這些夢境研究參與者的故事，是這本書的基礎。蘇珊娜的新聞和編輯才能給予我們莫大的幫助。

如果沒有我丈夫彼得・卡納沃斯（Peter Kanavos）情感上的支持與諒解，就不會有這本書。在許多個夜晚，他獨自一人打理晚餐，還取消了「夫婦倆」的計畫，所以我才可以工作到天亮，趕上這本書的截稿日期。親愛的，我愛你。

能與放射科醫生，同時也是位夢者的伯克醫師一起工作，對我來說一直是夢想成眞。他是全世界最平易近人的合作者之一，我很榮幸有機會成爲他的共同作者。

我們也要向 Hay House 出版社的路易絲．賀（Louise Hay）致敬，她在我們撰寫這本書的期間去世了（一九二六年十月八日至二〇一七年八月三十日）。路易絲開創性的新思維和自助的理念，都體現在這本書裡了。

賴瑞．伯克，醫學博士、能量心理學專業認證

在我研究的過程中，發現了凱瑟琳（凱特）．奧基夫．卡納沃斯不可思議的療癒旅程，這是來自夢境世界的莫大禮物，她的熱情活力推動了這本書的進展，其速度之快，超乎我的想像。我的妻子達格瑪．艾琳（Dagmar Ehling），在我研究和撰寫這本書的過程中，一路給我支持，並且在每天早晨與我分享夢境。

我要感謝 DreamsCloud 網站總裁讓．馬克．艾姆登對於〈乳癌夢境研究計畫〉的支持，以及國際夢研究學會（International Association for the Study of Dreams）對這項研究的推廣。萊茵河研究中心（Rhine Research Center）人體試驗委員會的約翰．帕默爾（John Palmer）博士批准了這項研究，以及克里斯蒂安．諾斯拉普（Christiane Northrup）、勞瑞．杜西、莉莎．瑞金（Lissa Rankin）這幾位博士在招募研究個案上所提供的寶貴協助。夢境研究的傳奇人物鮑伯．凡戴．卡索（Bob van de Castle）爲這項研究提供了靈感，但在這項研究發表前，於二〇一四年逝世。

凱特和賴瑞

我們要大大地感謝我們的文學經紀人德芙拉・安・雅各布斯（Devra Ann Jacobs）、編輯妮基・立奇（Nicky Leach）、封面插畫家理查・克里克斯（Richard Crookes）、版面設計達米安・基南（Damian Keenan），以及發行人蒂里埃・柏格里奧羅（Thierry Bogliolo），還有其他所有的夢境醫生、專業人士、家庭主婦、和那些素昧平生的陌生人，他們挺身而出，與我們分享了他們驚人的夢境故事，不只讓這本書臻於完美，而且也爲了拯救他人的性命。

好好做夢吧。

凱特和賴瑞

推薦序

伯尼・西格爾醫學博士（Bernie Siegel, MD）

「夢是通往潛意識的捷徑。」

——西格蒙德・佛洛伊德（SIGMUND FREUD），《夢的解析》

從我個人與專業上的經驗來看，我知道這本書的內容有多麼真實。意識會以夢境、象徵和幻象的方式表達出來。問題在於，當我們的心智掌控了我們的思想與意象，我們就無法突破這層障礙，清醒地意識與感應到內在的智慧。我發現在睡眠或恍惚狀態中，我們會創造出意象或聲音與我們對話，內在的自我可以自由地向我們展現被心智阻礙我們了解的智慧與真相。

杜克大學放射科醫師賴瑞・伯克，最近針對十八名女性完成了一項開創性的研究，這些女性在被診斷出罹患乳癌之前都曾做過預警夢。本書涵蓋了她們的故事，以及其他夢到不同類型癌症或其他疾病的人的夢境應驗故事。這些夢包括指導靈、天使、聲音、夢中的觸覺介入、共時性、象徵，以及已故親人的到訪。這些夢也都得到了醫學報告的驗證。

我眞心相信，我們睡覺的原因跟我們對休息的需求無關，而是跟我們必須和浮現在我們意識中的無限智慧建立連繫有關，因爲這些智慧跟過去、現在與未來的重大事件都息息相關。

在參加了一場伊麗莎白．庫伯勒．羅斯（Elisabeth Kubler-Ross）的研討會之後，我變成了她的信徒。在研討會裡，她要我爲她畫一幅畫。我畫了戶外的場景，這是我之前在腦海中創造出來的畫面，作爲冥想之用。我把這幅畫遞給她。她立刻問了我兩個問題：「爲什麼十一這個數字對你很重要？還有，你在掩飾些什麼？」我告訴她，我已經和癌症病友團體共同努力了十一個月，作爲一名醫生，對於我無法治癒或幫助的病人，我感到很痛苦，而我正在埋藏這種痛苦的感覺。我問她，是什麼讓她想問這些問題。她說場景中有十一棵樹，而且我用白色的蠟筆在山頂上畫上雪，但是這張紙本身已經是白色的，所以我添加了一層東西，象徵著在掩蓋些什麼。

這實在令人難以置信，在一個我原本以爲沒有任何意義，純粹只是我個人想像的場景中，竟然可以象徵性地描繪出我這麼多的生活面貌。那次的經驗，促使我帶著一盒蠟筆回到醫院，並且開始要求我的病人爲我畫畫，以及跟我分享他們的夢境和直覺智慧。我對自己的想法感到驚訝，我正在學習其他人都不知道的事情，因爲在醫學院的教育和培訓過程中，學生從來都不會接收到這類型的研究。例如卡爾．榮格（Carl Jung）在很多年前就曾經解析過一個夢，並且正確地診斷出腦瘤，但是我從來沒有遇到過任何一位醫學生在學校裡聽過這件事情。

這是一本很重要的書，因爲它向我們展現了身心合一的事實，這是醫學界很難做到的事情。

多年前，我曾經寫過一篇以夢境和圖畫爲主題的文章，並且將它寄給一家醫學期刊發表。結果被退了回來，附上的評語是，「很有趣，但不適合我們的期刊。」所以，我把它寄給心理學期刊，再一次，文章又被退了回來，不過這次的評語是，「很適合我們的期刊，但不有趣。這些我們都已經知道了。」

從事醫療保健的人員和一般大眾都需要進入到這神奇的智慧泉源，它對人生的各個階段都有所助益，而且是造物主送給我們的禮物。甚至《聖經》裡也分享了上帝會透過夢境和幻象說話的故事。所以請靜下心來，創造出一方平靜的池塘，讓你可以看到自己眞實的倒影，就像它讓醜小鴨意識到自己是一隻天鵝一樣。

我經常根據病人的夢境和圖畫決定他們是否需要動手術，以及治療他們疾病的最佳療法。有位罹患癌症的女士說她做了一個夢，在夢裡面出現了一隻名叫 Miracle（奇蹟）的貓，這隻貓咪告訴她需要用哪種化療才能對症下藥，治好她的癌症。她的醫生同意照辦，而她現在依然健在。我們領養了一隻小貓，我也把牠叫做 Miracle，她活了二十年。

另一位女士的故事則記錄在我的《奇蹟之書：愛、天使與禱告的神奇故事》（*A Book of Miracles*，心靈工坊，二〇一二年）這本書裡。她的夢境裡出現了一位帶有口音的深色膚色女性，這位女士告訴她，她右邊的乳房有腫塊，需要仔細檢查。她從夢中醒來，感覺到乳房有硬塊。在醫院裡，醫療人員診斷出這是癌症，並且告訴她，她的主治醫師一會兒就過來。門一打開，走進一名來自印度的女醫師，跟她在夢中看到的是同一個人。

就我個人的經驗而言，有一次我出現了血尿。我的夥伴們都很擔心這是癌症的徵兆，催促我立刻去做檢查。那天晚上，我睡著了之後，夢見我在主持一個癌症病友團體，我邀請每個人自我介紹，並且請他們說說爲什麼他們會在這裡。當輪到我說話，我連一個字都還沒說出口，每個人就不約而同地說：「但是你又沒有得到癌症。」結果事實證明，我眞的沒有。

就在我懷疑自己是否有能力以健康的方式處理和面對死亡，而不是從醫生的角度拒絕承認自己的生命有限時，我夢見自己坐在一輛正要掉下懸崖的車子裡。當其他的乘客都在驚聲尖叫，我卻輕鬆自若地坐在位子上，準備迎接我的大限，以及即將到來的死亡。我從其他乘客臉上所看到的表情，對我意義重大。

我與病患的經歷，他們做過的夢和我做過的夢，族繁不及備載。對我來說，身體與心靈會透過夢來進行溝通是毫無疑問的。這些夢向我們展示了我們的過去、現在與未來。

許多藝術與心理治療師都忽略了夢境和圖畫中出現的解剖學，因爲這不是他們訓練的一部分。一名患有黃疸的男子畫了一棵樹，我知道這顯示了他膽管的狀況。我可以看到膽管並沒有需要動手術清除的阻礙物，然而這些在肝臟裡的小膽管因爲發炎而被阻塞了，這種發炎症狀被稱爲硬化性膽管炎。

有一位女士不確定她是否該做乳房切除術或是乳房腫瘤切除術，她畫了一棵樹，這棵樹的所有分枝都像是已經被修剪過一樣。她因此認爲乳房切除術會是她正確的選擇。

我有一個神祕的病人叫做莫妮卡，她並不認識我的父母和病人，也跟他們沒有任何關係，但她會打電話告訴我一些人的訊息，並且知道這些人的名字，而我知道她所說的內容都千眞萬確。我母親去世的時候，電話鈴聲響起。是莫妮卡打來的。「你的父母又在一起了，而且深以你爲榮，有一位喜歡巧克力和香菸的女士正帶著他們四處參觀。喔，是伊麗莎白・庫伯勒・羅斯正帶著你父母閒逛。」是的，伊麗莎白的確跟我亦師亦友。莫妮卡對這些事情一無所知，但是浩瀚無垠的心靈向她展現了她跟我分享的這些事實，並且讓我們可以和所有擁有意識的生物，從動物到人類，進行交流。

我認識的一位律師說：「我可以得出一個非常合理、完全合乎邏輯，但完全錯誤的結論，因爲在學習如何思考的同時，我幾乎忘了如何感受。」我從經驗中領悟到，我們都具有多重性格。我們的內心住著一位思考者，這位思考者並不一定能做出正確的決定，因爲就像那位律師一樣，他們會思考並煩惱什麼才是正確的，然而我們的潛意識和內在智慧知道，循著哪一條路走才正確，以及該做出什麼樣的選擇。我即將要分享的是我的經歷，而且我相信我所經歷的事情。我並沒有被先入爲主的信念或一些無法解釋的事情所阻礙。

在我父親去世的那一天，我在外頭散步的時候，有一個聲音問我：「你父母是怎麼認識的？」我回答說，我不知道，那個聲音於是說：「你到醫院的時候，問問你母親？」我一走進病房，這個問題就脫口而出。我母親回答：「你爸爸擲銅板輸了，只好帶我出去約會。」因爲我母親說的這個故事，我父親笑著離開人世，而且看起來極爲安詳。他那天一直等到最後一個人走進病房後才斷氣。他不可能知道這些事情，這只是另一個巧合，是我們的夢和意識又再次展露了智慧和感應力。

我聽得到聲音、看得到意象、有過幻象和預言夢、可以跟亡者以及動物溝通，並且可以覺察到未來和更多的事情。是的，我內在的小孩總是能以開放的態度面對新的體驗。我將在接下來的篇幅分享其中的許多經歷，希望能打開你的心扉，釋放我們的潛能。我們需要有一顆安靜的心，才能看清眞相。神話和童話故事藉由池塘作爲一面鏡子，讓你看到自己的倒影，並且明白自己是誰：是醜小鴨，還是天鵝。

我在冥想的時候遇見我的指導靈，而且曾經有兩個人畫出他的樣子，並且告訴我，我在某位朋友的喪禮演講時和佈道後，他就站在我身邊。他們看到他，並且描述了一些不可能知道的細節，除非親眼看過他。第三個人甚至告訴我他的名字，這個名字是我在冥想中，在初次的互相介紹中得知的。這幾個人幫助我理解到，我是他的聲音，而且我已經學會讓他的智慧通過我說話。

醫學界曾經三度未能發現凱瑟琳的癌症，醫療人員所依賴的早期檢查也沒有發生作用，但是她的癌症卻被她的指導靈在夢中發現了。在《奧茲醫生秀》（Dr. Oz Show），標題爲〈第六感：令人震驚的預感〉（The Sixth Sense: Shocking Premonitions）節目中，她分享了在夢中發現自己罹患癌症的深刻故事。她在《癌境夢遊：直覺切入治療》（*Surviving Cancerland:Intuitive Aspects of Healing*）這本書中，詳細描述了她的夢境，書中也提到病理報告證實了她夢中的診斷結果。

我最後想提出的一點是，數字在夢中和生活中的重要性。事實上，我們的生活經歷都儲存在我們的內心，並且透過數字流露出來。有一位記者畫了一幅畫，用一隻手指著時鐘上的十二點；另一位女士畫了一顆破碎的心，上面滴了二十一滴血。我問他們十二歲和二十一歲時發生了什麼事，結果聽到了他們受到性虐待的創傷故事。我通常只會問這些被描繪出來的數字爲什麼有特別的意義，因爲它們不一定是創傷事件。它們也可能是愉快的，發生在過去、現在或未來，有關家庭、生活的歡樂事件。

這本書裡的研究著重在預知夢，這些夢能診斷出疾病，並且後來也獲得了醫學驗證。書中充滿了循序漸進的建議，以及一系列經過驗證的夢境，這些夢是眞實而且令人驚嘆的研究。

夢可以療癒我們。這在過去被認爲是胡思亂想，現在則可以透過醫學檢驗和病理報告得到證實，就如同我們在這本書中看到的眾多故事一樣。伯克醫師和凱瑟琳蒐集到的研究和個人經驗，證明了夢境會成眞，並且可以診斷疾病，拯救生命。

在夢中診斷出疾病，不久就會應驗的這種想法，對於古代的醫療人士來說並不陌生。在那個時代，夢被當作是進入眞理的窗口，大家會跟醫生和心靈導師分享自己的夢境。這本書中的夢境都是通過當前醫學驗證而被記錄下來，這個事實本身就是一個突破性的證據，證明了夢的確有醫學上的價值。我們期許醫學界可以打開心胸，接受眞理，並將其融入治療的過程中，而不是只專注於診斷，而忽略了被診斷的人。

要結束這個主題很困難，因爲我想講的故事太多了，從我夢到我沒有得到癌症，以及不害怕死亡，到經由神祕人物接收到已過世的家人和病人傳來的訊息，乃至於我在思緒寧靜時，聽到有聲音對我說話。這些訊息來自我的父母和病人，而且總是那麼正確又恰當。

朋友們，心是神奇的東西，它和身體可以透過夢境和符號進行溝通。所以，當夢境、心靈和身體爲你展現一場意象表演時，請凝神傾聽它們的智慧。它們知道你的意識在爲你創造並計畫些什麼，因爲心知道，走哪一條路對你的人生才是最健康、最安全的。

自序

賴瑞．伯克，醫學博士、能量心理學專業認證
凱瑟琳．奧基夫．卡納沃斯

「夢就像心靈結構中的每個元素一樣，是整個心靈的產物。」

——榮格，《榮格全集．第八卷．五二七節》

被一個生動、超乎眞實的夢境喚醒，隨後夢境成眞，這是最令人敬畏的經驗之一。這件事可能改變我們的生命，尤其當這個夢是急迫的重症早期警訊，它會促使我們採取保住性命的醫療介入。這種出乎意料的直觀訊息，也許能讓傳統的診斷檢查，即使在缺乏症狀的情況下，檢驗出陽性的結果。這種經驗會讓人對宇宙的神祕運作產生莫大的驚奇，哪怕是最保守的醫療專業人士，也足以撼動他們的世界觀。

對癌症感到恐懼是我們社會普遍存在的現象，許多人試圖利用篩檢技術及早發現癌症就證明了這點，這些篩檢方法獲得了不同程度的成功，也引起了一些爭議。本書的靈感來自於伯克

醫師針對癌症預警夢所做的首次科學研究，其中包含了凱瑟琳的案例，她也是參與者之一。〈乳癌診斷前的預警夢：最重要的特徵調查〉（Warning dreams preceding the diagnosis of breast cancer: a survey of the most important characteristics）發表於二〇一五年，五／六月號的《探索：科學與治療期刊》（*Explore: The Journal of Science and Healing*），報導了十八名來自世界各地女性的夢境。

自從這個研究出版以來，我們就一直在蒐集其他類似的乳癌夢境報告，以及其他許多不同癌症的預警夢。這些夢涵蓋了整個癌症的範疇，包括：腦癌、大腸癌、肺癌、卵巢癌、攝護腺癌、皮膚癌、睪丸癌、舌癌和子宮癌。有一些夢者還表示，在療程中他們仍然持續透過夢境尋求指引與治療。我們期待這項初步的研究可以激發出更多人的熱情和經費的投入，來進行更嚴謹的研究，以確定夢在癌症篩檢、診斷與治療的實證作用。

對於健康相關夢境和夢境解析不熟悉的一般大眾，我們在導言中將從醫學夢境的歷史開始說起。在第一部，我們討論了開創性的〈乳癌夢境研究計畫〉（Breast Cancer Dreams Project）。第二部，乳癌夢境的夢者將親自告訴大家他們不可思議的故事。第三部則呈現了其他癌症的夢境，同樣令人印象深刻。在聽了這麼多令人驚嘆的故事之後，我們希望你能獲得啟發，在第四部提供一些學習方法來提高你做夢的技巧。第五部會討論非癌症的健康相關夢境。第六部會探討指引治療的夢。第七部，我們很感謝可以跟卡蒂．坎伯爾和西格爾博士討論兒童的夢。第八部則會探討夢到他人生病的直覺夢。第九部總結了有關預防、指引和靈性上的意義等想法。附錄則包含了一些你可以運用於自己夢工作的資源。

在這個複雜的時代，最難以達成的任務之一，就是保持開放的心胸。特別是談到夢的重要性時。本書所分享的內容，不僅是對相信夢境預言的信徒宣揚理念，也希望可以啓發對夢境會應驗，而且可以救人一命的這個古老命題感興趣，希望尋找新觀點的任何人。這本書是共同的基礎。

有些事物雖然看不見，但夢得到，讓我們對這樣的可能性保持開放的態度吧。《因爲夢，我還活著》這本書所關注的焦點，是那些落在醫療常規界線之外，有關夢和疾病的新發展，而且是令人振奮的發展。想像在不久的將來，我們有可能藉由夢境及早預知或發現還未被目前的醫學檢測到的疾病。

這本書，以及書中的研究、故事和呈現出來的夢境，都驗證了一個事實，那就是，我們的夢是我們日日夜夜不可或缺的一部分。這帶我們回到這本書開宗明義所提到的想法：面對那些可能救人一命的夢，我們需要保持開放的心胸。

雞尾酒會效應

爲什麼這本書裡有這麼多夢者，會在白天或夢境快結束時，聽到有人在呼喚他們的名字？這種現象被稱爲雞尾酒會效應①。該領域的專家指出，人會最先察覺到對他們個人有重要意義的詞彙，例如：對他們有特殊意義的名字和禁忌詞彙，像是性、死亡、血、癌症、夢……②這也可以用來描述另一個很類似的現象，一個人可以在原本沒注意到的刺激來源下，立刻發覺到重要的詞彙，例如：在另一個對話中，聽到愛人的名字③。

這種聽覺現象使得大多數人可以在一群人之中、一個派對上、一個擁擠的場所裡，或像這本書裡的情形，在一個擁擠的夢中，「收聽」到某個聲音，而「忽略」了其他的聲音。

我們也希望這些夢境故事，可以創造另一種稱之爲顱內高潮（Autonomous Sensory Meridian Response，簡稱 ASMR）的現象④⑤。這是一種「低度興奮」的體驗，當一些重要的事情成眞，它會讓你產生一種刺痛感，從你的後腦勺開始，一路延伸到手臂和脊椎，就好像你被天使擁抱一樣。

編按：○為原註；●為譯註。

① Bronkhorst, A.W. The cocktail party phenomenon: A review of research on speech intelligibility in multiple-talker conditions. Acta Acustica united with Acustica. 2000;86:117–128. Retrieved April 18, 2010.

② Newman, R. S. The cocktail party effect in infants revisited: Listening to one's name in noise. Developmental Psychology. 2005;41 (2):352–362.

③ Wood N. 與 Cowan N. The cocktail party phenomenon revisited: How frequent are attention shifts to one's name in an irrelevant auditory channel? J Exp Psychol Learn Mem Cogn. 1995;21 (1): 255-60. PMID 7876773. doi:10.1037/0278-7393.21.1.255.

④ Barrat, E. 與 Davis, N. Autonomous Sensory Meridian Response (ASMR): a flow-like mental state. Peer J. 2015;3: e851. PMC 4380153. PMID 25834771. doi:10.7717/peerj.851.

⑤ Mitchell, J. Latest social media craze: Autonomous Sensory Meridian Response. The Maine Public Broadcasting Network. September 2, 2012. Retrieved January 20, 2016.

【導言】

療癒夢的歷史

賴瑞・伯克

「這些夢經常會顯示出，
在無庸置疑的身體疾病和明確的精神問題之間，
有一個顯著的內在象徵性連繫，
因此身體上的失調，似乎是一種精神狀態的直接模擬呈現。」

——榮格，《榮格全集・第八卷・五〇二節》

從古代世界各地土著文化的薩滿傳統開始，幾個世紀以來，夢一直提供有用的醫療診斷訊息。薩滿會特意爲生病的族人做夢，並且會解釋在治療緊要關頭期間所做的夢，以提供治療指引①。通常，薩滿會夢到草藥的特定用法。在《薩滿之路》②（*The Way of the Shaman*，新星球，二〇一四年）這本書裡，從人類學家成爲薩滿的麥可・哈納（Michael Harner）描述了「大夢」（big dream）這種現象，這種夢「會在不同的夜晚，以基本相同的模式出現好幾次，或只出現一次，但是非常生動逼眞，讓人感覺好像醒著一樣，是一個異乎尋常的強大夢境。」

在美洲原住民的傳統中，靈境追尋包括了在大自然中隱居四天四夜，尋求靈性的交流以獲得指引與覺悟。在拉可塔族（Lakota）的語言中，「靈境追尋」稱之爲Hembleciya③，翻譯爲「呼喚一個夢」。根據傳說中的拉可塔族聖人法蘭克・愚人・烏鴉④（Frank Fools Crow）所說：「我的祖先都曾被教導過如何做神聖的夢。」在這些夢中，會發生各種奇異又美麗的事，這些事在日常生活中絕不可能發生。奇特的生物會出現，而且每種生物都會以令人印象深刻的形式降臨。這些到訪者會與人交談，並且傳達訊息。

在古希臘，民眾會在阿斯克勒庇俄斯神廟（Ascelpian temples）透過做夢尋求健康相關事宜的指引，但現代醫學大多早就遺忘了這個事實⑤。這說來諷刺，因爲這些神殿供奉的正是希臘醫

---

① Krippner, S. Humanity's first healers: Psychological and psychiatric stances on shamans and shamanism. Rev Psiq Clin. 2007;34S(1):16-22.
② Harner, M. J. *The Way of the Shaman* (San Francisco: Harper & Row, 1990),pp. 99.
③ Genacarelle, S 與 Reina, R. *A Man Among the Helpers* (Virtualbookworm. com Publishing, 2012).
④ Mails, T. E. 與 Chief Eagle, D. *Fools Crow: Wisdom and Power* (Tulsa, OK:Council Oaks Books, 1991), pp.74.
⑤ Sigerist, H. E. *A History of Medicine Volume 2: Early Greek, Hindu, and Persian Medicine* (1st ed.). (New York: Oxford University Press, 1987), pp.

神阿斯克勒庇俄斯（Asclepius），他的手杖纏繞著一條蛇，直到今天，這個圖像依然是醫學的象徵[6]。朝聖者會在廟裡過夜孵夢，並且在隔天向廟方的神職人員陳述夢境，期待可以獲得一帖良藥處方。具有神效的夢境甚至可以讓人自然痊癒。孵夢是一種將夢的種子植入心中的技巧，目的是爲了可以夢到特定主題的夢，不論是爲了娛樂、愛情、健康，或試圖解決問題。

幾個世紀之後，佛洛伊德基於他在心理治療中所做的夢工作，其中包括對他自己個人的夢境解析，創立了精神分析這個領域[7]。他最著名的夢境報告，是在一八九五年夢到一位名叫愛爾瑪（Irma）的病人，這個夢已經被解讀爲預兆，預言佛洛伊德將死於一九二三年[8]被診斷出來的口腔癌。夢境報告裡寫著：「然後，她好好地張開嘴巴，我在右手邊發現了一大塊白斑；在其他地方，我則看到了一大片白灰色的疥癬長在一些異常捲曲的結構之上，這些結構顯然是仿照鼻子的鼻甲骨做出來的。我立刻叫M醫師過來，他又檢查了一遍，並且確認無誤。」

分析心理學創始人榮格說：「我將夢視爲具有診斷價值的事實，」包括將它運用於病情的判斷。[9]在討論到「大夢」時，他指出[10]：「更仔細地看，『小（little）』夢是來自個人主觀領域的夜間幻想片段，它們的內涵僅限於日常事務。這就是爲什麼這些夢很快被遺忘，正因爲它們的作用僅限於平衡日常的心理波動。另一方面，重要的夢往往讓人終身難忘，而且經常被證明是心靈經驗寶庫中最豐美的寶石。」

當這兩位開創性的精神病學家將夢帶回現代醫學領域時，維吉尼亞海灘沉睡中的先知——艾德格·凱西（Edgar Cayce），在二十世紀上半葉提供了超過一萬四千篇心靈解讀，其中包括一些夢的解析。凱西解夢法⑪的權威傑里·拉扎魯斯（Jerry Lazarus）注意到有一篇文章明確指出：「任何情況成真之前，都會先被夢見。⑫」另一篇文章指出：「你們太容易輕忽它們或太少去注意它們！它們是你經驗的一部分。你有多常在象徵或夢中看見後來發生在你身上的事情！⑬」

⑥ Wilcox, R. A. 與 Whitham, E. M. The symbol of modern medicine: Why one snake is more than two. Ann Intern Med. 2003;138(8):673-677. doi:10.7326/0003-4819-138-8-200304150-00016.

⑦ Schredl, M. Freud’s interpretation of his own dreams in The Interpretation of Dreams: A continuity hypothesis perspective. Int J Dream Research. 2008;1(2):44-47.

⑧ Hersh, T. How might we explain the parallels between Freud's 1895 Irma dream and his 1923 cancer? Dreaming. 1995;5(4):267-287.

⑨ Jung, C. G. Collected Works, *The Practice of Psychotherapy*, 2nd Ed. (London:Routledge & Kegan Paul, 1966) Vol 16, pp.73.

⑩ Jung, C. G. Collected Works, *The Structure and Dynamics of the Psyche* (2nd ed.), (London: Routledge & Kegan Paul, 1969) Vol 8, pp. 290.

⑪ Lazarus, J. *Dreams: Listening to the Voice of God.* (Durham, NC: Welkin Books; 1st edition, 2011).

⑫ Edgar Cayce Readings, (Virginia Beach, VA: Association for Research and Enlightenment), pp. 136-7.

⑬ Edgar Cayce Readings, (Virginia Beach, VA: Association for Research and Enlightenment), pp. 1537-1.

一九六七年，俄國精神病學家瓦希禮・卡薩金（Vasily Kasatkin）在他《夢的理論》（*The Theory of Dreams*）這本書裡，發表了第一個夢與身體疾病關聯性的研究⑭。凡戴・卡索⑮提供了這項研究的英文報告。卡薩金的研究是根據他針對一千兩百名夢者的一萬零兩百四十個夢境所做的觀察，大部分夢者都患有神經精神疾病，包括四十四例腦腫瘤和六例脊髓腫瘤，詳情可見蘇珊娜・范多恩（Susanne van Doorn）⑯的翻譯。他指出了下列常見的夢境特徵與身體疾病有關：(1)回想起夢境的頻率增加；(2)令人痛苦、暴力和可怕的畫面；(3)第一個症狀出現之前的事件；(4)夢境持續又長又久；(5)內容揭露了這個疾病的位置和嚴重性。

英國精神病學家羅賓・羅伊斯頓（Robin Royston）收集了四百多個有關健康的夢境，其中包括一名男性個案夢見一隻黑豹把爪子挖進他的背上，位置剛好就在他的妻子後來被診斷出有黑色素腫瘤的那顆痣上。在「壞南西」（Bad Nancy）這個故事裡，他描述了一個跟雙關語有關的夢境，這是由一名叫做南西的女士所陳述的，南西在夢中診斷出自己的乳房有「malig-nancy」（意指惡性腫瘤，發音接近「Bad Nancy」），她猛捶自己的胸部，並且大聲譴責這個名字⑰。馬克・依恩・波拉許（Marc Ian Barasch）在《療癒夢》（*Healing Dreams*）這本書裡詳細描述了這個夢，以及其他四位女士在診斷前夢到自己得到乳癌的故事，其中包括了羅伊斯頓以下的觀察：「這些不是一般的夢，而是大夢，原型夢，充滿了如此強大的情緒衝擊，以致於當事人不得不認真對待它們。⑱」

波拉許研究療癒夢的動機，來自於他夢到自己甲狀腺癌診斷的個人經驗。有好幾個星期的時間，他做了一系列不祥的夢，夢境的焦點都集中在他的脖子上，在最後一個夢境裡，「行刑者把一個裡面裝滿了火熱煤炭的鐵鍋掛在」他的下巴下。他不得不去看醫生，結果醫生檢查不出有什麼問題。但是他的惡夢還是不斷湧現，直到他重新做了檢查，醫生發現他有一個甲狀腺結節爲止。切片檢查顯示這是惡性腫瘤，隨後，他動了一個成功的手術，把癌症治療好了。

在他書中的導言裡，波拉許概述了一個多面向的模型來解析夢境，我已經將它融入我的方法之中。如何藉由在睡前寫下一個問題來解析夢境日記，我的建議摘要如下，在我的《讓魔法發生：與全人放射科醫師的療癒冒險》（*Let Magic Happen: Adventures in Healing with a Holistic Radiologist*）這本書的附錄中，則會有更多詳細的描述，並且會搭配夢境舉例說明⑲。

---

⑭ Kasatkin, V. N. Teoriya Snovidenii (Theory of Dreams) (Leningrad: Meditsina, 1967), pp. 352.

⑮ Van de Castle, R. L. Our Dreaming Mind (New York: Ballantine Books,1994), pp. 362-364.

⑯ Kasatkin, V.，Susanne van Doorn 翻譯，A Theory of Dreams (Lulu.com, 2014), pp. 16, 17.

⑰ Royston, R. 與 Humphries, A. *The Hidden Power of Dreams: A Guide to Understanding Their Meaning.* (London: Bantam Books, 2006).

⑱ Barasch, M. I. *Healing Dreams: Exploring the Dreams that Can Transform Your Life.* (New York: Riverhead Books, 2000), pp. 66-88.

⑲ Burk, L. *Let Magic Happen: Adventures in Healing with a Holistic Radiologist* (Durham, NC: Healing Imager Press, 2012), pp. 316-318.

1. 圈出任何不尋常或感覺奇怪的字詞，並且查查字典，看看這些字詞有沒有什麼雙關語，或是意想不到的弦外之音，跟你的問題有關。
2. 從個人、陰影、警告、性、社交、原型、共時性和預感等各個角度來思索夢境。
3. 檢查過去在你夢中反覆出現的主題，並且注意任何來到你夢中世界的動物。
4. 最後，問問自己，這個夢要的是什麼？也許靈性世界希望你能回答它一個問題，請認眞思考這個可能性。
5. 跟某個能夠提供坦誠意見的人分享你的夢境，這也許能提供你全新的視野和更多的省察。

簡要概述了醫療夢的歷史之後，我們將在第一部分享〈乳癌夢境研究計畫〉的源起、凱特（凱瑟琳．奧基夫．卡納沃斯）的故事、這項研究的結果摘要、e病人夢境的討論，以及基本的夢境類別。

第一部

乳癌預警夢

1

乳癌夢境計畫源起

賴瑞．伯克

「健康是最大的財富。」

——古羅馬詩人　維吉爾（VIRGIL）

〈乳癌診斷前的預警夢〉這份研究報告的出版，最初的靈感始於二〇〇四年，當時我最要好的朋友黛安打電話給我，說她被診斷出罹患了乳癌。她從一位心臟生理學家，轉而成爲正念冥想老師，那時剛過五十歲生日，之前的身體狀況良好，沒有任何與乳房有關的症狀。

黛安接下來所說的話，將在多年以後，把我的研究生涯帶向一個很不尋常的方向——進入了夢的世界。她說一個月前，她做了一個生動、逼眞的夢，在夢中，她躺在手術台上，由一名女醫師爲她進行乳癌手術。這個夢如此有說服力，促使她立刻去找了醫生要求做乳房X光攝影，儘管她並沒有任何症狀或摸到任何腫塊。

在做了這個令每個女人都害怕的檢查之後，她坐在候診室裡等待壞消息，那位女放射科醫師走出來，向她確認一切安好，她可以回家了。黛安很確信夢的警告，所以她要求做超音波檢查再度確認。那位放射科醫師拒絕了，因爲乳房X光攝影看不到任何腫塊或異常，她不知道要在哪個位置做超音波檢查。

黛安指著她夢中顯示出來的地方，要求在這個部位做超音波檢查，否則她拒絕離開。這位被惹惱的放射科醫師最終還是同意了，並且將超音波探頭放在這個位置上。她驚訝地發現有一個小小的癌症腫瘤埋在乳房深處，不禁嚇得臉色蒼白。她結結巴巴地說：「妳怎麼知道它在那裡？」黛安回答，她在夢裡看到的。身爲一名放射科醫生，我可以想像這樣的答案對醫生來說是多麼出乎意料的解釋。

轉診給外科醫師進行切片檢查，這又給黛安帶來另一個驚奇。她一走進診間，就認出了她夢中見到的那位女外科醫師，這戲劇性地將她的預知經驗提昇到一個新的境界。未來的情節在手術房裡一一上演，就如夢中所預言的一樣，以下是她三月的夢境日記摘要，以及從四月開始的手術場景敘述①。

① Burk, L. Warning dreams preceding the diagnosis of breast cancer: a survey of the most important characteristics. Explore. 2015; 11(3), 193–198.

二〇〇四年三月，我做了一個生動的夢（跟以前的都不一樣），在夢中，我躺在手術台上，一位女外科醫師在我的左胸進行手術。她一度走到顯微鏡前仔細觀察，然後回來告訴我，我得了乳癌。聽到醫生告知這個消息後，女兒和前夫崩潰大哭。我醒了過來。

雖然吃了一驚，但我同時也有一種平靜的感覺、一種了悟。我需要盡快做個醫學檢查。之前我已經預約了幾個月後的年度乳房X光攝影，所以我打了電話，將檢查挪前。

二〇〇四年四月九日，我躺在手術台上。一名女外科醫師爲我做乳房組織切片，然後在顯微鏡下檢查，確認是癌症。我從麻醉中醒來後不久，穿好衣服正準備回家，醫生走來告訴我，我罹患了乳癌。在家裡，前夫和女兒聽到這個消息都哭了起來。

我們在第三十九章會再回來敘述黛安這個神奇的故事，目前我們暫且說，我知道我遇到了一個異常現象，有點像電影《駭客任務》中，尼歐（Neo）注意到樓梯上有一隻黑貓出現在他附近，然後這個場景以同樣的方式重複出現，表示執行母體（Matrix）的程式出現了故障。崔妮蒂（Trinity）和莫菲斯（Morpheus）對他所提到的這種「似曾相識」的經驗採取了警覺的態度，因爲這顯示了一個警訊，程式已經發生一些變化。

八年之後，我應邀參加超心理學協會年會的醫學夢境診斷小組，於二〇一二年八月在北卡羅來納州德罕舉行。另外兩名小組成員是羅莉・芬德爾（Lori Fendell）和吉姆・卡本特（Jim Carpenter）。芬德爾是當地的一名針灸師／草藥醫生，她在跟新患者第一次見面的前一天晚上會夢見他們。卡本特是萊茵河研究中心的超心理學家／臨床心理師，他在進行心理治療期間，會在夢中得到指引。

在我講述了黛安的故事之後，著名的夢境研究學者鮑伯・凡戴・卡索跟我聯繫，提議我可以在二〇一三年六月舉行的下一屆國際夢研究學會會議中，發表夢和癌症議題的相關演講。另一位超心理學的傳奇人物史丹利・克里普納（Stanley Krippner）也出席了這場會議，鮑伯和克里普納曾經和精神科醫師蒙特・烏爾曼（Monty Ullman）在一九六〇年代共同合作過邁蒙尼德（Maimonides）夢境心電感應研究，這是一項開創性的研究②。

在同一個會議上，我的一位醫生朋友，她也是意識研究學者，跟我分享了她乳癌預警夢的故事，這更增強了我向國際夢研究學會會議提案報告的決心。她在一個晚上做了兩個可怕的夢，第

② Krippner, S. 與 Ullman, M. Telepathy and dreams: A controlled experiment with electroencephalogram-electro-oculogram monitoring. Journal of Nervous and Mental Disease. 1970;51:394-403.

一個是有關於連環殺手，是那種會讓你在半夜起床，去檢查門窗有沒有鎖好的夢。第二個是有關於罹患乳癌的夢，結果在隔天的乳房X光攝影上就發現了乳癌，之前並沒有任何徵兆。

在醫學研究中有一個標準的笑話，當你發現一個不尋常的診斷，你可以說你有了「一個案例報告」。當你看到另一個類似的案例，你可以說你已經看到了「接二連三的案例」。如果你找到了第三個，你就可以宣稱你有了「一系列」的案例。我經驗中的第三個案例來自於我的另一位朋友，我只見過她一次，是在二〇〇八年，我在巴西進行薩滿療癒僻靜的那一週。以下是索妮亞・李席德（Sonia Lee-Shield）在部落格中所寫的故事，這是眞實的預警夢，它推了我最後一把，促使我開始進行這個研究計畫③。

二〇〇九年一月，我夢見自己得了癌症。我去看了家醫科醫生，抱怨我的胸骨好像有個腫塊，還有類似痙攣的感覺。那位家醫科醫生斷定這是正常的乳房組織，而且並不理會我胸骨的感覺，這眞是毀滅性的錯誤。一年之後，我被另一名醫生診斷出得了第三期乳癌。如果有什麼是我可以告訴大家的，那就是醫生和專家也會犯錯，當內心開始吶喊或做夢時，你務必傾聽。

索妮亞在二〇一三年死於癌症，現在我把所有關於這個主題的演講都獻給她，以表示紀念。

我會在這個領域做研究，有部分動機，就是爲了確保不會再有其他女士的乳癌預警夢被醫生輕忽。在這些戲劇性的預警夢促使之下，我決定是時候去做一次關於乳癌和夢的文獻調查，看看是否有其他人聽說過這種現象。毫不意外地，我在主流醫學文獻中一無所獲。

我找到的第一個相關參考文獻來自於夢文學；不是科學書籍，而是汪達·伯奇（Wanda Burch）的書，《做夢的她》④（*She Who Dreams*）。她的書是一本引人入勝、精心敘述的夢境日記，講述了她在一系列生動夢境的指引之下，走過整個乳癌的旅程（見第十三章）。一九八九年，汪達的乳房有間歇性疼痛，她懷疑裡面有個乳房X光攝影或健檢都無法確認的腫塊。她的夢提供了愈來愈令人擔憂的畫面，直到最後的高潮⑤。

> 一九八九年十一月下旬，我夢到自己得了乳癌，卻在歷盡千辛萬苦做了乳房X光攝影之後遭到否認。一九九〇年初，我又做了超音波檢查，結果只得到了一個「再觀

③ Lee-Shield, S. My appeal. July 4, 2013. http://soniaslifeappeal.wordpress.com/myappeal/
④ Burch W.E. *She Who Dreams: A Journey into Healing Through Dreamwork* (Novato, CA: New World Library, 2003).
⑤ Burk L. Prodromal dreams of breast cancer and clinical correlation.Presentation at the IASD PsiberDreaming Conference, 2013. http://www.letmagichappen.com/images/uploads/documents/pdc2013-burk.Breast-CancerDreams.pdf.

察看看」的含糊答案。所以在一九九〇這一年，我一直糾纏我的醫生，直到我被送到外科醫師萊爾．巴林（Lyle Barlyn）那裡。我告訴他，在做了許多令人不安、沒有什麼特定主題的夢之後，過世的父親出現在我夢中，他大喊，我得了乳癌，必須現在就去處理。

對於我非傳統的資訊來源，巴林醫師並不排斥，他問我，是否有夢到腫瘤的位置，因為它並沒有顯現在任何醫學檢查之中。我有。

在做完超音波檢查到我和巴林醫師會面這段期間，我一直處於「再觀察看看」這種暗示我有可能罹患乳癌的恐懼之中，這段期間，我做了一個不安的夢，夢到自己手裡握著一個圓錐形的乳房。夢裡，一名我看不到的陌生人站在旁邊，要我把這個乳房翻過來。我看到試管取出一小瓶黑色的液體，我也看到它取出的位置。然後我拿著這個乳房，將黑色的液體沖進排水管。

巴林醫師聽完我的夢，遞給我一支毛氈頭馬克筆。「在你的乳房上畫出這個位置。」我在左邊乳房的右側下方畫了一個點，並且告訴他，我在另一個夢中看到了一個壁架，這個夢的碎片（或腫瘤），就藏在架子下。巴林醫師將切片針頭插入我畫出來的區域，並且感覺到有阻力，顯示這裡有問題。外科切片手術讓巴林醫師可以對這個快速蔓延的侵襲性乳癌有更詳細的了解，這種乳癌細胞聚集的方式，讓它們無法在乳房X光攝影裡被看到。

儘管汪達的乳癌具有侵襲性，但她的故事最終有了圓滿的結局，我們會在第三十七章再做探討。二〇〇四年，汪達已經從手術和化療中復原，並且在撰寫她的書籍，當時，她在位於紐約格倫斯福爾斯的查爾斯伍德癌症中心（Charles Wood Cancer Center），跟當地的癌症病友團體分享了她的乳癌夢境故事。令人驚訝的是，十九名婦女中，有十位曾經有過乳癌預警夢，除了其中一位，其他所有的人都夢到已故親人的到訪。

汪達的報告是我對這個主題產生研究興趣的引爆點，因爲它意味著世界各地一定有很多婦女曾經經歷過這樣的預警夢。我很想知道，以前我從來沒聽過這種事情，是因爲女人未曾把這些相關的夢境告訴她們的醫生，或是因爲她們的醫生根本沒把這當作一回事，就像索妮亞的情況一樣。要說服現代高科技醫療接受這樣的概念是可信的，是否太遙不可及？

汪達和黛安能夠準確地指出乳癌的位置，並且得到乳房攝影和切片檢查的確認，這種更令人驚訝的現象，對醫生來說，是預警夢現象最具顛覆性的一面。因爲做夢而懷疑自己得了癌症是一回事，但是能夠準確地說出它所在的位置，則完全是另一個層次的訊息。醫學博士勞瑞·杜西是內科醫生，也是作家，他在所著的《萬物一心》這本書中，分享了另一個例子⑥。

有一位女士夢到自己得到乳癌。由於擔心生病，她第二天早上就去看了醫生。她用一根手指指向她左邊乳房上方的一個特定位置，這是她在夢中看到癌症腫瘤的地方。

「就在這裡，」她說。然而，她並沒有感覺到腫塊，她的醫生也一樣。她做了乳房X光攝影，結果正常。醫生再次跟她確保沒有問題，建議先觀察看看，並且經常做檢查就可以了，可是她並不滿意這樣的答案。

「這是我做過最生動的夢，」她抗議。

「我可以確定癌症腫瘤就在這個位置。」她堅持做更進一步的檢查，這名醫生只好違背他合乎常理的判斷，要求一名外科醫生幫忙做切片檢查。

「但是要在哪裡做切片？這裡什麼都沒發現？」這位外科醫生抗議。

「看著，就在她指出來的位置做切片，」那位醫生說。

幾天後，病理醫師打電話通知初診的那位醫師檢查報告出來。

「這是我見過最微小的乳癌腫瘤，」他說。「你不可能感覺得到，也看不到任何前兆或症狀。你是怎麼發現它的？」

「我並沒有發現它，」他回答，「是她發現的，在夢中。」

當杜西醫師聽說我正打算研究這個主題，他跟我提起了卡洛琳·金尼（Carolyn Kinney），她是退休的護理教授，曾在一九九六年的護理文獻中發表了一篇論文，論文中陳述了她個人曾經有過的一個預警夢⑦。她的母系家族有乳癌病史，而且她在夢中被命令式的訊息喚醒。「立刻去預約乳房X光攝影檢查。切莫延遲。」儘管沒有症狀，但是乳房X光攝影和手術證實她得了乳癌。關於她的故事，在第十二章會有更多細節的描述。

我在維吉尼亞海灘舉行的國際夢研究學會會議上，發表了〈夢中的癌症診斷與臨床相關性〉報告，當時的會議主席是瑪西亞·艾茉莉（Marcia Emery），是我夢境研究最初的老師。她對我說：「我七十五歲了，從來沒有做過乳房攝影。我相信如果我得了乳癌，我會先夢到它。」她的話讓我吃了一驚。作爲一名放射科醫師，我不太願意推薦這樣極端的立場，但是它讓這個話題有了順利的開端。

⑥ Dossey, L. *One Mind: How Our Individual Mind Is Part of a Greater Consciousness and Why It Matters*. (Carlsbad, CA: Hay House Inc, 2013).

⑦ Kinney, C.K. Transcending breast cancer: reconstructing one's self. *Issues in Mental Health Nursing*. 1996;17:201-216.

演講的聽眾席中還有卡索，他分享了他個人的故事，是關於幾年前他所接收到的預警夢，這些夢與他罹患的罕見癌症——臉部血管肉瘤有關。聽眾中還有讓．馬克．艾姆登，他是DreamsCloud網站的執行長，DreamsCloud是跟夢境有關的社群網站。演講之後，他參與了很長時間的討論，在這段期間，我們針對如何設計關於乳癌夢境的研究做了很多發想，而且他表示願意贊助這項研究。

這項研究計畫的最後一塊，則是稍後在那年的夏天形成的，當時我發現了凱特預警夢的故事。我非常興奮地得知，她的書《癌境夢遊：直覺切入治療》已經出版，並且獲得《愛．醫藥．奇蹟》的作者西格爾醫師的背書。就我所知，西格爾醫師是第一批願意替夢境指引的可信度背書的醫生之一。下一章將提供你一趟魔鏡夢遊冒險之旅，帶你進入凱特直覺夢境裡的世界，體驗另一種版本的《愛麗絲夢遊仙境》。

2 夢的羽毛

凱瑟琳（凱特）・奧基夫・卡納沃斯

「每個人都會做夢，有些夢改變了生活，有些夢則拯救了生命。驗證是關鍵。」

說明：本章改寫自我的書《癌境夢遊：直覺切入治療》。故事中的醫生名字已做了變更，以尊重他們的隱私。

身爲特種部隊軍人的孩子，在歐洲出生、長大、受教育，挑戰、變化和不確定是我日常生活中的一部分。如果我們夠幸運，父親每兩年才會輪調到另一個新的軍事基地。而當運氣不好的時候，我小一就上了五所不同的學校。

一九六一年，我們剛從巴特特爾茨（Bad Toelz）轉調到德國柏林不久，一夜之間……柏林圍牆就蓋好了，將柏林分成東西兩邊。隨之而來的，是血腥致命的動盪不安。我爲了上大學第一次回到美國，卻發現自己在家鄉成了陌生人。在無依無靠的情況下，只有我的夢境，爲我做好了準備，幫助我面對成年生活的一場戰鬥：癌症。

為我的生命而戰

那是一九九八年，我在麻州波士頓，和我的婦科醫生兼家庭醫師丹尼斯．華格納（Dennis Wagner）一起，華格納醫師很像已故的演員賈利．古柏（Gary Cooper）。在前一天晚上，我做了指引夢，夢見一位方濟會修士將我送到他的診間做檢查。接下來的三個月裡，我們還會有許多次醫療檢查，這只是第一次。

當華格納醫師走進診間，我腦海中響起電影《日正當中》的主題曲。「我感覺不到妳的乳房或周遭有任何異狀，凱西。」我憂喜參半，不知道是那個小硬塊不存在，還是他沒有發現？❶「也許是因為月經週期讓妳對纖維瘤特別敏感。讓我們另外做一次乳房攝影，繼續保持警覺吧。妳才四十三歲，得乳癌還太早，妳知道的。回家去吧。我會通知妳乳房攝影和血液檢查的結果。就這樣，半年後見。」他做出總結，然後把我的紀錄闔上。

如果他不擔心這個看不見的硬塊，我又何必擔心？畢竟，他才是醫生，對吧？但是我夢裡的聲音拒絕在我清醒的世界裡保持沉默，並且在我的思緒裡纏繞不去。它們一直不斷地說著：「回去看醫生。」

我的生活一向很積極、健康。但三次乳房X光攝影、三次驗血、三次健檢、三個月內拿到三份健康的乳房X光攝影報告黃色副本，以及三個與方濟會修士在一起的清明診斷夢和預言夢反覆出現，讓我急忙地跑回去找醫生。在最後一次獲知乳房X光攝影報告一切正常後，我做了這個夢。

方濟會修士

我正陶醉在夢境中，它卻突然停止了，就好像電腦螢幕被凍結，或電視節目被按了暫停一樣。在我的夢境中央，出現了一個彈出式的窗户，就像電腦上的視窗一樣。窗户擴大成一扇門，一位身著棕色連帽長袍，繫著結繩腰帶，穿著皮革涼鞋，打扮得像方濟會修士的指導靈/守護天使，跨過神聖的夢境之門。頭巾遮住了他的臉。「跟我來，我有話要告訴你。」

我是在做夢中夢嗎？我很納悶，但我還是乖乖地跟著他走進了一間房間，我稱這個房間爲交界之處，是一個既不屬於活人，也不屬於死人的地方。它是一個跟意識平行的宇宙。等著我的，還有另外兩名修士指導靈。一位修士拉起我的手，將它放在我的右胸上，並且說，「你的癌症就在這裡。感覺到了嗎？」我感覺到了。「不用預約，明天就回去看醫生。」

❶賈利．古柏是《日正當中》的男主角。

我開始哭泣，並且告訴他，醫生明天也不會比昨天更聽得進我的話。「他們只會繼續幫我做同樣的檢查，然後告訴我，我很健康。如果你希望我活下來，你就得幫我。」

我的指導靈把手伸進他寬大的袖子，拔出某樣東西，然後遞給我一根細小的白色羽毛，這根羽毛不會比晚上從枕頭裡掉出來，滑落到臥室地板上的羽毛大。

「請以這根羽毛爲劍，用它來跟你的醫生進行辯論，你將會戰勝科學事實。你需要做探查手術（exploratory surgery）。如果你向醫師陳述你的狀況，就像律師站在一位不相信你也不喜歡你的法官面前陳述案情一樣，你就會贏。」他說完，便轉身走出我的夢境。

神聖的夢境之門在他背後關上，而我之前做到一半的夢，則從剛剛停止的地方再度開始，就好像有人把暫停解除了一樣。當修士穿越時空來到這個神祕的夢境中，傳達他們的救命訊息時，時間彷彿靜止了。

面臨關鍵的十字路口

我要相信醫生還是我的夢？我應該跟華格納醫師談一下有關修士跟羽毛的事情嗎？我的目標是要獲得幫助，而不是被送進精神病房。不過，這次回去，我有羽毛作爲我的武器。

華格納醫師看著我，好像我在玩火自焚一樣。「你要做探查手術！我沒辦法取出不存在的東西。」我的醫生感到很苦惱。我也一樣，但是原因跟他不同。他擔心的是，我對一個「想像中的硬塊」反應過度。我擔心的則是，我對夢見的這個該死硬塊，還沒有足夠的反應。

作爲一名醫生，他擁有實實在在、無可爭辯的醫學證據作爲武器，這些證據來自世界最頂尖的醫療機構所做出的乳房X光攝影和血液檢查結果。而我只能依靠夢中修士給我的一根假想的天使羽毛來與之對抗。「喔，祈求上帝憐憫！我眞的這麼認爲嗎？我現在就想帶著我的羽毛回家。我好不容易走到這一步，決定放手一搏，所以祈求夢和上帝啊，請別讓我失望！」

我默默禱告，然後深入我內心交戰的胸膛，取出那根小小的天使羽毛，小心翼翼地把它夾在我的手指中間，然後轉身面對我的醫療對手，我必須讓他成爲我的盟友。我仔細瞄準目標，爲我的狀況辯護。「我知道有些東西不太對勁。請你證明我是錯的。」

「你才四十三歲，得乳癌還太年輕，而且你的家族也沒有乳癌病史。我想如果眞的有什麼的話，頂多就是纖維化腫瘤。」他說。

「誰來做手術？還有，我們不是應該有位腫瘤科醫師在場嗎？」

「不用，我來做手術。你並沒有癌症。」

「好吧，我們將她縫合起來。」

華格納醫生的聲音迴盪在黑色的隧道裡，這是藥物誘發的夢境，手術期間，我一直處於不醒人事的狀態漂浮在這個夢境裡。我努力想要清醒過來，朝著光和聲音走去。「這是什麼？」我問，一邊想要把自己拖出麻醉的懸崖。口罩上方的眼睛睜得大大的，醫護人員難以置信地盯著我看。「她剛才說話了嗎？」一個聲音從我頭上問。我抬頭望著一個向下凝視的人。幸運的是，麻醉醫師擋住了頭頂的光線。

「它……就如我們原先預料的，凱西，是一個纖維化腫瘤，」華格納醫師結結巴巴地說，雙手帶著手套舉得高高的，眼睛睜得大大的，好像見到鬼，一副驚魂未定的樣子。

我的胸口痛得要命，讓我忍不住哀嚎。

「給她更多麻醉……現在！」當我滑入黑暗的麻醉無底洞時，這是我聽到的最後一句話，然後我又再度飄浮在不醒人事的黑暗虛空中。

第一記癌症警鐘在我清醒的腦中響起

在恢復室裡，華格納醫師將他背後的窗簾拉上，我的第一記警鐘響起了。當他握住我的手，第二記警鐘響了。

「病理科醫生打開你的腫瘤時，臉色看起來不太好。」他說。

恐慌替代了我噁心的感覺。「是癌症嗎？」

「是的，我很抱歉。我會立刻把你轉診給專門的醫師。」

所以我的診斷夢一直都是對的：這些檢查都是錯的。

外科醫師對我說的話，為我隨之而來的戰鬥開了第一槍。這些話不只是對我發出警告，它們直接刺入我的胸膛。我低頭看了看我痛苦的傷口，啜泣起來。

於是，我開始墜落到癌境（Cancerland❷）的黑暗兔子洞。就像愛麗絲一樣，我正往下滑落，跌入一個令人不安的夢魘中，深不見底，而且平安著陸的希望渺茫。喔，天啊！我想我有大麻煩了。我的夢已經幫我做好準備面對病理醫師剛剛確認的事情。我得了癌症！這些快要把我逼瘋的夢，也促使我採取行動，我希望這能救我一命。我專注在正面思考，但卻愈哭愈大聲。

我嚇得魂不守舍，意識到我多麼需要我的夢。想要贏得這場戰爭，我需要醫療界之外的可用武器。如果我沒有一直纏著醫生不放，我現在八成就快死了。不管怎麼說，我可能還是難逃一死。不知道這場災難會有多嚴重。

但是我的夢曾經賜給我一根有力的羽毛作為武器。如果未來我有需要，也許修士會從中拿出更多給我。如果我還有未來的話。帶著這個想法，我停止哭泣，陷入了疲憊、無夢的沉睡之

❷ Cancerland 是 Wonderland 的諧音。英國兒童文學名著《愛麗絲夢遊仙境》（*Alice's Adventures in Wonderland*）主角愛麗絲掉進一個深不見底的兔子洞，經歷了許多奇幻冒險。

中。這根羽毛戰勝了醫院的政策。探查手術發現了預言中的腫塊。第一份病理報告指出，它是荷爾蒙受體陽性（hormone-receptive）第二期侵襲性乳管原位癌（ductile carcinoma in situ，簡稱DCIS）。腫瘤科醫師要求進行第二次手術，以檢查組織邊緣是否切除乾淨。結果在淋巴結中發現癌症。

伯克醫師的夢境研究

在洛杉磯舉行的全生命博覽會（Whole Life Expo）活動期間，我談到了夢境應驗的事情，有位同事告訴我關於伯克醫師及他對夢境應驗的研究①。我打了電話給他，之後成爲彼此部落格上的客座部落格主，這些部落格文章也刊出在DreamsCloud網站上②。

一年之後，我們在聖地牙哥的國際夢研究學會上，共同提出了預警夢的報告。《奧茲醫生秀》在二〇一七年二月的節目中也分享了預知夢如何挽救生命的故事，以及伯克醫師的研究計畫，節目標題爲〈第六感：令人震驚的預感〉③。

我的癌症療法是阿德力黴素（Adriamycin）環磷醯胺（Cytoxan）化療、放療和泰莫西芬（Tamoxifen）。手術和病理報告驗證了這個夢。但是，這只是第一個應驗的夢境，還有許多關於癌症的夢境，即將成眞……

① Burk, L. Warning dreams preceding the diagnosis of breast cancer: a survey of the most important characteristics. Explore. 2015;11(3):193–198.

② DreamsCloud https://www.dreamscloud.com

③ Dr. Oz Show: The Sixth Sense: Shocking Premonitions with Kathleen O'Keefe-Kanavos (2, 2017; NY, NY.)

凱特的解析

就如在這本書第一部詳述的，許多夢境橫貫或涵蓋了多個不同類別。這是一個清明、重複、預知的診斷夢（直白夢和積極夢的子類別），不需要研究符號和象徵，因為它透過對話直接了當地呈現出來。它是預知的，因為它告訴我，如果我在醒著的世界以羽毛為劍，我會得到我需要的檢查以發現癌症。它是清明的，因為我知道我在做夢；它是積極的，因為在夢裡，方濟會修士將我的手放在我的胸上，並遞給我一根羽毛作為護身符；它是有診斷性的，因為病理報告證實了它的診斷。然而，它還是包含一些奇妙的象徵來強化訊息。

方濟會修士是靈性的正面象徵。修士是遺世獨立的，為的是將自己的身心調整到與靈性和上帝一致的狀態。夢見修士可能意味著夢者需要脫離世俗的干擾，透過自我檢查（癌症的雙關語），向內尋找答案，以達到內在的平衡。

在許多夢文化中，白羽毛是力量、信仰、真理和保護的象徵，並且通常被視為是來自天使或已過世愛人的標誌。被賜與羽毛作為武器，是一種精神上的保護，用以贏得一場戰鬥。就我而言，這場戰鬥包含兩個層面：戰勝醫生不需要再多做檢查的論點，以及依靠內在的靈性指導，最終贏得這場抗癌戰爭。

在古埃及神話中，白羽毛象徵真理。人死了以後，冥王歐西里斯（Osiris）會將心臟上的靈魂放在金色的天平上，用白羽毛來秤量。如果靈魂比羽毛輕，就可以獲准死後過著幸福的生活。從比喻的層面來說，這個夢要告訴我的是，靈性的指導和真理將會克服所有困難。用白話文來說就是，我的夢告訴我，「你得了癌症，如果你依靠真理和靈性去戰鬥，你就會贏。」

伯克醫師的評論

通過愛麗絲夢遊仙境般奇蹟的診斷和治療，凱特的書《癌境夢遊》④充滿了許多夢境指引的驚人故事，就像這本書封面上的場景一樣。如果每個人在他們療癒的旅程中，都能有管道獲得他們「內在的白羽毛」，那就太好了。而就如她描述的，夢是一個絕佳的管道。你也許不會獲得一位穿著長袍的修士作為你的嚮導，但隨著其他乳癌夢者在下一章所講述的故事，也許你會找到依據你個人情況所需要的東西。請繫好你的安全帶，好好享受一趟神奇的魔鏡夢遊，進入診斷夢的國度吧。

---

④ Kanavos, Kathleen O'Keefe: *Surviving Cancerland: Intuitive Aspects of Healing* (Fort Bragg, CA: Cypress House, 2014), pp. 4-27.

3 乳癌診斷前的預警夢研究結果

「唯有引導病人超越自己，超越他在自我中的糾結，療癒才有可能發生。」
——榮格，《榮格全集‧第十三卷‧三九七節》

〈乳癌夢境研究計畫〉的第一步，是要獲得人體試驗委員會（Institutional Review Board，簡稱ＩＲＢ）的批准，才能對人類受試者進行研究。由於我是北卡羅來納州德罕萊茵河研究中心的前董事會主席，而掌管人體試驗委員會的，又剛好是著名的超心理學家約翰‧帕默爾，於是這裡便成為夢境研究的最佳選擇，因為這項研究可能包括了有關ＥＳＰ❶和預知的訊息。帕默爾博士對於確保這項研究符合適當的倫理和科學準則有很大的幫助。

獲得人體試驗委員會批准之後，下一步是要獲得少許的資金，確切地說，是七十二美元，用來訂閱 SurveyMonkey 軟體服務，以建置乳癌夢境的調查問卷。對比之下，乳房X光攝影、超音波或磁振造影（MTI）等乳癌影像研究，經費動輒數萬美元，而且通常是由美國國家衛生研究院

（National Institutes of Health，簡稱NIH）、蘇珊·科曼（Susan G. Komen）基金會，或蘇珊·樂芙博士研究基金會（Dr. Susan Love Research Foundation）提供資助。後面這兩個機構婉拒了夢境研究計畫，因爲我並未獲得國家衛生研究院的補助。

幸運的是，DreamsCloud這個透過社群網路分享夢境的線上公共平台，願意提供這項研究所需的少量資金和宣傳管道，以協助招募在診斷前有過相關夢境，符合這項研究資格的研究對象。DreamsCloud在他們的國際網站上建置了頁面來啓動這項計畫，並且設立了調查平台。我也在國際夢研究學會、克里斯蒂安·諾斯拉普和莉莎·瑞金博士的協助下，透過社群媒體密集宣傳這項研究。

要找到有過乳癌夢境的案例比我設想的困難，同樣不幸的是，我連一個願意參與這項研究的病友團體都找不到。事實證明，像他們這樣組織嚴密的乳癌病友團體，以及提供他們醫療照護的人員，一遇到像我這樣來自其他領域的專家，就變成封閉的圈子。這眞是糟透了，因爲蘇珊·樂芙博士研究基金會的婦女軍團，就有超過三十八萬人志願成爲研究的對象。

我那時候意識到，在正統的醫學期刊上發表小型的先導研究計畫有多麼重要，因爲這樣才能爲未來更具企圖心、資金更充裕的計畫提供可靠的科學平台，這樣也許才能吸引更多參與者。我

❶ ESP是extrasensory perception的簡稱，超感官知覺，俗稱第六感。

們在二〇一三年十月的國際乳癌防治月啓動了這項調查，並配上一條粉紅色絲帶。在十八名來自世界各地的婦女完成這項調查後，這項研究於二〇一四年三月結束。

問卷中的十九道是非題列出如下：

1. 在你求診之前，是否有夢到任何關於乳癌的警訊？
2. 你是否有留下夢境日記，記錄下你的夢？
3. 有關乳癌的第一個線索是在你的夢裡出現的嗎？
4. 你是否做過不只一次的乳癌預警夢？
5. 這個（些）夢的強烈度、明確性與迫切性，是否與時俱增？
6. 這個（些）夢是否比你平常的夢更加生動、眞實或強烈？
7. 這個（些）夢是否讓你在情緒上感到威脅、驚嚇，或恐懼？
8. 這個（些）夢是否使用了「乳癌」或「腫瘤」這兩個特定的字眼？
9. 這個（些）夢是否指出了腫瘤在哪個乳房，以及確切的位置？
10. 在這個（些）夢裡面，你是否有直接接觸到乳房的感覺？
11. 你夢中接收到的乳癌訊息，是否來自已故的家人？
12. 你覺得這個（些）夢有說服力嗎？

13. 這個（些）夢是否促使你去求醫或做診斷檢查？
14. 你是否和你的醫生分享了這個（些）夢？
15. 這個（些）夢是否直接導致了後來的診斷結果？
16. 你是否因爲其他原因而忽略了這個（些）夢，直到診斷結果出來？
17. 你是否忘記了這個（些）夢，直到診斷結果出來？
18. 你是否忽略了這個（些）夢的重要性，直到診斷結果出來？
19. 是否有其他你認識的人，曾經夢到你的乳癌警訊？

我們也邀請參與研究的女士寫一篇他們夢中經歷的描述，作爲問卷的補充。不幸的是，索妮亞．李席德在完成調查前就過世了。不過，本書第一章中其餘的女士都和其他來自美國、英國，以及奧地利、哥倫比亞的女士一同參與了這項研究。另外有兩名女士回覆了問卷，但是並沒有被包括在內，因爲一位只夢到復發，另一位女士的診斷結果則是良性的疾病。

這項調查的結果發表在二〇一五年的《探索：科學與治療期刊》①。預警夢最常見的五大特

① Burk, L. Warning dreams preceding the diagnosis of breast cancer: a survey of the most important characteristics. Explore. 2015;11(3):193–198.

徵依序排列為：對其重要性深信不疑（94%）；比平常的夢更生動、真實、強烈（83%）；情緒上感到威脅、驚嚇，或恐懼（72%）；使用了「乳癌」或「腫瘤」這兩個特定的字眼（44%）；以及有直接接觸到乳房的感覺（39%）。

這些女士與醫生分享的夢境，如果能夠指出癌症的位置，有一半以上會得到相應的診斷結果。從已故家人收到警告訊息的頻率則比我們原先預期的要少得多，我們原先的預期是根據第一章敘述的，汪達之前在二〇〇四年所做的非正式調查。然而，有四分之一的夢境故事，夢中的使者，通常是一位穿著白袍的醫生，儘管其他比較玄奧的角色也曾出現過，例如凱特夢中的修士。超過一半的女士有留下夢境日記，為這些夢提供了詳細的敘述和日期。有三分之一的時間，這些夢的重要性並沒有得到重視，直到因為其他原因做出了診斷。有四分之一的案例，有多個預警夢，其強度隨著時間增加。在第二次復發做過唯一一次預警夢的那名女士，被一個問題喚醒，「它在哪裡？」結果在她的腋下發現了一個腫塊。那位後來發現有良性疾病的女士，她的夢境跟其他人相似，這促使我們需要做更多的研究，以區分良性和惡性疾病的夢境。

> 一名被白光照亮的男子舉起一顆發光的珍珠給我看。他說：「妳得了乳癌。它在妳左側的乳房，靠近胸壁的地方。就是這個大小。妳得去檢查一下。」

她以爲是惡性的，但是經過十八個月的能量治療，她最後在手術中切除了一個良性腺瘤。

事實上，的確有一些證據指出有些癌症會隨著時間而消退②。我們的研究調查所受到的批評之一，就是沒有罹患這種良性疾病的婦女作爲對照組。由於乳房X光攝影的可疑病灶中，大約有三分之一在做切片檢查時發現是惡性的，因此我們還有空間進行更仔細的研究，把焦點放在正在接受切片檢查的婦女。這樣我們就能獲得其他三分之二得到良性疾病的婦女的夢境訊息。

這項研究中有兩位姐妹有乳癌家族病史，並且帶有BRCA基因。一般人一生中罹患乳癌的風險爲百分之十二，一旦BRCA2突變，風險增加到百分之四十五；BRCA1突變，風險則達到百分之六十五③。高達百分之二十五的遺傳性乳癌病例肇因於這幾種帶有腫瘤抑制蛋白的罕見基因發生突變④。另外四名婦女也提到他們有乳癌家族病史，但沒有提到基因檢測。

在放射影像技術發展出來之前，確定的家族病史是預測乳癌風險會增加的唯一方法。美國國家癌症研究所（The National Cancer Institute，簡稱NCI）估計，在二〇一五年，有二十三萬兩

② Zackrisson, S., Andersson, I., Janzon, L., Manjer, J., Garne, J.P.: Rate of overdiagnosis of breast cancer 15 years after end of Malmö mammographic screening trial: follow-up study. BMJ. 2006;332(7543):689–692.

③ BRCA1 與 BRCA2: Cancer risk and genetic testing. http://www.cancer.gov/cancertopics/causes-prevention/genetics/brca-fact-sheet#r27.

④ Shiovitz, S. 與 Korde, L.A. Genetics of breast cancer: a topic in evolution. Ann. Oncol. 2015;26(7): 1291–1299.

千名女性被診斷出乳癌，並且有四萬人死於乳癌，其中百分之八十九的患者存活了五年⑤。大規模引進乳房X光攝影篩檢是從一九六〇年代開始，試圖幫助女性在症狀發作前發現乳癌。

這個方法也引起了質疑，乳房X光攝影的風險和益處一直爭論不休⑥。二〇〇九年，美國的預防服務工作小組（Preventive Services Task Force，簡稱 USPSTF）發布了一項建議，建議女性從五十歲開始⑦，每兩年做一次例行檢查，這與目前美國放射學會（ACR）建議女性從四十歲開始⑧，每年做一次檢查有衝突。遵循預防服務工作小組建議的女性，如果有夢境的指示，應該考慮更早開始做乳房X光攝影。

帶有 BRCA 基因的高風險女性，建議將磁振造影作為附帶的篩檢方法。磁振造影對於乳房密實的女性特別有用，因為乳房攝影比較難在這種乳房裡發現癌症⑨。對於五十歲以下且乳房密實的女性，超音波也有助於發現癌症⑩。對於有確切乳癌家族病史的女性，如果無法做磁振造影，超音波可以作為輔助的篩檢方法。熱成像使用非侵入性的紅外線數位攝影來進行檢查。熱成像技術可以在做乳房X光攝影之前偵測到某些癌症，但是也可能錯過乳房X光攝影可以偵測到的癌症，因此這兩種方式在篩檢時可以作為互補。在後續的檢查中，典型的乳房熱像圖會隨著時間漸趨對稱且穩定，而明顯不對稱的發展模式則被認為是乳癌的高風險因子⑪。

有了這麼多可選擇的技術，以及互相衝突的觀點，現在是適當的時機，可以考慮將夢境日記作為乳癌自我檢查的輔助，特別是對於高風險的女性。這項研究的結果可以賦予女性更大的權力，和醫生自在地分享她們的夢境。它也爲將來的研究奠定基礎，讓我們可以去推斷這類的夢境，在不知道自己罹患乳癌的女性中發生的頻率有多高，以評估預警夢的預測價值。

⑤ SEER Stat Fact Sheets: Breast Cancer. http://seer.cancer.gov/statfacts/html/breast.html.
⑥ Biller-Andorno, N. 與 Juni, P. Abolishing mammography screening programs? A view from the Swiss Medical Board. NEJM. 2014;370(21):1965-7.doi: 10.1056/NEJMp1401875. Epub 2014 Apr 16.
⑦ U.S. Preventive Services Task Force. Screening for Breast Cancer: U.S. Preventive Services Task Force recommendation statement. Ann. Intern. Med. 2009;151(10):716–726, W-236.
⑧ Mainiero, M.B., 等 . ACR appropriateness criteria breast cancer screening. J. Am. Coll. Radiol. 2013;10(1):11–14.
⑨ Berg, W., Kuhl, C.K., 等 . Mammography, breast ultrasound, and magnetic resonance imaging for surveillance of women at high familial risk for breast cancer. JCO. 2005;23(33):8469–8476.
⑩ Corsetti, V., Houssami, N., Ferrari, A., 等 . Breast screening with ultrasound in women with mammography-negative dense breasts: evidence on incremental cancer detection and false positives, and associated cost. Eur. J. Cancer. 2008;44:539–544.
⑪ Hudson, T. Journey to Hope: Leaving the Fear of Breast Cancer Behind. (Naples, FL: Brush and Quill Productions, 2011).

4 夢者E病人興起

「一九七〇年代，『e病人』（e-patient）這個名詞誕生了。在隨後的幾十年，它成長了一點，發展並且打造出它的口號，『有裝備』（equipped）、『有自主權』（empowered）、『有能力』（enabled）。」

——小理查．戴維斯．德伯卡特（RICHARD DAVIES DEBRONKART J R.）

亦被稱作e病人戴維／癌症病人

就像夢是進入另一個訊息空間的窗口一樣，網路是透過我們的指尖就可以通往宇宙智慧的訊息窗口。網路的普及已經造就了一種新型態的病人——e病人。

這本書裡的許多夢者都是e病人。我們當中有許多人都是因爲這樣而找到彼此，伯克醫師的〈乳癌夢境研究計畫〉，以及促成這本書的基礎，也都源起於此。

根據維基百科的說法，e病人是完全參與自身醫療照護的個人或醫療保健的消費者。這本書所指的夢者e病人，則是結合了夢中的資訊與網路上的資訊，充分利用事實爲自己做好全面裝備，以挽救自己的生命，重回健康幸福道路的人。預言夢加上網路訊息，創造了對抗疾病的強大武器。

已故的湯姆．佛格森（Tom Ferguson）醫師創造了「e-patient」一詞，他是一位開創性的醫生、作家和研究者，他曾研究並撰寫了一些關於擁有自主權意識的醫療消費者，以及給消費者的線上醫療資源的文章①。根據佛格森的說法，e病人對於自身的健康、醫療照護決策，以及醫護人員和支持系統的選擇是有裝備、有自主權、有能力，並且有參與感。

e病人在醫療過程中，會將自己視爲和醫生平起平坐的夥伴，他們是網路用戶的汪洋中一波新起的大浪。這種新型態的病人，會透過數位工具進行研究，蒐集影響到他們與家人的疾病相關訊息。

這本書中的夢者e病人會透過網路上的內容來驗證他們的夢境，以獲得他們認爲需要的治療，並從疾病中存活下來。這些夢者會將網路當作一種醫療資源，研究自己與親朋好友的疾病，以尋找更好的醫療中心、醫生，並堅持更好的照護。

①發表在 *Austin American-Statesman*，從 4/19/2006 - 4/22/2006。

他們也將自己運用夢境、療癒過程和網路研究的經驗，爲其他病人提供寶貴的醫療幫助與支持。伯克醫師研究小組中的夢者e病人，在他們同儕中已經成爲愈來愈重要的合作對象和顧問。他們在社群媒體網站、線上雜誌、網路電視、部落格和論壇上，記錄了他們個人的經歷。他們透過談話建立了開放的對話空間，並且爲有需要的人提供支持（關於如何聯繫這些協助者，更多相關訊息請參閱本書後面的撰稿者簡歷）。

如果我們的夢不是爲了幫助我們克服這些致命的疾病，我們還會做這些應驗了而且還救了我們一命的預知夢嗎？如果我們的疾病只是我們的「退場策略」，正如伯克醫師所說的那樣，我們不是應該會每天都活在無知的幸福裡，而不是整天憂心忡忡，想辦法說服不相信的醫療人員，告訴他們我們需要額外的檢查，以發現無法被肉眼或某些醫學檢查看到的、感覺到的東西……只因爲我們曾經夢到過。證據都在病理報告中了。

儘管醫生對病人提到的夢境或研究過的建議有所遲疑，但這本書絕對不是一本抨擊醫生的書。醫生已經竭盡可能運用他們所學、能力所及的方法來治療病人。西格爾醫師和伯克醫師曾經一起在網路電視《Kat Kanavos Show》，標題爲〈醫療診斷夢的禮物〉這集節目中接受訪談，正如西格爾醫師在訪談中解釋的：

我和賴瑞在醫學院只得到了訊息；但是我們並沒有得到教育。醫生沒有辦法進入人們的生活，去看看是什麼讓他們變得脆弱，而這可能是導致他們身體疾病的部分原因。我和賴瑞在醫學院受到的訓練是去治療疾病的結果，而非疾病的成因。我一直在研究夢，將近一百年了，而我相信，如果我們傾聽我們的夢，它們會爲我們的生活做出正確的診斷。我不知道有哪個醫學院會告訴他們的學生去問問別人，他們在做什麼夢。

然而，如果沒有醫生投入時間和建議治療方法，我們當中可能會有許多人無法活著告訴我們這本書裡所分享的故事，包括我們如何從一個e病人的角度研究我們的夢。儘管當時他們並不知道，我們的醫師其實是我們夢團隊的一部分。

從醫生的角度來看，對於病人從谷歌醫生（Dr. Google）那裡獲得第二意見，往往被當成是個笑話。這種狀況其實有利有弊。幸運的是，自己做研究的病人可以更了解狀況，更有能力參與自己的醫療照護。不幸的是，在網路上可以找到一大堆跟每位病人有關的資訊，然而大部分醫生可以研究的時間有限，所以在短暫的看診時間裡，病人送上一堆列印出來的資料，通常不受歡迎。新一代精通網路的醫生，也許比較能應付這種資料超載的情形，然而年輕一點，並不會給你更長一點的看診時段。

5 夢的基本分類

「醫生啊，治好你自己吧！」

——《路加福音．第四章二十三節》

在開始詳細描述第二部〈乳癌夢境研究計畫〉夢者的故事之前，我們想要提供你一個方法，去了解書中以及你個人生活中會遇到的不同類型夢境。你是否經常在醒來的時候，感到困惑、興奮或納悶，你剛剛做了什麼奇怪的夢？還有，如果夢不重要、毫無意義，只是一種神智不清的胡言亂語，為什麼我們和其他的生物，要花將近三分之一的時間做夢？

儘管專家同意，夢有許多類型和子類型，這本書將會著重在七種最基本的類型，探討它們的含意，以及如何辨識和運用它們來贏得生命、愛、財富與健康。

本章將以容易記住的分類來定義夢。是的，你可以透過做夢，活出健康人生。關鍵是要記住你的夢，這部分在導言裡已簡略提到，並且將在第四部做更詳盡的探討。在你回想起自己的夢境，並且將它保存在日記後，透過以下的訊息來辨識它。然後在夢中尋找驗證，以確保你對它下的定義是正確的。

白日夢（daydream）

白日夢是心思漫無目的地遊蕩或閒晃。你雖然醒著，但心不在焉。你感到無聊時，也會發生這種情況。你是否曾經發現你的心思飄移到某些意象或體驗中，像是在天空飛舞，或與假想中的敵人戰鬥？你也許只是想從壓力或日常生活中喘口氣，爲的是解決某個問題，建立自尊心、規畫未來的計畫，或給自己一點時間和空間發揮創意。

做白日夢，通常是爲了將你的意識從日常生活周遭隨時發生的一切轉移出來的一種方式。你醒著的時候，意識會讓你保持警戒。當你將注意力放在外部世界，做白日夢是你對專注力的掌控短暫失誤的情形，它可以轉移焦點，這類似於冥想、禱告或自我對話。（是的，自言自語）。當你的思緒漫遊，你會開始接收到意識之外的訊息。在某種程度上，你的心會自動預設成爲我所謂的宇宙Google，又稱爲宇宙意識（Universal Consciousness）的狀態，你能在清醒的狀況下，讀取解決方案的訊息。這些答案可能改變你的健康、愛情生活或工作，而這些通常是交織在一起的。

幾乎每個人都會三不五時做做白日夢。研究指出，有多達百分之九十六的成年人，每天至少做一次白日夢。這種做夢的狀態很像冥想或禱告①。

根據《今日心理學》（*Psychology Today*）雜誌的報導，創新型的公司會給予員工時間和空間去創意思考，也就是，做白日夢。Google提供百分之二十的安排，3M有百分之十五，還有W. L. Gore &Associates（Gore-Tex的製造商），都以擁有「戲水時間」（dabble time）爲特色。這三家公司都將他們最成功的產品歸功於這些安排②。

白日夢向來都是研究人員心中的議題。美國心理學之父威廉·詹姆士（William James）爲了他的功能主義理論研究過意識流。一八九〇年，他寫道，「當我們沉浸在心智活動，我們對外在的事物會變得漠不關心，以致於看起來像是『恍神』，或『發呆』。」他接著說，「所有的專注冥想都很容易讓我們陷入這種狀態，我們對注意力的控制暫時消失，可以促使我們的注意力從外在世界轉移到內在冥想。」在萊比錫大學，心理學家威廉·馮特（Wilhelm Wundt）使用內省的方法來了解白日夢是如何運作的。

這些所有的研究意味著什麼？做白日夢的目的是什麼？以及我們有多容易做白日夢？藉由思緒隨時在一眨眼間的神遊，白日夢能使我們迅速進入另一種靈敏意識的狀態。我們所要做的，只是將我們的警覺性注意力從外在世界轉移到我們的內心世界，然後航向個人宇宙智慧的仙境，或漫步在神祕直覺的海洋，撿拾智慧的珍珠。用白話文來說，思緒無拘無束地漫遊構成了一場白日夢。

做白日夢也是一種讓你記住或重新進入撲朔迷離的夢境的方法。那些因爲用藥或因爲身體、心理創傷而難以記住自己夢境的人，可以利用白日夢作爲他們重回夢中世界的大門。

睡眠是警覺性和意識改變的狀態，這種狀態將我們帶入清明夢，在這種改變的意識狀態下做夢的同時，你也知道你睡著了。

清明夢（lucid dream）

清明夢是非常生動的夢，雖然睡著了，但你知道你正在做夢。它通常發生在剛墜入夢境的時候，也被稱爲入眠前狀態（hypnogogic state）。「lucid」這個字意味著清晰，但清明夢不僅是一個清晰的夢。你在做夢的時候，必須知道自己在做夢，因爲你可以察覺到夢中的環境。請注意夢中的細節，以便將它們帶回清醒的世界，將它們添加進你的夢境日記中。

透過時間和練習，你可以學習掌控這些夢的結局，使它們成爲身體上或情感上的療癒夢。尤其是反覆出現的清明夢更是如此。改變重複出現的清明夢的結局，可能解開你生活中的一道

---

① Buckner, R. L., Andrews-Hanna, J. R., 與 Schacter, D. L. The brain's default network: anatomy, function, and relevance to disease. Annals of the New York Academy of Science. 2008;1124:1-38. doi: 10.1196/annals.1440.011

② *Psychology Today*: July 30, 2011, Patrick McNamara, PhD.

謎題。我的電台節目有一位名叫琳達的聽眾，說她總是難以入眠，記不住她的夢，但總是生氣地醒來。她利用本書第三十章的步驟大綱來回想她的夢境，她想起來爲什麼生氣了。她過世的父親一直出現在夢中，由於未解的家庭糾紛，讓她感到很生氣。當父親再次出現在夢中，她擁抱了他，告訴父親她已經原諒他，並且愛他，然後怒氣就此平息。她控制了她的清明夢／夢魘（nightmare）。這個新的結局成爲她消除憤怒、改善婚姻和健康狀況的關鍵。

夢魘

夢魘是生動、逼眞、令人不安的夢，它會將你從熟睡中喚醒，讓你心跳加速，嚇出一身冷汗。它往往發生在你剛剛睡著，或是清晨處於快速動眼期的階段。這是召喚行動的夢，當其他的夢已煙消雲散，這些夢依然徘徊不已。儘管我們想方設法要忘懷，但是我們有誰會不記得某個可怕的夢中訊息呢？也許答案是，你應該記住這個夢魘，因爲它很重要。你的夢魘也許是僞裝過的禮物。每兩位成年人中，有一位偶爾會有夢魘。而有百分之二至百分之八的成年人被夢魘所困擾③。導致夢魘發生的原因有很多。

第一，要確保你能記住解決某個問題或某個困境所需要的全部相關訊息，這可能會救你一命。就我而言，我的夢一開始是個靈性指引的清明夢，但是當我的修士指導靈從醫生的裝扮變成恐怖的馬戲團小丑，並且在手上拿著我的乳房X光攝影時，我的夢轉變成預言式的療癒夢魘。我領悟到其中的訊息，而且無法忘懷其中的細節，這些細節詳見本書第二部。這個預言式的清明夢魘救了我一命。

夢魘可能對你的生活品質產生重大影響；因此，如果你經常出現夢魘，尋求醫療專業諮詢很重要。然後你可以做一些改變，以減少夢魘的發生，這就牽涉到我們即將探討的下個夢境類別：重覆出現的夢。

重覆出現的夢

重覆出現的夢之所以會發生，是因爲你第一次不記得，或不了解夢中的訊息，或是沒有解開夢中的謎語。從這本書中的許多夢者身上都可以看到這一點。你內在的嚮導透過夢向你傳達重要的訊息，但你就是沒「接住」。重覆出現的夢通常會以夢魘的形式出現，這樣你才不會忽略這些訊息。重覆出現的夢反映出個人生活中未解的或持續的衝突。請記得，夢會藉由象徵或符號對我們說話。如果你一直漏接這些訊息，你的夢可能會轉變成夢魘來吸引你的注意。我們的生活處於困難或情緒起伏的時候，會做重覆出現的夢。跟夢魘一樣，它們通常也是在召喚你採取行動。

---

③ http://besthealthus.com/wellness/sleep/nightmare-causes/http://www.sleepeducation.org/sleep-disorders-by-category/parasomnias/nightmares/overview American Academy of Sleep Medicine.

療癒夢

療癒夢會教導你一些關於自己或他人的重要東西，而且也是另一種召喚行動的夢，召喚你在生活中做出改變。它們包含了情感上和身體上的訊息，幫助你療癒自己，或改善某些情況，而且是大夢，改變生活的夢。如果你過去曾經有過療癒夢，你可能會經年累月地思索其中的重大含意。夢中的訊息可能如符號或象徵一樣抽象，難以捉摸，或也可能像疾病的處方一樣具體明確，這些訊息可能透過清醒世界裡某個你認識或不認識的特別人物傳達給你。它可能是在夢中聽到的一個句子或對話，由某個看得見或看不見的人說出來。這個人可能是你自己的某個面向，你內在嚮導的一部分，例如你內在的醫生、動物或指導靈。這些夢境案例將會在本書第六部分分享。

史詩般的夢

史詩般的夢在本質上往往很浩大。它們也被稱爲雄偉之夢、宇宙之夢，或神聖之夢。它們如此巨大、震撼又生動，讓人無法忽視。這些夢的細節超越了時空，往往讓你長年難以忘懷，就好像你昨天才剛做過的夢一樣。它們具備了美感，包含了原型的象徵和符號，並且可能充滿了對話，這些對話也許來自名人，或來自未來你尚未謀面的人。

當你一覺醒來，會感到心生敬畏，一股強烈的情緒被喚醒，促使你從新的角度觀看你的生活，因而有了更清楚的了悟。史詩般的夢充滿了趣味，那些令人難忘的訊息或消息，通常以來自

「彼岸」的訊息呈現出來。而這就將我們帶到下一個主題，應驗的神奇之夢：預言或預知夢。

預知夢

預知夢會應驗，而且可以禁得起事實、科學檢驗或生活事件的驗證。預知夢有許多名稱：預言夢、心靈夢、原型夢、占卜夢、預感夢、引導夢、薩滿夢，以及應驗夢。

亞里斯多德在〈睡眠中的占卜〉（On Divination in Sleep）一文中，曾經對所謂的預言夢有過初步的探究。相信預言往往與迷信有關。這些夢通常被認爲是迷信或純屬巧合。本書的前提是，像這樣「迷信的」巧合有多少可以通過醫學檢驗驗證。

預知夢可能會讓你有似曾相識的感覺，你目前正在經歷的強烈情感或經驗，在過去也曾經發生在你身上，並且可能是以夢的形式出現。這類型的預知夢，是伯克醫師〈乳癌夢境研究計畫〉的前提，這些預言式的夢境，後來都可以藉由醫學報告或生死的結果驗證。

本書有些篇章是由有過夢境應驗的病人所撰寫的，這些篇章闡明了人類可以透過我所謂的「神聖的夢境之門」，也就是夢境之門內的夢境之門，進入更深一層的夢境，因而具備了洞察未來的驚人能力。由於本書的研究著重在診斷夢和預知夢，因此將一個人可能會經歷的預知夢分成三個子類別——象徵的、直白的，以及清明的。

象徵的：無法了解或領悟的符號、象徵和抽象訊息，直到稍後在醒來的世界裡，實際發生某件事才弄懂了。一個可能的例子是，夢者在家裡看到螃蟹，然後發現他們得到癌症。螃蟹象徵癌症，而房子象徵我們的身體。

直白的：從第一人稱的角度看到夢的細節，直到醒來仍清楚記得夢中的訊息。在夢中聽到、感知到、感覺到的，或夢中所呈現出來的一切，都可以被理解，並且在未來應驗。舉例來說，夢中也許有人告訴夢者，他們得了癌症，並且告知癌症在身體裡的位置。

清明的：在預知夢中，一種警醒且專注的做夢狀態。國際夢研究學會前主席羅勃．魏格納（Robert Waggoner），在他的《清醒夢：通往內我之門》④一書中寫到兩種清明的預知夢：氛圍型和積極型。積極型的清明預知夢，會積極地引起夢者的注意；而在氛圍型的清明夢中，夢者只是被動地觀察夢境。

換句話說，在積極型的夢中，夢者會與夢互動，而不像在氛圍型的夢中觀察夢中發生的事情。舉例來說，氛圍型的夢也許是你聽到一群人正在討論某位家族好友生病了，同時你也知道自己正在做夢。積極型的夢也許是有某位夢境嚮導牽著你的手，將它放在你的胸前，並且告訴你，你的乳癌就在這裡。閱讀這本書的故事時，請記得區分這兩種預知夢的子類別。

我的三隻螃蟹預知夢是一個史詩般的夢，也是積極的、清明的、療癒的、重覆出現的夢魘，它最後應驗了，並且得到了病理報告的驗證，如同在本書第二部所詳述的。

這怎麼可能？一種可能的解釋是，我們常常忘記我們並不是地球上擁有靈性經驗的人類；我們是一種靈性的存在，住在人類的身體裡，擁有人類生活的經驗。我們的靈魂存在於這個地球的世界，但是並不屬於這個世界。因此，我認爲我們有一部分是外星人（ET）。我們做夢，是因爲我們內在的ET要打電話回家尋找訊息，或是請求援助，以應付人類的挑戰。令人驚奇的是，在「彼岸」的某人總是會接起電話。將你的夢境分類與定義，可以幫助你記住內在ET問題的答案，以及你接收到的答案。

甦醒夢（Waking dreams）

甦醒夢通常會有一種產生幻覺的感覺，這種幻覺發生在半夢半醒之間，被定義爲入眠前（hypnagogic），意識臨界（threshold of consciousness）。甦醒夢通常包括清明的夢中想法、清明的夢中聲音、清明的夢境，以及可能導致身體突然抽搐的墜落感，偶爾還會產生幻覺，以及夢者無法動彈的「鬼壓床」現象。

夢境日記可以幫助你區分不同類型的夢境，以及它們所傳達的訊息。現在你已經知道了八種基本的夢境，所以你可以好好地沉浸在本書第二部〈乳癌夢境研究計畫〉夢境團隊所提供的故事之中，然後在本書的第四部，你就可以開始練習自己的做夢技巧了。

---

④ Waggoner, R. *Lucid Dreaming: The Gateway to the Inner Self.* (Needham, MA: Moment Point Press, 2008).

第二部

乳癌研究團隊的眞實故事

「我不否認平行夢的可能性，
意即夢境的含意能支持或與意識態度一致，
但是以我的經驗來說，至少，這是很罕見的。』」

——榮格《榮格全集．第十二卷．四八節》

這些是伯克醫師〈乳癌夢境研究計畫〉參與者的個人故事與夢境。請留意在他們驚人的夢中出現的普世性夢境象徵、符號和雙關語，在每個夢境的最後，凱特會針對這些內容進行解析，伯克醫師也會在每個夢境故事的結尾做出評論，他會從比較偏向醫學的角度來關注這些夢。

在這些婦女中，許多人都有過一系列的指引夢，其中包含了數個夢境，從某個診斷夢開始，然後持續出現指引生活的療癒夢。雖然這一系列的夢境也許會被某些夢專家認為在本質上是重複出現的夢，但它們經常以台階或門內的夢境之門顯現，開啟了拯救生命的下一階段夢境。

【導言】三陽性乳癌倖存者

蘇珊娜・瑪麗亞・德・格雷戈里奥

「關於預測病情的發展，夢通常比意識處於一個更有利的位置。」

——榮格，《榮格全集・第八卷・四九三節》

我爲我們的故事寫這篇導言，並不是爲了跟大家說，「看看我們，我們擁有超能力。」因爲我們並沒有。我們有的，別人也都有，那就是——夢。我寧願去小睡片刻，也不指望它會引起任何人的興趣。但如果我們是對的，聽從我們的疾病預警夢救了我們一命，這其中的重要性就可能超乎我們個人的經驗了。

分享我們的故事也許可以激勵他人更關心與自己健康相關的夢境。當這類案例出現的時候，它可以鼓勵醫生更仔細地聆聽，就像汪達的外科醫生那樣。事實上，我們需要更多乳癌篩檢的工具。夢有可能成爲我們添加到健康工具箱裡的一項嗎？

是否可以訓練人們聽懂他們的身體，及早發現他們的健康問題，正如我們在研究中似乎是自發性完成這件事那樣？這個有可能挽救生命的問題很值得提出，而進行研究是最合乎邏輯的起點。

這本書是此類研究的先聲，我非常感謝伯克醫師往這個方向邁出了開創性的第一步。我的網站 Moonbeams and Eco-Dreams，從來都不是關於我個人的網站。它是以下夢境故事訪談的基礎，這些夢境故事來自伯克醫師乳癌預警夢研究的共同參與者，發表於二〇一五年，五、六月號的《探索：科學與治療期刊》。

凱特的淺見

以下的許多夢境故事將生活描述成BC（Before Cancer，癌症前）和AD（After Diagnosis，診斷後）。癌症是改變人生的重大經驗，它有可能將倖存者的生活一分爲二，就像是《聖經》中的BC（西元前）和AD（西元後）一樣。

6 「是你得癌症的時候了！」

蘇珊娜・瑪麗亞・德・格雷戈里奧

「不管你檢查到的硬塊，有多少到最後發現只是個囊腫，永遠都不要預做假設。讓醫生來告訴你，什麼是癌症，什麼不是。」

在我被診斷出來的前一年，身體就對我發出了警告。現在回想起來，這些警告看起來非常明顯。但我當時把它們拋在腦後，因爲它們看起來太離奇了。我想你也會同意我的想法。

我的身體如何比我先知道

二〇一三年的夏天，我在半夜一直被一句話喚醒：「是你得癌症的時候了。」

我對這個想法置之不理，因爲它把我惹毛了。也許我的大腦只是想開開玩笑，就像反覆出現的夢魘或類似的東西那樣。白天，我會對這些可怕的建議嘲弄一番，（「天啊，我忘了我預約了得到癌症的門診。眞麻煩。」）；到了晚上，我會擔心潛意識接下來又會提出什麼可怕的說法讓我傷腦筋。但在大多數的情況下，我照常過日子；也就是說，直到那年冬天我去做下一次的例行乳房檢查之前，一切都一如往常。

來自彼岸的原型

幾年前，一位名叫雪柔的當地婦女死於癌症。她是我朋友的朋友。在我得知乳癌診斷前大約五個月，我一直不由自主地想到雪柔，這很奇怪，因爲我並不認識她，也未曾跟她見過面。這感覺幾乎就好像是有關她的事情想要穿透我的意識，引起我的注意。

有一天，我在教堂把這件事告訴一位我們的共同朋友，我們試圖弄清楚這意味著什麼。我並非暗示有陌生人的靈魂企圖從彼岸給我一個可怕的警告。我只是認爲我的身體把雪柔作爲原型，提醒我也得了癌症，但是我並沒有注意到這點。我的父母都患有癌症，所以我會想到他們是很正常的。我實在沒有任何理由會密切想到一個人。這就是爲什麼在我做乳房X光攝影之前，我的心靈會選擇專注在雪柔身上的原因。

我的一生不斷在我眼前閃爍

二〇一三年的秋天，我的一生開始在我眼前閃爍。每隔幾個小時，就會閃過我已經完全忘記的童年記憶片段，接著想起一些青少年時期的事情，然後是長大之後的事情。它總是那麼鮮明，每次都不同；像是玩著我心愛的玩具，第一次暗戀，第一次見到我丈夫，看著我兒子邁出第一步。雖然很多事情都重新回到我的記憶裡，但是它們都一閃即逝，直到下一段記憶出現。我以前沒發生過這種事情，而且讓人毛毛的。我對丈夫說：「天啊，這好像傳說中，臨終前會發生的情況。」自從我確診之後，這種事情就沒有再發生了。再一次，我相信這是身體試圖引起我的注意。

當我前一次的乳房X光攝影被判讀爲正常時，放射科醫師隨口提到了我的乳房很緻密。比脂肪型乳房組織有更多的纖維，有這種情況的女性，乳房X光攝影有時候會錯過惡性腫瘤。

我成爲他們其中之一

這些夢困擾著我，但是醫學上並沒有懷疑我有癌症，於是我在那年要求做磁振造影檢查，因爲這項技術比乳房X光攝影更能通過緻密的組織檢查出異常。當然，這樣做也無妨，因爲我有囊腫病史，再加上我母親四十九歲就得了乳管原位癌。我向自己保證，我會非常謹愼。就這樣。

當第一次受到醫療直覺的撞擊，你會像這樣在心理上不停地開自己玩笑。儘管你會受到這些訊息的影響，但是你也會存有疑問。想要相信自己平安無事，相信我們的健康沒有受到威脅，這是人類的天性。

在夢中診斷出我有乳癌的女士

然後又有一個不祥的夢入侵我的睡眠。在做掃描和等候結果的期間，我夢見：

一位穿著實驗室白袍的女人告訴我，我得了乳癌。她對我說：「你得了第三期乳癌。」

我沒有辦法對這個夢做合理的解釋，它並不像之前整夜迴盪的可怕句子那般籠統。這裡的象徵意義很明顯，一位真正的醫生正在告訴我，我得了癌症。我仍然可以看到那位女人的臉，她的短鬈髮。直到今天我在街上都可以認出她。

「這件事肯定會再回來找我的，」我告訴丈夫。「我得了乳癌。」一週後，我做了切片檢查，現實生活中的醫生證實了她所說的話，雖然還不知道是第幾期。在乳房腫瘤切除手術中，外科醫生會將靠近乳房的淋巴結染色。如果在任何局部淋巴結有細胞亮起，這表示癌症已經擴散，所有受到影響的淋巴結都必須立即去除。即使沒有淋巴結呈現陽性，外科醫師仍然會犧牲掉一個以確認結果。當解剖樣本送回來有清楚的癌細胞時，根據腫瘤的大小，有可能代表它是第一期，或更早期的乳癌。我的腫瘤是一點八公分，如果我的淋巴結看起來正常的話，這腫瘤還算小，屬於第一期乳癌。

我的癌症是第一期，但在夢中，她說是第三期。如果這個夢說中了我得到癌症這件事，是否也意味著第三期這件事也是對的？據我所知，第三期乳癌的患者長期存活的機會可能有點低。他們即將切除我一邊的乳房，而我卻滿不在乎。如果我從手術中醒來，卻要面臨死刑，那麼乳房不對稱又有什麼大不了的呢？

「醒醒吧。現在該醒了。」我聽到她的聲音，但是看不到她。有人在我周圍痛苦地呻吟，但是我也一樣看不見他們。

「他們切除了我多少東西？」我懇求地問。「多少？」

「一個淋巴結，」手術房裡的一個聲音說。

「喔，感謝上帝。我活下來了。」我小聲說，開始感到激動，然後我也加入了周圍呻吟的行列。

我最後的病理診斷是第一期HER2（+3）乳癌，曾經被之前的乳房X光攝影錯過。在四十三歲，我就被診斷出乳癌，比我母親當年被診斷出來的時候還小了六歲。我的乳癌是一種侵襲性很強的腫瘤，還沒有擴散開來。如果只是再做一次乳房X光攝影，會不會再次錯過它，使得我較晚才被診斷出來，能夠被治療的階段也更少？這很有可能。

也許有些人會這樣想：「第一期？好險好險。這樣你不是就可以躲過化療，只需要做放射治療，以及服用雌激素藥丸就可以了嗎？」我過去也是這麼認爲，但先別這麼快下定論。我們之中的確有些人需要做化療。我得到的是三陽性 HER2 侵襲性乳管癌，HER2 惡性腫瘤的侵襲性很強，沒有進行化療和使用 Herceptin ❶，有百分之四十的第一期癌症病患會在五年內死亡。迷途的細胞有時候會進入血液，而不會影響到淋巴結。化療和 Herceptin 可以在這些到處亂竄的細胞變成轉移性腫瘤之前將其摧毀，把五年存活率提高到百分之八十五。

對我來說，避免化療是不切實際的選擇，但這並不能阻止我說服自己這是可能的。我日夜都在爲這個存活的百分比天人交戰，然而在這種狀況下，夢中醫師的話語仍然持續影響著我。「你得了第三期乳癌。」

但是，我並沒有得到第三期乳癌。我乾淨的淋巴結這麼說！難道這個夢暗示我將來會有得到另一種癌症的風險？或它是在警告我，這個癌症比它看起來的還要嚴重？我認爲第三期的象徵意義是：嚴重但可以治好。那麼，迷途的細胞怎麼說呢？啊！我需要一個斬釘截鐵的答案。

「別丟下我一個人獨自面對他！」丈夫在我每天進行化療後這樣說。他指的是我們十一歲、需要特別照顧的兒子愛力克斯（Alex）。（在第四十七章，我會敘述在夢境的引導下，使用藥用大麻治好他癲癇發作的故事。）

這擊中了我的母性本能。我一直只從自己的角度在思考：我的身體、我的健康、我的選擇。但這不只是我的選擇，也不應該只是我的選擇。當我們互許終身，當他們依靠我們時，我們有必要替他們想一想。我的外科醫生極有可能已經把我治好了，但是我的丈夫並沒有因此感到欣慰。

他擔心如果我沒有做進一步的治療，會有百分之四十的機會在五年內過世。他不想要失去妻子，也不希望我們的兒子失去母親。就算我最終難逃一死，我必須知道，我已經盡全力為他們活下去。我接受了化療。

我的預知夢應驗了

在開始治療之前，我見了當地的一位癌症諮商師。一位志工帶我走進診間，讓我在那裡等候。當這位諮商人員走進來，我目不轉睛地盯著她的短髮，然後是她的面容。這位女士走到哪裡我都認得出來。她就是那位在夢中診斷出我有癌症的女人！她告訴我她是一位護士，也是乳癌倖存者。這解釋了為什麼她在夢中穿著實驗室外衣。她還說她的腋淋巴結在治療期間都切除了，所以這代表了什麼，至少是第三期癌症嗎？這是對我做化療決定的確認嗎？天曉得？我也不知道。

在化療期間，我學習和我沉睡中的心靈對話，以療癒我的身體。這還有一個好處。我不再像多頭馬車那樣忙得團團轉，事實上，我變得比以往更專注、更有效率。我一直很熱衷於社會正義，經常過度投入。好像我一個人要做好五位公民的本分，才能夠控制住我對世界局勢的焦慮。

❶ 一種抗癌藥物。

我有全職的工作，外加三十個小時出於我各種原因的無薪工作要做。不論是身體或精神上，我都做不到了，我終於明白，我從來都沒有眞正做到過。在得到癌症之前，我亂槍打鳥，希望可以打中某個目標。了解了自己的極限後，我不再讓自己分身乏術，我管理著一間忙碌的食物銀行，從頭開始烹調健康的料理，並且養育我急需照顧的孩子。現在我爲這個世界做出一位公民的貢獻，這就足夠了。

我相信潛意識的確會和我們對話，但是我們並不一定會注意到，這些對話的主題是被我們最強烈的渴望所引發的。對我來說，健康一直都是其中之一。很少事情會像追求健康一樣佔據我的心力。多年以來，我一直很刻意地爲自己和我的兒子愛力克斯，接收治療的訊息。因爲期待得到答案，我很專心。對愛力克斯來說，這些答案是逐漸顯現的，就好像沿著麵包屑走；對我來說，就好像夜裡的轟然巨響。

黑色貓頭鷹使者

在我被診斷出來的前一年，我的朋友催眠治療師瑞貝卡．格拉西塔諾（Rebecca Geracitano）正在治療我的恐懼症。在治療期間，我的潛意識被挖得很深，而且很顯然地，有一些作用被釋放了出來。很快地，預知夢開始從我心中翻滾而出，其餘的事，你已經知道了。我們都沒有預料到會發生這種事。在診斷之後，我們又進行了一次療程。我們想確定我的心智可以如何幫助這個治療過程。同樣地，我們都無法預測接下來會發生什麼事。被催眠之後，我眼前出現了一隻黑色大貓頭鷹的形象，幾乎快碰到我的鼻子。我沒有對瑞貝卡提起這件事，我很害怕，貓頭鷹可能是象徵死亡的使者。基於某些原因，我開始以第三人稱稱呼自己，好像是在說別人的事情一樣。

「她還沒有決定她是否會活下去。」某個不曉得是什麼的東西這麼說。

「你這是什麼意思？」貝琪（Becky，Rebecca暱稱）問。

「她累壞了。多年來看著兒子受苦，情況卻一點也沒好轉，她感到無能為力。從某種程度來看，她責任已了。她覺得自己被打敗了。但是，還有時間。如果她決定繼續奮戰，她會活下去；如果不是這樣，她會一了百了。」

我很慚愧告訴你們這些，但在那一刻，我遲疑了，我想知道我還能像這樣繼續活下去嗎？我一直受到創傷，但是從來沒有時間充分感受到這一點。但是在那個安靜的診間，面對一位值得信賴的朋友，我承擔起我的痛苦，選擇了活下去。

「她決定活下去，而且她將會成為一位代言人。」黑色貓頭鷹再次出現，這次離我有一段距離，棲息在高處看著我。

代言人？為了乳癌？真的嗎？我仍在為兒子的癲癇爭取醫用大麻而戰，並成為代言人。當那一切都結束了，我再也不想當什麼代言人，或者至少我是這麼打算的。

但是發生在我們身上的事讓我揮之不去。為什麼在我們真正接受診斷前，就會夢到得了癌症？而且如果我們是對的，聽從這些預警夢救了我們一命，其結果的重要性可能超乎我們個人的經驗。

現在，我比以往更活力充沛。雖然令人痛苦，但我從來不把自己的預知夢稱爲夢魘。再也不是了。它是來自我心靈的禮物。如果我沒有聽從它們的預警，現在我可能在安排我的臨終照護，而不是我的下一個假期。我並不是因爲活著才做夢，而是如同汪達·伯奇所說的，「因爲我做夢了，所以我活著。」

成爲伯克醫師夢境研究的一部分

比起在夢中被診斷出癌症，更令我驚訝的是，有一群人跟我一樣，診斷夢和預知夢眞的是潮流。

凱特的解析

如果這些夢是我的夢，我大概會像蘇珊娜那樣來理解它們，因為她是一位對診斷和預知夢很敏銳的夢者。就像研究中的其他夢者一樣，她不只聽到有個聲音告訴她得到癌症，而且還做了一個直白和象徵的夢。在這個夢中，醫護人員向她走來，並且告訴她，她罹患了癌症，而病理報告也驗證了這個夢。蘇珊娜可以在她的夢中乘坐著愛因斯坦常提到的時間連續體。在夢的世界裡，沒有過去，沒有未來，只有這個重要的當下。問題在於如何決定哪個夢只是好玩，哪個夢則揭示了未來，是個可以挽救生命的預知夢。

蘇珊娜明白，借用一位朋友的已故朋友作為死亡的原型，同時看著自己的一生在眼前飛逝，是一個清醒的白日夢，它的象徵性無須多做解釋——它需要的是被傾聽。

如果這是我的夢，就像蘇珊娜一樣，我相信這是為了點亮心裡的一盞燈。除了象徵，蘇珊娜的夢也充滿了雙關語。它的夢表明她得了第三期癌症，這可能指的是HER2+3。如果有一隻貓頭鷹造訪我的夢，那會讓我很開心，這可能代表我直覺裡的一部分正在召喚宇宙智慧。貓頭鷹可以看到你靈魂暗處的潛意識區域正在發生的事情，並且帶給你智慧與洞察力。想想看，睿智的老貓頭鷹。就像貓頭鷹可以把頭轉一圈，創造出它的生活圈，它也可以觀察到圈內的萬事萬物。貓頭鷹到訪你的夢境，可能象徵你在神祕世界的意識已經擴展到夜幕之外。

伯克醫師的評論

蘇珊娜病理報告上的診斷HER2，是人類表皮生長因子受體2（human epidermal growth factor receptor 2）的縮寫。這意味著基因突變造成該蛋白過度生長，導致乳癌更快速生長。這個診斷的確讓人提心吊膽，但是預知夢中關於身穿白袍的女人這件事情應驗了，這絕對是一顆定心丸，讓她確定自己正走在對的道路上。我推測這也幫助她製造出貓頭鷹的意象，並且做出活下去的正面決定。迄今，在研究團隊中，擁有夢到乳癌診斷結果的能力，似乎一直是成功治癒的一個很有效的指標，不過還需要更多的研究才可以確認這個說法。

7 我們的乳房在流血？母女檔夢境案例

安帕羅．特魯西略（Amparo Trujillo）
羅西奧．阿吉瑞（Rocío Aguirre）

「我相信我們必須熟悉不同的方式來認識並存在於這個世界，而夢是絕佳的管道。讓你的夢成為你內在智慧的寶貴資源吧。」

——羅西奧．阿吉瑞，夢者

安帕羅不會說英語，因此由她的女兒羅西奧擔任本章的翻譯。羅西奧自己的夢引導出她母親的診斷，她的夢會在本章最後面描述。

乳房流血的夢

我在自己的公寓裡，躺在床上，發現很多鮮血從我的兩個乳房流出來，它們好像受了傷。我的乳房赤裸著，鮮血從我的皮膚流下。我感到痛苦、擔憂，而且嚇壞了，然後從夢中驚醒。

我的名字叫羅西奧，這是我母親安帕羅的夢，她在二〇一六年六月一日做了乳癌診斷，這個夢是在她診斷前的幾個月夢到的。雖然她一生中經常從夢裡接收到訊息，媽媽並沒有立即想到這和自己的健康有什麼關聯。她把夢跟我的情況聯想在一起，我的乳房最近發現了一個囊腫，她懷疑這個夢是不是在告訴我們關於這個囊腫的一些事情。

我的看法則不一樣。各位要知道，我自己也一直做夢有一段時間了，而這些夢使得我很擔心母親。

我母親安帕羅幾乎一輩子都住在哥倫比亞的伊瓦格，父親過世迫使她來到人生地不熟的地方。由於父親一手掌握決策大權，並且是她經濟上的支柱，媽媽不僅失去了她的終身伴侶，而且突然之間必須設法一肩扛起這些重責大任。她搬離了和父親共同居住了快三十三年的家，住進一間公寓裡，正在學習獨立生活，接著癌症就來襲了。這個故事是關於一個拯救她生命的夢。

我的夢說我得了癌症

我的名字是安帕羅，我有兩個女兒，分別住在不同的城市。其中一位正在為我翻譯這一章，她也是一位熱衷的夢者。身為一名退休婦女，我大部分時間都花在運動、閱讀、參與社交和家庭事務，還有那些可以豐富我身心靈的活動。唱歌是我的最愛之一。在退休之前，我是一位專業歌手，經常在社交或家庭活動中持續地做娛樂表演。

當我的夢告訴我得到癌症的時候，我還處於哀悼期。兩年前，我的丈夫在一次意外中身亡，這對每個人來說都是很震驚的事情，或至少對我來說是如此。我沒有意識到女兒曾經夢到他的意外。

在我還深受這場危機的影響，也還沒有從悲傷中完全恢復時，我的女兒讓我搬離住了三十三年的家，住進一間比較小，但比較舒適的公寓。與此同時，我學習如何更加獨立，也學著自己做決定，這成了我的全職工作。這是我生命中一個全新階段的開始，從很多方面來看都是如此。

身爲一名熱衷的夢者，我經常會從夢中接收到訊息，但是這個特別意想不到的夢嚇到了我。這也是我第一次夢到某件很嚴重的事情影響到我的健康。一覺醒來，同樣的感覺繼續在我身上流竄。我有個預感，大女兒羅西奧（她正在幫我翻譯這章）可能有危險了，因爲醫生在她的乳房發現了一個囊腫。我認爲這個夢是在對她提出警告。我從來沒有想到這是關於我自己的夢。

我把我的夢告訴女兒羅西奧，她督促我趕快去看醫生。她有預感，這個夢跟她無關。但是，我並沒有立刻去做篩檢，而是等了好幾個月才去看醫生。

我的夢被驗證了

檢查的結果是我的左側乳房有癌症，可以單獨做乳房切除術，並且服用五年的藥物以預防進一步的乳癌。這個夢一直跟我有關。

通常，醫生對預警夢和預知夢抱持懷疑的態度，所以我沒有告訴醫生或醫護人員這個夢。但是我的夢，以及因爲這個夢所採取的後續行動，挽救了我的性命，因爲癌症被及時發現。我不需要做侵入性的放射或化療，只需要做乳房切除。

伯克醫師的夢境研究

我的女兒羅西奧參與了國際夢研究學會在二〇一三年九月／十月安排的超心理學夢境研討會（PsiberDreaming Conference），我就是在那個時候加入伯克醫師的研究。伯克醫師是診斷夢相關主題的演講者，他邀請志願者加入他預警夢和乳癌的研究。羅西奧告訴我這件事，而我很有興趣談論我的故事。

我的夢境應驗了，而且救了我一命，關於我的這個經驗，如果還有什麼値得跟你們分享的，那就是：讓你的夢成爲你內在智慧的寶貴資源吧。所以請把它們寫下來，關注它們，並且學習解析透過夢顯現的象徵，它們將會以一種神奇的方式引導你生活的方方面面！

凱特的解析

如果這是我的夢，我會像安帕羅一樣照單全收，把它當作是一個直白的診斷夢，對它傳達的訊息毫不懷疑；她的乳房正在流血而且不健康。從比喻的意義上來看，她破碎的心也在流血，使得這個夢可能具備了雙重含義；一個夢傳達了兩則訊息。由於她的家人有乳房囊腫病史，把這個夢想像成是在指涉另一位家人是很正常的。但是她在夢中看到了自己。這是一個積極的夢，在這種夢中，夢者會積極地參與其中，就像它也顯示了她將來會做乳房切除。幸運的是，她的女兒說服她去看醫生，這救了她一命。這個夢具有診斷性，因為它獲得了病理報告的驗證。通常，我們可以為自己做夢，在這過程中甚至可以共享與他人有關的夢，使得這些夢具有另一種雙重性；例如和他人一起做夢，或是為他人做夢，就如本書第八部描述的那樣。

伯克醫師的評論

乳癌在診斷前可能就伴隨著嚴重的情感創傷，就像安帕羅的情況一樣。她丈夫的去世，代表了她的心輪，也就是中國五行體系中的火元素遭受到了重大打擊。火元素控制了跟出血有關的血管，而且火生土，土則跟胃經有關，這條胃經一路通到乳房。土元素的不平衡導致了一種助長他人而非自己的傾向。火還控制著金，金則和悲傷的情緒有關。

羅西奧的夢

二十多年來，我一直在學習產業的企業界工作。幾年前，我感覺到一股強烈的召喚，想要去服務他人，從而開始踏上了一段自我發現和療癒的旅程，這引領我去從事一個新的行業，而我的生活也因此變得更有意義。

我生活中的重大改變

這對我來說是一個重大的改變，因爲我一向習慣偏用左腦，是個線性思考的人，所以要在清醒的狀態下連結我靈性的右腦直覺很困難。這種情況是藉由夢中開始的，因爲我清醒的頭腦在此時無法過濾訊息。當我學會信任，我可以從我內在的指引獲得莫大的幫助。我相信我們必須熟悉不同的方式來認識並存在於這個世界。夢是一個很好的起點。我們需要一種方法去擁抱多元融合的思想，這可以促使我們改變支離破碎的世界觀，獲得更寬闊的視野。我們是一個更大、更互相關聯的整體的一部分。

讓我們再回過頭來談談我的夢和我媽媽。在媽媽被診斷出癌症前一年多，我就開始夢到這件事。我父親去世時，也發生過同樣的事情。在他出車禍前一年多，我就開始夢到他的死亡。

我母親和她乳癌的夢

這些夢開始於二〇一一年二月十六日：

媽媽生病了嗎？

我跟很多人在一個陌生的地方。有些人坐著，有些人則躺在地板上。有人生病了，我想是我媽媽。我看到一些醫院的用品、器材。有人正在下達命令。

五天後：裸露的乳房

在飯店櫃台排隊時，我看到我的朋友阿德里（Adri）在我旁邊。她穿著黑色透明的短洋裝。突然，我意識到我正盯著她的乳房看。當她注意到，我感到很尷尬，並且試著解釋，「我看到你沒穿胸罩，而且全都露出來了。」

二〇一一年九月一日，裝了醫療用品的袋子

我在一棟有好幾個房間的房子裡，我的姨媽奧蘭達跟我在一起，然後她把一個裝滿醫療用品的袋子交給我，包括針筒和繃帶。這是我表姊寄來的，她是一位醫生。儘管我現在用不上，但要以備不時之需。在同一個晚上，我做了另一個夢，一位跟我很親近的人生病了，但是我不記得她是誰。

十三天後：插管

去過醫院後，我在一棟房子裡。我感覺背上有東西，然後開始從背後拔出一根又長又細的管子。我嚇壞了！（這是什麼？）我發現還有更多管子從身上冒出來。我被插管了……爲了吸進氧氣嗎？我的父母在我身邊。應該打電話給醫療保險公司，要求他們把我身上這些管子拔掉嗎？我想知道這會很痛嗎？我的醫生表姊就在我身旁，但是她沒辦法做這件事，所以我走到一間可以動手術的房間。我按了鈴，醫生的助手出來護送我到一個小房間換衣服。兩名醫生輕鬆地站在手術台旁。

這一切讓我想起了二〇一二年八月，我母親做完乳房切除術後身上的引流管。有兩位專科醫生負責這次手術，一位是腫瘤科醫生，一位是整形外科醫生。

二〇一一年，十月十一日：血跡

一名女人的身上帶著血跡。似乎是從她的乳房流出來的。

有段時間我以為夢對於我們的健康沒有太大意義。但是在我父親因自行車車禍不幸喪生之後，情況有了改變。在他死亡前的一年半，我一直夢到這件事情的發生，但是當時我沒有想到這些是預知夢，直到我後來翻開夢境日記，才看到了這些充滿不祥預兆的嚴重警告。我很訝異我們的潛意識可以知道這麼多事情。

更多羅西奧的夢

在第一個夢中，我正在安慰母親和妹妹，我說：「爸爸過世了，但他還好，我們也會好起來的。」下一個夢，我則來到了自行車事故現場，受害者是一名男子，但是我認不出來是誰。我們獨自在黑夜裡，我在夜裡大聲呼救，希望有人來幫我們，因為這名男子性命垂危。巧合的是，這就是我父親後來喪命的狀況，獨自一個人，在夜晚一條黑暗的道路上。最後一個夢，我和母親、妹妹又在一起了，但這個夢比較有點象徵意義，媽媽遞給我三件黑色上衣。這其中的象徵意義很明顯：黑色通常是表示哀悼的顏色。

儘管我一再力勸，一開始，媽媽仍然拒絕去看醫生。這一點都不奇怪，由於擔心聽到壞消息，媽媽總是盡量避免去看醫生。但到最後心中逐漸起了疑惑，如果這個夢一直是在對她的健康發出警訊，那該怎麼辦？更不用說，我所有的夢都指向了某個問題。而且爲什麼她突然間到處都看到乳癌：電視上、宣導活動、募款活動？這些有可能是預兆嗎？

謝天謝地，現在，媽媽更害怕不去看醫生。她左邊的乳房被診斷出乳癌，由於及早發現，可以避免化療和放射治療。要是母親對我們的預警夢視若無睹，延續她一輩子逃避看醫生的行爲模式，她可能就沒有這麼幸運了。

就像伯克醫師研究中的其他女士一樣，癌症使媽媽大受震撼，讓她更加清醒地去回顧她這一輩子的生活。她這一生過得開心嗎？她是否花了太多時間煩惱不重要的事情？還有，如果她有幸活下來了，她打算如何度過她的餘生呢？這個夢暗示了有一個內在的引導系統，她可以遵循這個指引沿路前進，這給了她信心。

現在，媽媽似乎更懂得自得其樂了。她喜歡可以豐富她身心靈的活動，例如唱歌。過去她的心思都花在自尋煩惱，不懂得欣賞生活中的點點滴滴。現在她不會再忙著參加活動，一攤跑過一攤。媽媽現在的步調變慢了——她會順著心流走，不會再跑到前頭。

至於我，羅西奧，我也從這些耗損我家人的悲劇和神祕的事件中學到一些東西。

在我父親致命的意外和母親的癌症之前，我沒有意識到我的夢可以預測未來事件，所以很自然地，我沒有將那三個夢跟爸爸聯想在一起，但是一旦明白了，重要的訊息真的可以透過睡眠傳遞給我們。當乳房流著血的夢開始困擾著我和媽媽，我的直覺雷達便處於高度戒備狀態。無論如何，她都得去看醫生。我一定會確保這件事發生。

現在我擔任生活教練，鼓勵其他人學習他們獨特的夢語，並非所有的夢都會以直接了當、一五一十的方式引起人的關注。常常有象徵的意義需要去解碼，有時候直白的訊息和象徵的訊息混合在一起，而且是跨越時間的，就像關於我爸媽的夢一樣。我們可以在夢境日記中追蹤記錄，以點出我們應該關心的地方。

現在，我是擁有個人超心理學碩士學位的專業教練，並且研究過許多療法，例如正念、藝術療法、情緒取向療法和夢工作。

凱特的解析

這些夢是為他人做夢的例子，這也出現在波萊特．維斯布羅德．戈茲（Paulette Wyssbrod-Goltz）的下一個夢境故事中，而這也是一個夢境的主題，本書第八部將會有深入的解釋。如果這是我的夢，我會將它定義為預知夢魘，帶有重覆出現的訊息，而且是積極的、象徵的、直白的。這些夢已經被病理報告驗證，並且包括了清醒時可以理解的符號與象徵，例如乳房、鮮血、醫生、從夢者的胸部和背部拉出來的管子。這個夢是直白的，因為它們是透過第一人稱的視野來觀看的，而夢中的訊息到醒來都還很清楚。

伯克醫師的評論

我在國際夢研究學會超心理學夢境研討會的報告，是我推出〈乳癌夢境研究計畫〉的開始，羅西奧將她母親的故事提供給我時，我很高興。由於語言的障礙，我無法完全了解安帕羅和羅西奧之間的夢境有多大的關聯性，直到蘇珊娜做了採訪後我才明白，所以我對這些細節非常感謝。由於乳癌的遺傳傾向，母女經常會同樣都得到乳癌。同樣不足為奇的是，其他的乳癌夢者曾經表示，在夢境中，這樣的關聯性已經超越了死亡，在那裡，已故的母親和祖母從彼岸出現，擔任嚮導。

8

「你的母親得了癌症。」另一對母女檔夢境案例

波萊特・維斯布羅德・戈茲

「如果你做了一個夢，警告你的健康狀況，請卯足全力說到有人聽進你的話為止，不管他們有什麼反應。」

「你的母親得了癌症，她還剩三個月的生命，而你的右側乳房有一個腫瘤。」「什麼！」我打開床頭燈，掃視整個房間，看看是否有人在那裡，然後看著時鐘。那是凌晨兩點鐘。隔天，我把這個夢告訴了我姊姊。幾個星期之後，我母親被診斷出罹患子宮頸癌，只剩下三個月的生命。結果她活了六個月。

當我開始夢到乳癌的時候，我還是單身，剛從南加州搬回德州休士頓，當時在一家大型的集合式住宅公司擔任經理。這是一項很高壓的工作，因爲它牽涉到一個很新的概念叫做 LIHTC，這是 Low-Income Housing Tax Credit（低收入住房稅收抵免）的縮寫，唸作「lie-tech」，這是美國對可負擔房屋投資所做的等值稅收抵免方案，也稱爲第四十二條抵免。

這項工作要做的事情比傳統的經理要多得多。我稱這工作是在爲美國效力，而且薪水也還不錯。基本上，這段期間生活中的每件事都還蠻順心如意的，包括我可以自由自在地和朋友、家人做任何想做的事。我並不常夢到健康相關的問題，所以這個夢讓我感到很驚訝。我向來都會夢到一些有含意的夢，但是從來跟健康無關。

我也得到癌症了嗎？

既然關於母親得到子宮頸癌的夢是正確的，那是否也意味著我的右側乳房有個腫瘤？我必須知道，但是我平常看診的那位醫生和腫瘤科醫生都對我的夢毫無反應。我去看了母親曾經看過的同一個腫瘤科醫生，並且把那個夢告訴她。她是位精力充沛的老醫生，她只是姑且聽聽看，但沒說什麼。不過，在做了那個夢之後，我其實早就去做了另一項檢查。在接下來的幾年裡，我所有的乳房X光攝影都被認爲沒什麼問題。因爲我的兩個姊姊和祖父都患有乳癌，我從來不曾錯過這些年度檢查，我忠實地履行我每年的義務，而每次收到清晰的乳房X光攝影結果，我都會鬆一口氣。

在做過這個夢的四年之後，情況開始變化。我收到一份郵寄來的檢查報告，提到我有乳房鈣化，但沒有建議要立刻採取什麼後續行動。結果這些一開始被忽略的鈣化原來是惡性的，但是因爲醫生沒有建議做進一步檢查，所以我也沒有想到要求做檢查。如果早一年做切片檢查和診斷，也許能讓我避免接下來遭遇到的很多事。

有一天早上我在穿衣服時，發現了我的癌症

隔年，我的右側乳房出現了一個看起來像橘子皮的斑點，大概一美元硬幣大小。我一看就知道那是什麼，於是我回到往常幫我做檢查的中心。醫療人員除了做乳房X光攝影外，拒絕重新檢查我新的橘皮症狀，我非常光火。我的主治醫師觸診了這個部位，宣稱沒有任何問題，但還是建議做一下乳房X光攝影。

「看，你得認真一點瞧瞧這個！」

「不用了，」那位女醫師回答。「我們做一下乳房X光攝影就可以了。」

「不，不，不！我們不要那麼做。去年你寄了一封信，說我有鈣化，沒有建議要繼續追蹤，可是現在卻有這個橘色的東西在我的胸部！」我怒氣衝天，衝出她的診間。

幸運的是，休士頓的一位醫師願意立刻幫我看診。

「喔，我的天啊！」她驚呼，一面檢查著我胸部上乾燥脫皮的橘黃色一元硬幣。

「我需要再做一次乳房X光攝影，」我告訴她。「我知道這是什麼，而且不要管上一張乳房X光攝影怎麼說。」

她進行了乳房X光攝影，技術人員在橘皮周圍塗上黏黏的東西。我等待著結果揭曉。一小時

之內，他們把我送去做超音波和切片檢查。我知道我得了乳癌。三天之後，病理報告證實了這點。我右側乳房的乳癌需要採取積極性的治療方案。

結果這些一開始被忽略的鈣化原來是惡性的。最後我被診斷出有三個淋巴結罹患了第二期雌激素陽性乳癌。原來腫瘤可能已經在我體內生長了大約五年。我的夢發生在一九九八年夏末，而這個診斷是在二〇〇三年，五年之後。我一直都遵循著所有正確的措施，每年都做乳房X光攝影和乳房檢查，但這些全都無助於找到癌症，而我的夢做到了。

我的癌症在第一時間被錯過了，所以我無法毫不保留地信賴任何醫生的建議，特別是他們涉及到用以毒攻毒的方式來治療我。只要再早幾年發現，同樣的癌症用泰莫西芬就可以治療好，爲什麼我現在必須做化療，使用又稱作阿德力黴素的紅魔鬼？爲什麼沒有其他方式可以消除我的迷途細胞，而不需要向體內注入毒素？我內心的拔河造成了我們之間的許多爭執，但是這位醫生跟我們家有很深的淵源。她是我母親的腫瘤科醫生，後來又打算治療父親的胰臟癌。所以我選擇信賴她，接受了以毒攻毒的療法，對此我感到後悔。

在進行化療之前，我做了雙邊乳房根除手術，考慮到我家族豐富的乳癌病史，這是我整個過程中最容易做的一個決定。另外，反正我也從來沒有對「這對乳房」感到自在過。

八年級的時候，我已經有三十八吋C罩杯的胸部了，因此穿著寬鬆的運動衫遮蓋它們，這也開始了我一生的任務，要把這些女孩藏好，以免引起男性不必要的關注。我期待全新重建的B罩杯，可以止住這些注目的眼光。

我的乳房切除手術長達十六個小時，隨後立即用植入物進行重建。但其中的一個新植入物受到感染，不得不將它移除。化療一年後，我們決定用皮膚移植重建代替鹽水袋植入。但是，唉，這也不是很好的選擇。

一旦外科醫師開始跟我討論從我的背部取得皮膚進行重建，我說：「不！我不要這麼做。」我已經受夠我的乳房了。「我對於切除乳房，或之前的重建並不後悔。沒關係。真的！反正我對這東西一直都感到不自在，還記得嗎？」

然而，我其餘的治療計畫則是另一個故事

我必須接受的雞尾酒療法，或我被告知的雞尾酒療法，是阿德力黴素（紅魔鬼）加上汰癌勝（Taxol，紫杉醇的藥品名稱）。汰癌勝造成了貝爾氏麻痺（Bell's palsy）神經損傷，導致我的臉部和右眼下垂。

更糟的是，我必須服用五年的芳香酶抑制劑（aromatase inhibitor），以阻止雌激素餵養迷途的癌細胞。服藥三個月後，我的手腫脹到像棒球手套那麼大，全身關節僵硬，我知道這是那種藥物造成的。

「我其他的病人都沒有這個問題，」我的家庭腫瘤科醫師說。

「我不在乎你其他的病人，我在乎的是我的手腫得像棒球手套這麼大！」

這個藥被停了，但是傷害已經造成。我的關節卡住，很難移動。我得忍受長期的殘障。

在罹患癌症之前，我的生活很令人滿意。我在一家大型房地產公司工作，管理著數百萬美金的企業和二十名員工，收入還不錯。我才剛買了一間公寓。我的孩子都長大了，我多出很多時間可以去追求我的興趣，包括我一直很想修的心理學學位，以及和朋友參加玄學研討會。然而，凌晨兩點的一場夢，把我推向全新的現實。

伯克醫師的夢境研究

當我在諾瑟普博士的臉書頁面上看到伯克醫師夢境研究的訊息，立刻引起我的注意。是關於你在夢中被告知得到乳癌的研究。如果我的夢曾經被認眞看待，並且被醫療人員用來及早發現乳癌，我的治療和現在的生活將會大不相同。

家人過世

就像伯克醫師研究中的同儕一樣，與癌症之前相比，我現在面對生活挑戰的方式很不一樣，這讓我感到很驚訝。二〇〇八年，我的哥哥自殺了。在我罹病之前，我可能會情緒失控。我現在仍然不希望這件事發生，而且也不鼓勵把自殺當作是解決任何問題的方法，但是我能理解他爲什麼這麼做。有些人可以克服生活中的挑戰；有些人，不論原因爲何，沒能熬得過去。而當我姊姊在二〇一五年因腦癌去世，我也經歷了一陣起伏，至今依然。有些人可以從癌症中倖存；有些人，不論原因爲何，沒能熬得過去。我們已經逐漸邁向一個年紀，身邊的人會開始一個個死去。我的親人過世了，如果他們會有這一天，等我的大限一到，我也會死去。在得到癌症之前，我會被哀傷的浪頭洗劫一空，但在癌症之後，現在這一切對我來說都只是過程。

結論：自我維權

然而，接受我們無法改變的事實，並不代表我們不應該爲我們知道的事情奮戰到底。我第一位醫生的診所只想做乳房X光攝影，同樣這家診所，儘管我的家族有豐富的乳癌病史，也沒能後續追蹤這些鈣化，如果我勉強同意他們的做法，後果會如何？

如果我沒有違抗他們的判斷，要求做切片檢查，我的癌症也許要到更晚的階段才被發現，而我可能也沒辦法在這裡寫這些內容。醫生知道很多事情，但並不是什麼都知道。透過你的指尖，你就可以和醫生一樣，在網路上找到許多相同的研究報告，但是你需要他們來幫你做解釋。

閱讀研究報告。問問題。

例如，我的祖父和兩位姊姊都有乳癌，爲什麼從來都沒有人建議要偶爾做一下磁振造影，既然乳房X光攝影可能錯過某些婦女的腫瘤？

所以，如果你對你的醫生有疑問，那就換個新的。這可能會救你一命。我的職業生涯，就我所知，已經結束了。我無法再繼續工作，只好試著融入慢步調的生活，我回到學校，想要完成我心理學的學士學位。我還需要再上兩門課才能畢業，所以我決定參加創意寫作I和II。我對寫作一直充滿熱情。現在我有更多時間進行我那兩本已經跟出版商簽約的青少年小說系列。雖然癌症讓我付出了很大的代價，但是我很高興我可以寫作。如果我仍然留在職場上繼續工作，我是否會有時間來嘗試這種創作？我很懷疑。

十四年後，我還在這裡，仍然過著充實的生活，而且儘管經歷了這麼多，我現在是無癌狀態。我是作家/作者，目前住在德州沿海岸的一個小鎮。我在三個線上平台擔任自由作家，並且以筆名在Amazon上面自行出版。如果你做了一個夢，警告你的健康狀況，請卯足全力說到有人聽進你的話爲止，不管他們有什麼反應。

凱特的解析

波萊特的夢和蘇珊娜、羅西奧的夢很類似，因為像蘇珊娜一樣，她聽到了聲音，也像羅西奧一樣，這是關於她母親的夢。波萊特不僅為自己做夢，也為別人做夢，就像我們稍後會在本書第八部看到那樣。如果這是我的夢，我會認為它本質上是一個聽覺型的夢，這使得它成為一個直白的預知夢，因為它在癌症開始增長的五年前就預言了癌症，並且在五年後被病理報告發現且驗證。

這位夢者並沒有與夢互動。這個夢是有兩個人在凌晨兩點喚醒了波萊特。數字2，強力象徵著平衡、雙重性和第二脈輪、面對自我，這都可以被延用到清醒的世界。如果這是我的夢，我會將其定義為靜態的聽覺型預知夢與診斷夢。這個夢應驗了，而且得到病理報告的驗證。

伯克醫師的評論

波特萊的夢到她診斷中間所延遲的時間，比研究裡大部分的婦女都要長了許多，雖然有另一名婦女延遲了九年。由於她對母親的診斷正確，讓她並沒有疏忽這個夢，並且年復一年地積極做檢查尋找答案，這個事實提醒了我們，乳房X光攝影被認為可以及早發現乳癌，但可能並不如我們預期的那樣早。

乳房X光攝影並不是完美的檢驗，而且能解釋鈣化嚴重性需要相當的技能。以她的情況來說，根據她家族病史中的危險因子，比較敏銳的磁振造影檢查可能更有用。也許有一天，隨著更多的研究文獻出爐，可以將發生預警夢添加到風險因子的清單中。

9

「我做了一個夢。」

黛安・朗（Diane Long）

「每個人的生活遲早都會被捲入一個混亂的階段。可能是天然災害、疾病、年老或失去所愛。然而，正是在這種混亂之中……一種新的意義可能從我們的內心甦醒，這需要一種內省的思維方式，這種新的思路可以讓你對人之所以為人的一切相關要素敞開心扉。」

我的家庭花卉工作室專攻婚禮布置，而這通常需要花很多心思。二〇一一年一月下旬，一位客戶打電話請我們送花給一位朋友。

「你能插一束比較香的花嗎，像是薰衣草或是梔子花？」客戶問。「我想把花送到安寧療護中心給我的嫂嫂。」

她在網路上找到我的營業網站，發現我和她生病的朋友長得非常像，這讓她大吃一驚。「你看起來跟她很像。她總是面帶笑容，熱愛生活，不過卻被癌症打敗了。」

幾個晚上過後，我做了一個夢。

我正和表姊共進午餐，並且告訴她，我得了一個大C：Cancer（癌症）。然而，我們卻嘻嘻哈哈的，盡聊些好笑的事情。所以，當我醒來，我並沒有感到恐懼，而是立即想到我上週的那位客戶，以及那束要送給她朋友的花。

幾天之後，我出現了二十四小時類似流感的症狀，發燒且肌肉非常痠痛。我以為是前一天打太多網球了。第二天，我的左胸產生一種很深的疼痛，而且還有一個紅點。兩天之後，這個點長大到半個美元硬幣那樣的大小。

這個腫大的紅點和穿透性的疼痛，讓我懷疑這是發炎性乳癌。就像凱特的故事一樣，要說服醫生認眞對待我的癌症擔憂，將會是一場情緒上的拔河比賽。

我預約了HMO❶醫療團的醫生，幾天之內，我就見到了幾位醫生中的第一位。這位醫生幫我做了第一次乳房臨床檢查，感覺不到腫塊，宣稱這像是一種乳腺炎感染，並且開了抗生素。她建議兩、三個星期之後再做追蹤檢查，「如果它沒有清乾淨的話。」我問了有關乳腺炎的問

❶ HMO為Health Maintenance Organizations的縮寫，健康保健組織，為美國醫療保險制度之一。

題，因爲這通常是哺育母乳所引起的，而我的這對乳房已經乾了二十年！

因爲不相信正統的醫療診斷，我提出了乳癌的可能性。醫生看起來嚇了一跳，不想理我，而且還說：「癌症不會在一夜之間出現。」

我自己的研究

由於這一天的經歷，加上醫生的結論無法說服我，當天晚上我就在網路上求助「谷歌醫生」，展開我自己的研究。我輸入了我所有的症狀，結果跳出一篇同一天發布的文章，是來自密西根大學一位教授關於發炎性乳癌的研究。

他的報告和我目前所經歷的事情相關，並且解釋了發炎性乳癌並不像醫療人員認爲的那般罕見，因爲它有時會被誤診爲乳腺炎。爲了展現我在抗癌旅途上不屈不撓的決心，我拿起電話，直接撥給這位研究者，告訴他我的症狀和我做的夢。

「夢的可信度很高，」這位研究者說。「盡你一切所能，你的性命就靠它了！」

在這個夢得到驗證，以及這次意見交流的鼓舞下，我預約了另一位醫生。再一次，我提出這可能是發炎性乳癌的理由，但也再度遭到駁回，醫生還是做出乳腺炎的診斷。「發炎性乳癌很罕見。癌症和腫瘤需要多年才能形成。就算你是我的母親或姊妹，我還是會告訴你同樣的事情。只需要服用抗生素就可以了。」這位醫生說。

這回我想我是瘋了，我說了一些難聽的字眼，並且告訴他：「不！你必須研究一下！它有可能是乳癌！」然後我竟脫口而出：「聽著，自從我還是個小女孩以來，我的夢總會在我遇到困難的時候出來爲我指引方向。拜託，我正努力救自己一命！有人告訴我需要做一次鑽孔切片（punch biopsy）和超音波，因爲有時候在乳房X光攝影上看不到發炎性乳癌，而且我在九個月前就做過乳房X光攝影了。」

我想我還用了更辛辣的話，我說：「該死的！去做你的研究。如果我有乳腺炎，應該會發高燒。」心灰意冷地，我離開了他的診間，因爲我掏心掏肺地求助還是一無所獲。我沒有比來之前更好，帶著炙熱、滿溢的怒氣，我想：「好吧！我會打電話給我醫療團裡每一位該死的醫生。」

然而，事實證明我並不需要這麼做，因爲這件事出現了令人意外的逆轉，那天早些時候被我痛罵的醫生，再次思考了一遍，並且在我回到家的時候打電話給我。原來，在我看完診後，他做了一些研究，並且同意我應該做一個徹底的診斷性乳房X光攝影。

雖然我贏得了轉診到放射科的戰役，但由於進一步延誤的威脅，讓我的樂觀情緒被削弱了。放射科的櫃台人員告訴我：「他們最快可以在下個月幫你看診。」我極力要求早一點看診的日期。「聽我說，我不能爲了你把別人從門診表上刪去。」這是她簡單的答覆。

在那時候，我已經習慣了向醫療權威挑戰，我反駁回去：「不，你不明白。你必須這麼做，因爲我可能得了嚴重的乳癌。」

櫃台人員在隔天早上打電話來，跟我預約了兩天後的看診時間。我則帶了鮮花向她問候。我的乳房X光攝影被判定爲「不明顯」，並被告知可以回家了。就這樣！我雙手抓住椅子座位，徹底明白了我的計畫根本毫無進展，於是大喊：「不，不！你必須幫我做鑽孔切片和超音波。」就像凱特在第二章那樣，我極力自我維權，再次奏效。醫生讓步了。

儘管當天的病人排得很滿，該中心還是同意在四小時內幫我做一次超音波。我則等了更久的時間。在最後一小時的看診時間，大約有三十名婦女在叫到我的名字前進到那道門裡。我的超音波顯示出一團群聚的細胞。醫生把我叫回他的診間討論這個發現，並且告訴我：「你需要做針刺切片。」

「我要做鑽孔切片！針刺切片對發炎性乳癌來說是一種無效的診斷工具。」

我說：「你很明確地確定這不是發炎性乳癌嗎？」

我需要醫生證明我是錯的，而只有鑽孔切片才做得到。

「我見過發炎性乳癌，很罕見。」他回答。當我提到研究人員說它經常被誤診爲乳腺炎時，坐在我眼前的醫生指著牆壁說：「你看到牆上的那些學位了嗎？」

在我看來，放射科醫生認爲今天發生的事情微不足道。在做完一個看起來很乾淨的乳房X光攝影後，他告訴我可以回家了。當我反抗並且最終獲勝，他安排了超音波檢查，結果顯示了潛在的異常狀況。他也很謹慎地安排了切片檢查。然而，關於我如何知道我需要繼續努力爭取更正確的檢查，以拯救自己的生命這件事，他依然沒有絲毫的好奇。醫生認爲這只是診間裡又一個忙碌的一天，而現在該是提醒病人誰才是醫生的時候，門要關了，你趕快回家。

我還是做了鑽孔切片。

在做切片檢查的前一晚，我做了一個夢

我掉入一個殺人鯨的水槽裡，大喊救命！這隻黑白相間的巨大動物在我周圍緩慢地迴旋。這時，一名高大英俊、穿著潛水服的男子跳了進來，將我抱住。然後一隻較小的殺人鯨把我們推到安全的地方著陸。

那天早上，我帶著非常樂觀的心情醒來，在廚房的地板上跳舞，並且告訴丈夫和女兒這個夢，心想：「太好了！我可以活下來了！」我告訴他們這是眞的，因爲我深入了鯨魚的象徵夢境之中。

對我來說，鯨魚的出現暗示了夢者的生活正在發生巨大的變化。然而在這巨大的主線之下，有一個較小的副線，由小鯨魚作爲象徵，表示無論如何我都會平安無事的。這個夢對我來說是個轉捩點。我的恐懼感消失了。

一週後，我被診斷出患有DCIS（ductal carcinoma in situ，乳管原位癌），具有多灶性

（multifocal）和多中心性（multicentric）。經過磁振造影檢查改成了第三級。

好消息是，它不是侵略性強的侵襲性癌症，而是早期的零期乳癌。雖然癌症永遠都是一個令人恐懼的名詞，但是零期原位癌的患者經過治療，存活率接近百分之百。然而，第三級腫瘤的擴散性很高。那隻小殺人鯨是零期的象徵嗎？夢眞是太不可思議了！

如果讓這群細胞繼續惡化，我的癌症可能會到更晚期才被發現，需要更積極地治療。我很感謝那些酷似發炎性乳癌的神祕外部症狀。那個巨大的紅點和深刻的疼痛，促使我不得不做進一步的檢查。除非有明顯的腫塊，這個我並沒有，乳管原位癌通常沒有什麼症狀。儘管預後良好，化療減少，我的終點線仍然遙遙無期。

由於群聚腫瘤復發的可能性很大，有三名醫生建議切除單邊乳房。這樣做並不能讓我安心。如果這個癌症並不會致死，爲什麼我需要這麼做？爲什麼不能像其他許多乳癌患者一樣，只要做乳房腫瘤切除和放射治療就好了，他們有些人的乳癌甚至比我更嚴重。

「多灶性腫瘤很難有切除乾淨的邊緣，」醫生說。「如果有細胞殘留，癌症可能會死灰復燃。」我接受了他們的解釋，並且把重點放在找到最好的外科醫師來重建我的乳房，而且不要用任何假乳房。

儘管診斷與潛在的結果有正向的一面，這些訊息帶給我的打擊比我預期的要嚴重，這也許是因爲我爸爸在我診斷前三週才剛過世。當時，我在爲爸爸感到悲傷的同時，還必須面對自己的死亡。

我剛過五十歲，開始了更年期。而就像更年期一樣，被診斷出即將失去乳房，是生活的另一個改變，另一個轉折。於是，儘管當時我還沒有意識到，那一年將會是充滿轉折與重大改變的一年。

我的目標是在這場磨難中保持堅強。但壞事不斷發生。寫作幫助我專心弄清楚這段旅程將帶我前往何處，以及如何在沒有喪失理智的情況下抵達目的地。

伯克醫師的乳癌預警夢研究

一旦發現乳管原位癌之後，我仍然必須經歷乳房切除的大手術。但上天自有計畫。在伯克醫師的研究結束前一個月，我用 Google 搜尋了「乳癌夢以及診斷前夢到乳癌的婦女」。結果在一個夢的部落格，找到了幾篇文章，是關於凱特的書和伯克醫師的研究。

我一直會做非常深刻的夢，這些夢會在困難的時候指引我。伯克醫師談到了疾病中的象徵。我想你可以在我的第二個夢，有小殺人鯨的那個，看到這一點，這個夢真的很強大。這個強大的小殺人鯨夢，真的讓我吃下定心丸，並且讓我覺得我已經計畫好了。

手術之後，我自然重建的乳房看上去跟另一邊一模一樣。一旦身體康復了，我接下來的優先順序就是展開心理和情感上的自我療癒。藉由和其他癌症病友一起參與僻靜活動，我做到了這點。它幫助我把創傷跟日常生活的各個層面結合在一起。我們一起笑、一起哭，並且接受訓練有素的專業人員輔導。然後，到了該從我的癌症經歷中走出來，繼續往前進的時候，我探索了其他的治療方式。

回顧我人生中的那段時期，如果沒有積極的醫療人員、其他癌症病友，以及訓練有素的專業人員的幫助，我會走得更辛苦。在我診斷出乳癌後的四個星期，我父親過世了。然後，在我康復後的一年之內，我的母親和哥哥也過世了。當我必須忍受失去親人哀痛的同時，我還必須保持樂觀去面對恐懼、戰鬥，並且繼續治療下去。

我的人生感覺像流沙

爲了走到今天這一步，健康、自信、爲你寫下我的故事，我把心靜下來，開始寫日記，並且寫下我所有的夢。我得出了一個重要的結論。

人生是持續的旅程，藉由融入更多的瑜伽、東方醫療哲學、營養，例如喝綠茶、針灸療法、靜坐冥想，以及寫日記，我將注意力從悲傷、恐懼轉移到邁向整體健康的道路上。它幫助我將注意力從死亡轉移到呼吸和生活，從癌症嚴酷的考驗中鍛鍊出來的韌性依然指引著我。在罹患癌症之前，我可能會深陷在失去父親、母親和手足的悲傷之中。但在癌症之後，我領悟到人生是一段旅程。不論如何，你只能繼續往前進。

我的學習經驗

就我學習到的經驗來說，每天都要保持悠長而舒緩的呼吸。感謝你還能呼吸。要尋找新的經驗。要懂得過生活，並且和那些可以讓你笑開懷的人在一起。這些生活經驗讓我變得韌性、剛毅。二〇一三年，我完成了兩百小時瑜伽聯盟的教師培訓。瑜伽和冥想救了我。我希望將來可以爲癌症病友服務，因爲（哈哈）我是自然的原力，或是有人曾經這麼告訴我！

凱特的解析

感謝上帝，黛安是如此強大的自然原力。是的，就像研究中的許多女性一樣，黛安花了許多時間、精力和發了幾頓脾氣之後，才說服醫生進行她的夢和身體告訴她需要的檢查。黛安對自己的夢很了解。如果這是我的夢，我會把它們定義為積極和象徵的診斷夢，並且這些夢得到了病理報告的驗證。第一個直白的診斷夢，使用了與家人的對話。第二個夢，則用到了象徵。

小殺人鯨不只幫了黛安一個大忙，將她推到平安的地方，殺人鯨（orca）這個英文單字的第一個字母，看起來像數字〇，這是她癌症的期數；而殺人鯨在水槽裡迴旋則形成了另一個「〇」，可以被視為是生命圈。

在她夢到小殺人鯨的時候，她還不知道她的癌症是零期。在夢的象徵世界裡，殺人鯨和魚類不同，牠們是非常聰明的哺乳動物，有著非常緊密的家庭連結。牠們有像人類一樣的乳腺或乳房，但牠們也是水中世界的靈性生物。儘管這些較大的哺乳動物在那邊迴旋造成了危險，但是這些圈圈也形成了生命的保護圈。

所有的這些象徵都引出了一個問題，誰是那位又高又帥，穿著潛水服的男人？他是黛安的另一個自我，來拯救她的內心嚮導，或是她將來會遇到的某個人？感謝上帝，黛安能夠懂得自我維權，因為如果沒有她內在的力量，我們可能沒有這個榮幸聽到她的夢境故事。

伯克醫師的評論

黛安的故事，跟另一個黛安的故事相似，我在第一章提到，我的朋友黛安堅持要做超音波，當她的乳房X光攝影呈現陰性的時候。儘管在大多數的情況下，超音波並不如乳房X光攝影敏感，但是對於乳房密實的女性，它可以提供更多寶貴的篩檢訊息。如果夢的指引力夠強大，它可以帶給你信心去要求更積極的診斷，而不只是大多數臨床醫生會做的例行檢查。磁振造影掃描甚至可以提供腫瘤範圍更正確的資訊，所以在某些情況下，直觀的夢境訊息可以和影像資料相輔相成，這提醒了我們，要善用這兩個世界裡的訊息。

10

在一個美麗的秋天開始的夢魘／夢……

桑妮・英格斯（Sunni Ingalls）

「傾聽你的直覺是如此重要，不要對那些強烈或揮之不去的夢境或感覺置之不理。」

說明：二〇一四年，桑妮的故事曾經分享在《赫芬頓郵報》（*Huffington Post*），文章名為〈我相信夢救了我一命：一個發現乳癌的故事〉。

我已婚，有兩個男孩，住在紐約韋伯斯特。我們家在該地區算是小家庭，但是很親密。我在東伊朗德閣伊特中央學區擔任系統分析師的工作，但是在癌症治療過後，我只從事兼職的工作。我也是合格的瑜伽教練，每星期教一到四堂課。就我個人來說，練習瑜伽改變了我的生活，並且確實幫助我鍛鍊出直覺。

乳癌的家族病史

我們的確有乳癌的家族病史，但是家族中的女性都是在五、六十歲的時候才被診斷出乳癌。因此在我四十多歲的時候，並不擔心我的乳房健康，至少還沒有。此外，我的生活相對健康。我的體重很標準，我會跑步運動，而且沒有吃一大堆「壞」食物。但是我的壓力指數很高！

為了照顧好家裡那兩位十幾歲男孩的大小事情，我整天疲於奔命，同時還要處理典型的青少年行為問題。我的生意在幾年前垮掉了，而且我覺得我當時的工作實在太累人了。雖然我並沒有把自己擺在生活的優先順序，但我並不認為我當時真的有意識到這個問題。

為我的生命而跑

我的乳癌夢開始於一個美麗的秋天。我可以感覺到我的心臟在跳動，輕淺而有節奏的呼吸在我耳邊嗡嗡作響。當我的腳踩在地面，我的整個身體都會振動。就是這一天！我處於全神貫注的心流狀態！這是我跑步生涯中的第一次，我跑在人群的前頭，而且什麼都阻擋不了我！風從我背後吹來，我感覺到一股勢不可擋的力量。這是我可以創下PR的一天。（PR是跑步的行話，personal record，個人紀錄的意思。）

我一邊跑著，思緒突然被比賽旁邊開來的一輛汽車聲音猛然打斷。我裝作視而不見，專注於跑步，但是有人在呼喚我的名字。最後，我放棄了，轉頭看了一看。我必須再仔細瞧一眼，因爲是我丈夫在開著車，像個瘋子似地在跟我揮手！

他拜託我上車，但是我告訴他他瘋了，今天是我要創下PR的日子，休想叫我離開！我們爭吵了一會兒，然後他保證會把我送回比賽的同一個位置（基於某種原因，這在當時對我來說還算合理），我讓步了，上了他的車。

我們回到家。一進門，我立刻就觀察到鏡子裡映照出來的我。我看起來筋疲力竭，左腺體嚴重腫脹。我意識到我母親的存在，當時她站在我右邊，臉上掛著憂慮的表情。

「媽，我會沒事的。」

然後，突然，夢境就結束了。

我立刻知道這不是普通的夢，於是馬上打電話給我媽，跟她分享了這個夢，並且跟她解釋，將會發生一些事情「把我從生命中的比賽拉出來」，但是我確信，「我會回到我原來離開的地方。」

但是會如何發生？似乎只有一件事是很明顯的：無論發生了什麼，都曾經在我母親身上發生過。這就是爲什麼媽媽也會映照在鏡子裡的原因。我就是她的反射，因爲我的脖子腫起來了，而我母親有甲狀腺的問題，所以我起初以爲是這個問題。然而，我母親也患有乳癌。

在做了乳房X光攝影和接下來的超音波檢查之後，我也做了切片檢查。醫生在隔天打電話告訴我結果：第二級侵襲性乳管癌，左乳房相對生長較快速。我母親在幾年前也被診斷出乳癌。是巧合嗎？我不認爲。

信仰危機

在診斷和進行腫瘤分期之間，我經歷了有史以來的第一次信仰危機。我從來不曾懷疑過上帝的存在或死後的世界，但在當時我卻動搖了。如果這是癌症怎麼辦？如果我死了，再也不存在了怎麼辦？「請告訴我，我將會活下來！請告訴我，我將會活下來！」我和丈夫一起祈求。

一味樂觀地相信這個夢會反映出我的結果，永遠無法消除我所有的疑慮。你知道的，等待下次的檢查或切片結果，會引起人們在野外被獵殺時的原始恐懼，一種戰逃反應的焦慮，只有在聽到好消息的時候才有辦法稍微鬆一口氣。在檢查和等待結果之間，有如人間煉獄。然而，不斷地確信我睡夢中的自我所得知的事情，使得我大部分時候都可以應付自如。「我會沒事的」，我一再重複這句話。「那個夢說我會好起來的，記得嗎？」我把它像木筏一樣緊緊抓住，在通過癌症風暴之眼時，讓自己保持穩定。

我決定相信這個夢，把它當作使命宣言一般，引導我向前邁進每一步。這個夢暗示我終將平安無事，但是也暗示我瘋狂衝刺的生活必須先徹底停擺下來。接受這些狀況之後，我甚至在還沒有治療計畫之前，就離開了我的工作。

那時我靜下來自省，一一盤點是什麼導致我的人生走到這步田地：生意失敗、工作累人、青少年和媽媽之間的衝突，一個又一個的責任，讓我應接不暇。我沒有把自己擺在自己人生中的優先順序，最後，我終於嚐到了苦果。這一切都必須改變，因爲即使我戰勝了這個癌症，重新恢復我雜亂無章的步調，也可能會產生更多的疾病。只有徹底改變生活方式才能恢復我的健康。

我意識到要實現對這個夢的承諾，需要一點嶄新的自我，謝絕他人善意的建議是當務之急。現在，爲別人而奔跑的女人必須爲自己慢下來。她必須深入自己的內心，滿足自己的需要，面對自己的恐懼，並且學習自己獨特的治療語言。

只有打破常規，遠離我壓力繁重的生活舒適區，才能做到這點。沒有多「遠」，就像到隔壁州一樣。沒有多「遠」，就像到對面海岸的安靜海灘上。盡量放慢腳步，徹底改變生活中我身體的運動方式。多年來，跑步是我最熱愛的運動，瑜伽則是陪襯。我不純然是個慢跑者，我是爲了追求成就感、比賽和個人巔峰而跑；瑜伽不過是爲我眞正熱愛的運動所做的暖身操而已。

現在我仍會跑步，但純粹只是爲了享受它。我現在外出是爲了接觸，我更喜歡在大自然中的小徑上奔跑，而不是在混凝土、柏油路和旁觀者的夾道歡呼中奔跑。

隨著瑜伽調息、靜心，已經成爲我選擇的生活方式。我接受了瑜伽教練的培訓，目前在教導正念運動。

在呼吸與運動之間是生命，我現在與癌症之前的生活方式已經有所不同。我從疾病中走出來，發現我的孩子已經成長茁壯，邁入成年。

癌症前 vs. 癌症後

我了解自己。在得到癌症前，一個空蕩蕩的家會讓我充滿不安；我的孩子們為了邁向獨立而跨出必要的步伐，有可能會被解讀成對我個人的拒絕。我現在就可以想見得到。「你們什麼時候回家？什麼，還要這麼久才回來？那乾脆不用回來了！」但這些事都沒有發生。當被拋棄的情緒浮出水面，我會認出它們是什麼：典型的空巢期症候群，而不是世界末日。

我的癌症是一份禮物，無論在身心靈上都是。一份我永遠都不想要再打開的禮物，但它仍然是一份禮物。起初，我沒有告訴醫生和醫護人員我的夢，但一路下來，我把它和我的一位腫瘤科醫師及乳房門診的醫師分享。兩位都很心胸開闊，並且鼓勵我繼續聆聽我的直覺、關注我的夢。

伯克醫師的夢境研究

在我接受治療期間的某一天，我媽媽傳送了一個夢的網站連結給我，並且鼓勵我將我的夢張貼上網。她認為這是有療效的，而且是很棒的點子，可以獲得別人的回饋，看看別人是怎麼想的。這是我唯一一次在網站上分享我的夢境。我通常不會做這類的事情。伯克醫師從那裡聯繫到我，我也因此被納入了他的乳癌夢境研究。

傾聽你的直覺是如此重要。不要對強烈或揮之不去的夢境或感覺置之不理。我是這樣描述出我的「預言／訊息」夢的。花時間坐下來整理你的思緒或夢境。不要迷信它，但要問自己一些問題，例如你是否要根據它採取行動，還是要跟著醫生的腳步走等等，然後依照自己的決定來做，以表示對自己的尊重。

凱特的解析

多麼神奇的療癒夢境故事。疾病會影響整個家庭，並且動搖他們信仰體系的核心。如果這是我的夢，我會說這是一個積極的診斷夢，而且就像黛安的夢一樣，充滿了符號、象徵和抽象的訊息，這些內容在夢的世界裡對夢者來說很合理，但是在清醒的世界裡需要被解密，而桑妮做得很好。

每個夢都具有獨特性，就像做這個夢的人一樣。桑妮正在為自己的生命參加一場比賽，而她的丈夫坐在家庭房車裡，也跟著她一起加入這場共同的冒險。車子在夢中通常被認為是我們身體的象徵，所以家庭房車可以被視為與重要的他人所共享的生活。夢中的鏡子可能表示你需要自我反省，或需要沉思一段時間，以便認清你是誰，或你應該做什麼。桑妮的反思是她自我追尋的一部分，而且至今仍在進行中。

伯克醫師的評論

把別人都呵護得無微不至，卻唯獨忘了好好照顧自己，她所描述的這種現象，在乳癌患者中是很常見的主題，就如同之前安帕羅所提到的那樣。這是標準的土元素失調，影響了從乳房通到胃部的這條經絡。為了解決這個清醒的頭腦很難察覺的問題，桑妮必須在她的夢中被帶出比賽。

值得慶幸的是，她清楚地聽懂了這個訊息，並且為了治療，她做出了必須好好照顧自己的決定。癌症病人通常要採取根本的步驟，才能獲得根本的緩解（Radical Remission），Radical Remission❶也是一本暢銷書的書名，由腫瘤心理治療師凱莉．透納（Kelly Turner）撰寫，我會推薦這本書給我所有的癌症患者。這本書記錄了第四期癌症患者的故事，這些人被送進了安寧病房，但是後來依然健康地活了好多年。這些人奇蹟般地自然緩解，關於這些人所採取的改變生活的方式，透納指出了九種不同的常見主題。

❶ Radical Remission 中文書名為《癌症完全緩解的九種力量》。

11 我夢裡的醫生是眞的

丹妮絲（Denise）

「當我醒來，我意識到這個夢正在告訴我，我需要做乳房切除術，因為我的身體充滿了外來細胞。」

我叫丹妮絲，今年六十七歲，已經從事了二十四年的醫療保健工作，現在處於半退休狀態。二〇〇一年，爲了和丈夫慶祝我們結婚二十週年，我們一起到加拿大度假。從一開始，似乎就有點不對勁或不舒服。

我做了一個夢

在我們旅行回來大約一個月之後，我做了一個令人不安的夢。

在夢裡，我正在和一位老朋友亞當說話，他曾經得過幾次不尋常與罕見的癌症。

我剛被診斷出患有某種早期階段的癌症，有點害怕。所以我問他能給我什麼樣的建議，來處理這種情況。在背景裡，我聽到一位女醫師（我在清醒的世界裡並不認識她）跟我說：「別擔心，丹妮絲，我們有很多處理這種狀況的方法。」

幾個月之後，我去做了每年例行的乳房X光攝影。放射科醫師告訴我，他們看到一些「可疑」的東西，並且建議我做切片檢查。這位放射科醫師是一向幫我判讀乳房X光攝影的那位醫師。他讓我看了我左乳房樣子奇特的鈣化。鈣化通常是出現在我的右乳房，但是這次有一些出現在左邊。這些鈣化似乎有些不同，所以放射科醫師建議做切片檢查。

我問：「最糟的情況會是什麼？」

針對這個問題，他說：「DCIS，也就是乳管原位癌。」

我夢裡的醫生

我開始遍訪外科醫生，第二位醫生是一名女性，而她跟我真的很投緣。我在開車回家的路上告訴丈夫：「我要找這位醫生，她感覺不錯。」幾分鐘之後，我轉頭對丈夫說：「她是我夢裡的醫生！」

躲避子彈

那天晚上我做了第二個夢。

在夢裡，我坐在一位朋友開的車子裡，我們正開車前往鄉村去參加某個聚會。突然之間，我看到一輛汽車衝向泥巴路，司機正在對著人群開槍。有些人在狂奔，有些人被射中，有些人則躲到自己的車子底下。我看到這輛汽車停在我們前方大約五十英尺處，感覺到有必要躲開他。我蜷縮在儀表板下面，他開車經過，沒有停下來，也沒有開槍。

醒來之後，我對丈夫說：「我躲過了一顆子彈。」我的夢告訴我，我躲過了一顆健康上的子彈，它是眞正的殺手。

那年夏天是非常忙碌的時期，因爲我的公婆計畫在中西部舉行盛大的結婚五十週年慶祝，而我們正忙著張羅參加。我讓那位外科醫生幫我做了切片手術，而當她無法把邊緣切除乾淨，她做了第二次切片。但組織邊緣還是無法切除乾淨，於是她對我說：「我很樂意做第三次切片，但是我認爲這是在浪費時間。乳房切除術會是我們最好的治療方式。」

在夢裡幫助我的外國人

在這個時間點，我做了第三個夢。

爲了參加一位表弟的婚禮，我來到了另一個州拜訪親戚。我待在表弟的別墅裡。但是我在那房子裡找不到任何一位認識的人。那裡全都是外國人，來自南美、歐洲、中東、亞洲各地，從閣樓到地下室都是。他們看起來沒什麼破壞性，既沒有搗毀牆壁，也不讓人覺得危險。他們只是無所不在。

我醒來告訴丈夫：「我需要做乳房切除術。」對我來說很清楚，這個夢是在告訴我，乳房切除術對我來說是唯一的解答，因爲我的身體充滿了外來細胞。

在這整個旅程之中，我感覺到許多情緒：憤怒、難過、失望、怨恨、沮喪、悲傷，以及懊惱。但是唯一缺少的情緒是恐懼。

我這一生一直都是個擔心害怕的人。大多數人都不知道我這一點，這是因爲我隱藏得很好。這些夢帶來的最神奇禮物，就是它們從第一天就告訴我，我沒什麼好擔心的。它們給了我保證，並且給了我指引。我對此感到相當欣慰，並且在不需要爲結果擔憂的情形下，度過了這段經歷。

我已故的姊姊甚至曾經對我說：「我嚇壞了，因爲看到你沒有被嚇壞。」對於這句話，我說：「卡倫（Karen），從一九八四年以來，我一直都有寫夢境日記，而我的夢從來不曾對我說謊。」

我把我的夢告訴了我遇到的每位醫護人員，而他們都很支持我。沒有人提出反駁，或是暗示我這無關緊要。事實上，在我每一年的後續追蹤回診期間，我的外科醫生都會照常問我：「你最近有再夢到我嗎？」

伯克醫師的夢境研究小組

我是在網路上或是國際夢研究學會的網站上，或是臉書上，聽說了伯克醫師的研究小組。自從一九九五年，我第一次參加傑瑞米．泰勒（Jeremy Taylor）的工作坊後，他便一直是我的良師益友與靈感來源。他是國際夢研究學會最初的四位創始人之一。我盡可能參加了他的每一場工作坊，並且發現他的內容非常啓迪人心、有趣，而且極有價值。我和治療師一起對我的夢做了一點探索，而我對夢也一直深感興趣。

他的工作坊幫助我了解到，聆聽我們的夢，並且敞開心胸傾聽它們可能正在告訴我們什麼，是多麼有價值的一件事。我現在是一位認證的夢工作輔導員，並且在我居住的地區帶領工作坊和許多夢境小組。

凱特的解析

丹妮絲很精通自己的夢語，並能做出很好的解釋，而且在醒過來後，立刻就明白其中的訊息。如果她的第一個夢是我的夢，我會把它歸類為直白的診斷夢，原因有幾個。那位醫生在夢裡直接了當地跟丹妮絲保證她可以有選擇，而且這位醫生將會是她未來的醫生，不過當時他們還未曾謀面。因此這個夢是有預知性的，而且應驗了。

如果她的第二個夢是我的夢，我會將它定義為象徵的訊息夢，因為她躲開了一台急奔的車子射出來的一顆「子彈」（致命的癌症），她當時的生活步調也可能處於急奔的狀態。她不像夢中其他人那樣驚慌失措，而是選擇「躲在儀表板下」，那裡有電腦、連上網的收音機，和汽車的通訊部分，或也可說是汽車的療癒右腦，因為這樣，她在夢裡救了自己一命，同時也在她清醒的未來救了自己。如果她的第三個夢是我的夢，我會把她描述為象徵性的診斷夢，因為房子就是身體。她的身體從上到下都被「異物」入侵。

伯克醫師的評論

在夢中遇見未來的醫護人員，對一些乳癌的夢者來說，似乎是一個常見的預知夢主題，包括我的朋友黛安、蘇珊娜和這裡的丹妮絲。那些生動真實的夢境，的確會讓人充滿信心，相信接下來的夢境所提供的醫療指引也將會是正確的。當你需要信賴直觀訊息來做出困難的決定時，例如是否需要進行乳房切除術，這就顯得特別重要。當然，擁有數十年書寫夢境日記的經驗，對於在你需要的時候知道如何運用夢境，提供了完備的基礎。希望這本書能夠激勵讀者跟進。

12 超越乳癌：重建自我

卡洛琳．金尼博士，註冊護士

「一直都有一個看不見的世界和靈性的存在可以為我們所用，我們只需要對這種存在敞開心扉。」

本章是作者撰寫的一篇較大型專業文章的一部分，該篇文章講述了她個人走過與超越乳癌的深刻旅程，全文可見於 *Issues in Mental Health Nursing*. 17:201-216, 1996.

我的故事開始於八月中旬某個下午所發生的一件事。在這之前的兩天晚上，我從弟弟的追悼會回來，我弟弟意外過世。我迫切需要身心靈上的復原，所以決定躺下來小睡一會兒。

夢的訊息

經過大約四十五分鐘出奇地深度放鬆和寧靜的睡眠之後……

我漂浮在迷霧濛濛之間，開始甦醒過來，但是大致還處於睡著的狀態。一則非常響亮清晰的訊息向我傳送過來，我立刻從迷霧中驚醒。這夢境如此鮮明，我彷彿可以同時聽到、感覺到，甚至是看到這則命令：立刻去預約乳房X光攝影檢查。切莫延遲。

我有點驚嚇，但試著保持鎮定，我在電話裡詢問乳房攝影中心的櫃檯人員，下次可以預約的時間。我解釋說，我年度的婦科檢查安排在下週二，如果那時候可以看到乳房X光攝影的結果，那會很有幫助。她大叫：「你一定是在開玩笑吧。我很確定我們絕對沒辦法這麼快。」然後，她要我等一下，她去接了另一通電話，大約半分鐘之後，她回來說：「嗯，這是你的幸運日。剛才那通是取消檢查的電話，你可以在星期一下午兩點過來。」

當我掛斷電話，我對眼前的檢查感到有點急迫，也對檢查的結果有些憂慮，但更明顯的感覺是平靜。我有一種安穩的感覺，因爲我正在做該做的事情，而且一切都會順順利利的。

就這樣，我開始了經歷與超越乳癌的旅程

這個夢讓我重新想起一次經歷，那是我從尼克的追悼會回來，一位富有慈悲心的陌生人幫助我度過悲傷的事。那時候我只想趕快回到家，並且在飛機上小睡一會兒。我坐到第一個空出來的

靠走道座位上，飛機甚至還沒起飛，我就陷入了沉睡。三十分鐘後，我被駕駛員的聲音吵醒，他說我們將會延遲降落，因爲有一場大雷雨在奧斯汀機場上空盤旋。「它決定只在這裡徘徊一會兒。」駕駛員笑著解釋。

坐在我身旁的一名男子正看著窗外，他說從這個有利的位置觀看大雷雨有多麼震撼。他提醒坐在他後頭的兩名男孩「捕捉窗外的風景」，並且告訴他們這是難得的景象，他們可能會很喜歡。我記得我那時候心裡想，「聽到有人因爲大自然的現象而這麼興奮，眞是令人心情爲之一振。」我的腦海裡短暫閃過一個念頭，這個人就像尼克一樣熱情。我更仔細地看他，察覺到他甚至連看上去都很像尼克。他的鬍子、身材、手勢、笑聲，以及他友善的態度都讓我想起了尼克。然而，我駁斥了這些想法，只是平靜地對自己說：「這只是因爲你非常想念他。」

駕駛員再次宣布，雷雨仍然「徘徊」不去，我們將繼續繞行奧斯汀大約三十分鐘，但是如果還是無法降落，到時候我們必須折返達拉斯。我大叫：「喔，天啊！這眞是太荒謬了。」

那名男子說：「你知道嗎，我這些年經常飛來飛去，很神奇地，我從來沒有遇到這種情況。希望這對你不會造成太大的問題。你正要去參加喪禮之類的活動嗎？」

我搖了搖頭說：「不，不，我不是要去參加喪禮。」我猶豫了一下，然後想：「爲什麼我要向他解釋我的生活裡發生了什麼事情。他只是個陌生人。」然後我意識到，他正在以一種友善而非多管閒事的態度向我伸出援手。我重新想了一下，然後說：「我剛從喪禮上回來。」

「我也這麼認為，你看起來很悲傷。」

我對他的觀察力感到驚訝，我說：「真的嗎？」

「是的，我可以看得出來，有些事情讓你感到心煩意亂。跟我說說吧。我是認真的。我們現在無事可做。我們被困在飛機上，而我對你很關心，也很感興趣。」

我覺得我可以信任他，於是開始跟他描述起尼克，分享了他這一生的一些事情，並且表示，對我們全家來說，包括我的父親和哥哥，有多麼難以接受他的噩耗。而我的母親已經死於乳癌。

他用溫柔的棕色眼睛真誠地看著我。「告訴我你對他最美好的回憶。我可以理解你的心情。我也曾經失去過親人。」

我分享了快樂的回憶、一些有趣的事情，以及一些尼克會發生的典型故事。我們在大雷雨中的飛機上，一起笑，甚至一起哭。

三十分鐘後，我感覺好多了，我告訴他，非常感謝他對我的關注與關心。我猶豫了一下，伸出手觸摸他，而他也對我伸出手。我們沒有握手，而是雙手緊緊地疊在一起，感覺非常安全和熟悉。

我們彼此眼神交流，然後他說：「謝謝你告訴我關於尼克的事情。我知道你們兩人很親密。我從我們的談話中學到很多事情，對我也有幫助。」

在那一瞬間，駕駛員宣布，大雷雨已經離開，我們可以降落了。

儘管這位富有慈悲心的陌生人在許多方面都讓我想起了尼克，我理性的大腦還是對這個經驗沒有多加深思，只是把它看作是一位非常善心的男子，在我需要的時候對我伸出援手。然而，兩天後，在電話上安排好我的乳房X光攝影之後，我在半夜裡醒來，對這件事情有了不一樣的詮釋。

我聽到自己在問：「飛機上的陌生人會是尼克嗎？」我內在的聲音大聲回答：「是的！」此刻，眼淚從我臉上流了下來。就好像是要確認這是真的，我立刻想起當我聽到尼克的死訊時，我曾經表達過一個願望。「我希望能再看到他一次，再觸摸他一次。」

我與那位慈悲陌生人的相遇，給了我這個機會，讓我可以再看到他一次，再觸摸他一次。我相信尼克的靈魂駐足在這個塵世的時間夠久，足以安慰我，並且也許也能得到我的安慰，由於這個信念，讓我感到欣慰。這段經驗一直是我超越的關鍵，它給了我平靜與安慰，並且打開了那道大門，讓我知道如何將我的生活放在更大的視野之中。

幾天之後，我帶著百感交集的心情去了乳房X光攝影的預約，因爲最近發生的事情和所做的夢，讓我感到既悲傷又充滿活力。我對生活可能帶來的一切充滿了好奇與敬畏。有鑑於這次預約過程中所發生的緊張刺激和神祕感，我已經做好準備，這次的乳房X光攝影可能不會是個例行的檢查。

它並非例行檢查。我需要重拍好幾次乳房X光攝影。放大的倍率增加了兩次，然後第三次。

我的左乳房出現微鈣化，並且計畫在那個星期五進行切片檢查。

蒐集資訊

爲了準備我的切片檢查，我開始蒐集資訊，並且從各種來源尋求支持。我和家人、朋友交談，提醒他們要注意正在發生的事情，並且請求他們的建議與祈禱。我花時間禱告、冥想，省思我與那位慈悲陌生人的相遇。這樣的經歷改變了生活。它爲我提供了一個超越可見世界的視野①，並且再次向我證實了，一直都有一個看不見的世界和靈性的存在可以爲我們所用。我們只需要對這種存在敞開心扉。此外，我意識到我有許多心靈上的支持與安慰的泉源可供我汲取。我也再度確認，那些在過去是我重要支持來源的人，雖然已不在世上，但仍然持續出現在我的生命裡。

這樣的確認，有一次就發生在尼克過世的前幾天，當時我偶然發現一張藏在抽屜裡的母親照片。一經發現，我就立即刻意地將它放在我餐廳裡的一張大理石古董桌上，讓它明顯可見。在尼克去世後的最初幾天，以及後來我在癌症治療期間，母親的身影非常明顯，給了我很大的安慰。

與我過世的家人不期而遇，重新聯繫上的第二個例子，發生在一個聖誕市集上。當時我並沒

① Singer, J. *Seeing Through the Visible World: Jung, Gnosis, and Chaos.* (New York: Harper Collins, 1990).

有特別在尋找什麼，一對看起來像我已故祖父母的瓷娃娃引起我的注意，讓我僵在那裡暫停不動。我把珍貴的祖父母瓷娃娃放在我客廳的壁爐旁。憑著直覺，我讓自己被支持我的圖像與雕像包圍，爲黑暗的日子預做準備。

在等待的日子裡，有許多艱困的時期，但最糟的一段時期是等待切片的結果。我等待的時間愈長，我愈焦慮，失去了我的平靜感。

電話終於來了，我的醫生跟我報告，說我得了兩種癌症，小葉癌和管內癌，兩種都屬於原位癌，這個事實確實對我有利。然而，聽到我得了癌症，讓我大感震驚。

由於疾病還處於早期階段，建議治療的方法，範圍從「不採取任何進一步的治療」到切除雙側乳房，並搭配後續可能需要的化療或放射治療，以及介於兩者之間各種可能選項的組合。在我掛上外科醫師的電話之前，我聽到自己說：「我認爲應該直接切除雙側乳房。」

這個突如其來的宣判讓我感到驚訝，因爲我母親曾經在一九六〇年被診斷出乳癌，那時她唯一的選擇是根除性乳房切除術。我曾經目睹她經歷了那場大型且改變身形的手術，而她在兩年之後就過世了，我感到困惑與心痛。

甚至在我確診之前，我母親的經歷就讓我時常去思考，如果我得了癌症，我會怎麼做。我考慮了近年發展出來的各種治療選擇，總而言之，得出來的結論就是乳房切除術不會是我的選擇。然而在眞正面對決定的時候，我內在的聲音卻說，不要只切除一邊，而是兩邊都切除。最終的決定與我最初的反應一致。我意識到，失去一個或兩個乳房，比失去生命的威脅要小得多。

在手術的前一兩天，當我在冥想時，我聽到內在的聲音說：「我從手術回來時，我還是原來的那個我。只是我身體的某些部分重新布置過了。」在我被推進手術室的時候，我向家人重複了這句眞言。

兩天之後，病理報告顯示沒有發現更多的癌細胞，腫瘤科醫師說不需要進一步的醫療。這是很棒的消息。

我現在領悟到，在進行手術時，我已經走上了自我超越的道路。我對自我的看法改變了。我知道肉身的自我是必要的，必須傾聽它、關注它、照顧它。然而，隨著靈性上的探索與成長，我開始更充分地相信，自我除了肉身之外，還有更多的東西。肉身的自我是可見的自我；然而看不見的自我才是眞正眞實的。

跟著內在的聲音繼續前進

傾聽內在的聲音，給了我一種聯繫感，讓我同時擁有內外在的智慧和關心的來源。訊息會以各種形式出現，有時是在我從睡夢中醒過來的時候，以某種聲音對我說話，例如命令我去做乳房X光攝影。在其他時候，我會在禱告、冥想期間，透過具體的問題或要求尋求指引。還有一些時候，我會經歷一種跟著直覺走就沒錯的感覺，雖然我可能不完全知道這是爲什麼。在這整個故事中，有很多例子說明了，我如何從聽取內在的聲音而獲益。

罹患乳癌是一段不可思議的旅程；這是一段黑暗與光明、恐懼與愛、悲傷與喜悅交織的旅程。這是一趟孤獨的航行，但我知道我不是一個人。我擁有摯愛的親人給予的愛、幫助和支持，不論他們是活著，或是已經過世。而在那個八月的午後，引領我去打那通電話的聲音，依然持續留在我心中。

伯克醫師的夢境研究

我是透過我以前護理學院的院長得知了伯克醫師的〈乳癌夢境研究計畫〉，她知道我曾經在夢中被警告我可能得了乳癌。她從勞瑞．杜西那裡聽說了這個計畫，於是跟我聯絡，然後，我聯絡了伯克醫師，並且加入了他的計畫。

凱特的解析

如果這是我的夢，就像卡洛琳一樣，我會相信並且聽從診斷夢中的內在聲音。雖然卡洛琳並沒有描述她夢中的象徵，但這可能是她內在聲音的延伸，告訴她去預約乳房X光攝影「切莫延遲」。就像波萊特和我的夢一樣，卡洛琳的指引夢是聽覺導向的（使用特定的句子），而不是象徵性的（使用需要解釋的符號和象徵）。所以對這個夢的解釋不可能出錯。這是一個完美的例子，說明了夢可以如何發揮作用，協助盡早發現乳癌。癌症愈早診斷出來，預後就會愈好。她內在的聲音甚至回答了她對夢的疑問。我們不僅僅是由本我（id）、自我（ego）和超我（super-ego）所組成的。我們有許多看不見的內在自我，當這些與我們可見的「外在自我」共同合作，就會變得非常強大。

伯克醫師的評論

金尼博士在護理文獻發表的報告，真的是走在時代的前端，而我要非常感謝杜西博士，在我招募研究對象時，協助我們倆取得了聯繫。實際上，她也帶了她的一位朋友，也是個夢境案主，一起參與了這項研究。

卡洛琳的故事提醒我們，有時候醒來時，唯一可以回想起來的夢境內容是某個強大的聲音，但是它仍然可以像鉅細靡遺的視覺體驗一樣，產生深遠的影響。本書中其他幾位夢者也敘述了類似的經驗，包括第三章所描述的那位女士，她發現乳癌復發。

13 夢見亡者之舞的她

汪達・伯奇

「要仰賴個人將疾病轉化為靈性的修練，並且將夢和其他可供選擇的治療方式帶進治療的過程。」

我是一位歷史學家和作家，在二〇一八年，我已經從乳癌存活下來超過二十七年。二〇〇三年，新世界圖書館（New World Library）出版了關於我療癒過程與夢境的故事——《做夢的她：透過夢工作邁向療癒的旅程》（*She Who Dreams: A Journey into Healing through Dreamwork*）。在這本書中，我描述了如何透過夢工作和解讀夢境意象救自己一命。這不只是解析單一夢境的過程，而是包括了寫日記、解讀夢境意象，並且了解正在進行中的診斷、行動、治療的過程，以及每個夢中的訊息和意象。

疾病，尤其是癌症，從表面上來看，似乎並不是一種靈性的修練。它有能力導致癱瘓，造成個人無法做出良好的判斷，並且會創造出一種氛圍，讓人以為其他的選擇完全不存在。當身體受到生理上嚴重的打擊，醫生通常會站在比較強勢的位置，從最狹隘的治療定義範圍內，提供治療的選擇。因此要仰賴個人將疾病轉化爲靈性的修練，並且將夢和其他可供選擇的治療方式帶進治療的過程。

治療的選擇就在一個難忘且重複出現的夢中

二十五年前，當我被診斷出乳癌時，我已經擁有了選擇治療方式的機會。爲了面對這個致命疾病的挑戰，我的夢，在二十年前就幫我做好了準備。它們經年累月地出現，是一個讓我難以忘懷且重複出現的夢，只在細節上稍有變化，以反映出我年齡的改變。

在這些夢中，我每次都會沿著一個擠滿了亡者的大廳走廊跳舞，直到我自己死去，就躺在一個小木門的後方。在最後一個大廳裡跳舞的夢中，我穿著婚紗，像是一位新娘與死神的約會，然後有人遞給我一份報紙，上面詳細介紹了我的年齡：四十三歲。

就是在那一年，我終於被診斷出罹患乳癌，並且展開治療。這個在走廊上跳舞的夢境，一直在我腦海縈繞不去，直到我在化療的最後一個月做了另一個夢，這個夢讓我重獲新生，並且延長了我的性命，也讓我活得更有目的感。

夢中的訪客警告我即將生病，最後還督促我在身體症狀尚未出現之前去看醫生。某些特定的夢會指引我做出治療的選擇，並讓我能夠支持自己選擇的治療方式，也讓我可以和我的醫生建立起一種治療和創造性的關係。

手術後，我的夢境出現了非常生動的意象，幫助我自我療癒和康復。夢中的冒險，引領我進入更深層次的現實中進行療癒與轉化，並且讓我認識了指導靈和協助者，他們開啓了一條超越恐懼和痛苦的道路，讓我邁向轉化（詳見三十七章）。我的夢將生命還給了我。在夢中，我發現我可以，毫不誇張地說，重新談判我的靈魂契約（soul's contract）。夢也爲我開啓了更深層次的生命，並給了我在日常生活中可以和別人分享的禮物。

我出生在阿拉巴馬州的卡爾曼，成長於田納西州的曼非斯。我的祖母是阿拉巴馬山區的一名治療師，夢境分享是我生活中很常見的事情。寫日記原本並不是我生活的一部分，直到我的朋友羅伯特．莫斯（Robert Moss）鼓勵我這麼做。這些日記救了我一命。

當我意識到我夢見自己得到乳癌時，羅伯特正在發想他稱爲「點亮夢境之術」的一系列「問題」。他幫助我分析並了解我的夜間夢境，在他的協助之下，我走過診斷、手術、化療和康復的整個過程，隨著羅伯特的技巧愈加熟練，他幫助我學習如何挖掘夢境，以便更積極地和意象互動，讓我獲得療癒。

我在《做夢的她》這本書裡面分享了我的夢境故事，以及它們如何診斷出我的疾病，還有我經歷手術、化療、憂鬱，到痊癒、恢復健康的這段旅程。我也在書中分享了我的家庭故事和祖母的故事、父親的去世、我的非洲之旅，還有在我診斷和手術前一年所做過的夢。它們都是我不斷發展的夢境的一部分，跟我這一生的故事密不可分。

我父親和祖母在夢境中，為我提供了只有去到彼岸的人才能夠給予的指引和支持。父親有時候會介入我的旅程。他會在我的夢中流露出對我這個孩子的擔憂和關心；也許他還在猶豫，不知道我是否有足夠的力量去打這一場仗。他現身在我的第一個預警大夢中，在夢裡，他和一位醫生一起出現，要求我尋求協助，這預示了他在隨後的夢境裡將會扮演守護者和嚮導的角色。

我的祖母擔任嚮導和老師的角色。她為我闡明了靈性與靈魂。她為我帶來了療癒的植物，也勾起了我的記憶，所以我能夠回溯到我在南方的過去，汲取我最寶貴的傳統遺緒。這些傳統遺緒是我的根源，是由一群在阿拉巴馬山丘上堅強的蘇格蘭/愛爾蘭裔美國婦人一脈相傳下來，它開始於我對曾祖母的記憶，並在我重要的童年夢境中邁向高潮。

預警夢

早在我走進醫生的診間之前，那些預言我健康出問題的夢境，已經變得晦暗而令人不安。

我一直沒有辦法釐清這些夢境，直到在那個大夢中，我父親和那位醫生對我大喊，我得了癌症，麻煩大了。我需要找一位值得信賴的醫生，因爲「沒有人會相信我，」我父親警告。這個夢的場景發生在西非，我在那裡志願加入了一個地球觀察考古小組，地點位在阿桑特曼所（Asantemanso），是阿桑特人（Asante）最神聖的地點之一。

我感覺到這趟非洲之旅非去不可，幾乎是身不由己，彷彿我會在時空都距離我很遙遠的民族和文化聚落裡，找到某種重要的東西。我夢到整晚都在爲旅行收拾行李。然而「旅行」的意象在夢境裡有更深層次的意義。通常，收拾行李的意象代表了兩種旅行：心理上的旅行和身體上的旅行。

對於這個讓我感到害怕，但是我還沒有弄懂的夢，我採取了行動，我跟我的婦科醫生預約了門診，儘管她極力跟我爭辯，我的夢只是因爲喝了太多咖啡因引起的；然而，我冬季前往西非的旅行已經確定，和婦科醫生的門診也因此延遲了。我已經備好機票、相機、閱讀資料，而且已經再三收拾行李，就像在夢中一樣，我嘗試把需要的東西全都整理到一個背包中，這是這次旅行的規定。

我也滿腦子想著那個已經在我乳房裡發現的腫塊，以及它引起的疼痛，雖然我被告知這個腫塊沒什麼，而疼痛的感覺也絕對跟惡性腫瘤無關。

最初，我認爲所有收拾行李的夢都跟身體上要前往非洲的旅行有關。其中最令人回味的旅行夢，則直接牽涉到我去非洲旅行的意象，以及我療癒之旅的意象。

兩個旅程的夢

我正在收拾行李。有人跟我說話，告訴我，我正要展開兩個旅程，兩個都很重要。其中一個旅程比另一個需要更多的準備。我發現自己坐在一輛大吉普車的後面，試著要將所有的東西湊在一起，打包再打包。我已經爲非洲之旅做好準備，但是我很困惑。我必須重新整理行李，因爲我忘了我需要的東西：我的簽證、護照和其他文件，再加上……，令我沮喪的是，我身旁的某個人告訴我，我收拾錯行李了，我搞錯了旅程。最後，非洲之旅的一切總算收拾齊全。我和站在身旁的人交談，興奮地告訴他，我準備去迦納。這個人很和善，他輕聲地告訴我，在這兩個旅程中，第二個旅程更重要，需要收拾的東西也更少。然而，他說，我應該先前往迦納的旅程，因爲它會爲我做好準備，面對那個更重大的旅程。

這個夢繼續進入非洲，疾病的意象首先進入眼簾。

我離開村莊，前往山頂，正走在樹下，腳底踩到了某個東西，嘎吱嘎吱作響，這東西似乎是某種堅果，形狀幾乎像是顆花生。有一位嚮導陪著我，他告訴我打開其中一個堅果。我試著打開，但是有好幾層外殼。最後果實終於露出來了，但是有一條蟲在上面，它把果核都啃光了。我的嚮導告訴我，這顆果實有問題，這個問題來自於「我的」樹上，所以我必須好好處理這個問題，我必須在果實中的這條蟲摧毀這棵樹前，先將蟲摧毀。嚮導告訴我，我必須看看這棵樹的四周，尋找我需要的意象。他說這是我展開旅程前的最後一站，我必須蒐集好我需要的東西。

在這個夢中，有一個直接的疾病預警，有一條蟲在果實（我的乳房）裡，如果不處置，會摧毀這棵樹（我的生命）。直覺上，我也「知道」我得了乳癌，但是醫療人員反應遲鈍，猶豫不決，堅信這是我自己幻想出來的問題。我想要相信這些夢是在指出我生活中的其他問題，但是我知道它們源自我靈魂的深處，我內在的某個地方，這個地方對於我身心的構成有深刻的了解，這裡是我內在的醫生。

蒐集「我需要的東西」，那些我在復原時會用到的工具、意象，成爲我夢中另一個一再出現的主題。面對如此可怕的疾病，這些工具是必要的。

我父親的夢，以及水果裡有蟲的夢，促使我一回到紐約州北部的家中，便前往醫生的門診，我在那裡奮力爭取檢查的機會，因爲這可能證明我的夢和直覺是正確的。乳房X光攝影是陰性的；超音波檢查，在一開始被謹慎地判讀，確定可能有問題。有位敏銳的醫生，願意認同我的直覺，允許我運用夢境裡的訊息，向他指出惡性腫瘤的確切位置，好讓他進行切片檢查（請參閱第一章）。在那天和我第一次拜訪我的外科醫師之間，這個夢向我展示了一個我可以運用於冥想的意象。

在尋找方法來講述我故事的同時，我成爲美國國防部乳癌贊助提案計畫的提案同儕審稿人，我也在自助類型的雜誌、線上部落格，以及其他類似的出版物中發表有關夢境意象的文章。我參與了紐約州阿迪朗達克山脈（Adirondack Mountains）的藝術僻靜活動，一次位於薩加墨爾大營地（Great Camp Sagamore），這是爲罹患慢性疾病的婦女所舉辦的；而另一次位在喬治湖的維瓦卡卡（Wiawaka），是爲女性退伍軍人所舉辦的。這些活動都是在 Creative Healing Connections, Inc. 的贊助下所舉辦的。

最近我與歌手兼詞曲作者約翰·基諾辛（John Kenosian）合作，我們提供透過夢境和音樂治療的節目，讓參與者有機會探索他們夢中的意象，以及音樂治療的潛力。我與約翰都曾在二〇一六年爲紐約第七十七團民謠歌手（77th NY Regimental Balladeers）製作的一張 CD 中演出，〈Come, Dearest, the Daylight is Gone〉，並附有我自己撰寫的小冊子《美國內戰中的家園之夢》（*Dreaming of Home in the American Civil War*）。這本小冊子包括我最新一本書的摘錄，關於士兵家園之夢的療癒潛力，書名叫作《家的聲音比鼓聲更響亮：內戰書信和回憶錄中的夢境和想像》（*The Home Voices Speak Louder than the Drum: Dreams and the Imagination in Civil War Letters and*

Memoirs，McFarland Publishing, Inc.，二〇一七年出版）。

伯克醫師的夢境研究

伯克醫師大約在二〇一三年或稍早跟我聯繫，他說他正在準備一篇論文，並且「大量引用了你的著作和書籍《做夢的她》，所以我希望我對你的作品能做出公正的評價。」我們都是DreamsCloud.com網站的參與者。他分享了他的論文，並且請求我協助編輯。然後凱莉．瓦爾登和馬莎．默特（Martha Mert）與我聯絡，告知我以下這則公告：

能量心理學專業認證、賴瑞．伯克醫學博士，以及Healing Imager, Inc.與DreamsCloud共同合作，他們正在尋找做過預警夢後被診斷出罹患乳癌的志願者，參與一項研究並且分享他們的夢境。這項研究將有助於闡明這類夢境的哪些方面對於醫療人員未來在檢測乳癌時可能會有用……這項研究的資料蒐集至二〇一三年十一月二十二日截止。

賴瑞藉由我和其他女性的故事來鼓勵其他人分享他們的做夢經驗。二〇一五年，賴瑞從他的〈乳癌夢境研究計畫〉中摘錄一些內容，爲國際乳癌防治月發表了一篇部落格文章，這篇文章介紹了我的故事，以及凱瑟琳（凱特）．奧基夫．卡納沃斯的故事，並且宣布他和凱特正合作撰寫一本書，有關於各類型癌症的預警夢。

凱特的解析

汪達了解她的夢語，這為她提供了訊息和工具，以爭取她迫切需要的治療，因而挽救了她的生命並獲得康復。如果這是我的夢，我會將它定義為反覆出現的預知指引夢和診斷夢，它們同時以直白和象徵的方式呈現了某個未來事件。亡者的舞廳，以及她心中在盡頭會通往生命最後一道門的走廊，都是象徵的意象。走廊通常意味著過渡區，伴隨著有幾道門可供選擇。「在你一路轉變的過程中，最後你會想要得到1號門、2號或3號門後面的東西嗎？」

她的生命樹上有長蟲的果實，也具有強烈的象徵意義，而標示著日期的報紙，則是象徵中帶著直白的含意，她與嚮導和已故家人的談話則是直白的。她醒著的時候，每天都在為前往非洲，這個人類的起源和狂野神奇的大地，做大旅行的準備，而這樣的情景在一個指引的象徵夢中再度上演，在這個夢中，她生命樹上的種子或花生遭受蟲害感染，這些蟲正在摧毀這棵樹。這反映出她的內在正在收拾準備，以面對她所發現的身心問題。這些夢如人生，而人生如夢。究竟何者是夢？何者是人生？

伯克醫師的評論

汪達驚人的故事把我帶到了研究的起點，因為找到她的書，才給了我進行這項研究的最後動力。作為一位專業的歷史學家，她能以最扣人心弦的風格敘述自己的個人經歷。是汪達最先讓我注意到過世親人將診斷訊息帶入夢中的現象。之前我曾提到波萊特和研究中的另一位女士，曾在乳癌確診的五年和九年前，有過癌症的預警夢，但是舞廳夢則出現在汪達罹患乳癌前二十年。如果你讀了她的書，你就會了解到，在她的解夢老師羅伯特．莫斯的重要指引與陪伴下，她的一生就好像一段漫長的夢境之旅。

14 三隻螃蟹、三顆珍珠和一位內在的醫生

凱瑟琳（凱特）．奧基夫．卡納沃斯

耶穌對他們說：「無疑地，你們要引用這一句俗語對我說：『醫生啊，治好你自己吧！』你們還要對我說：『我們聽到你在迦百農做過的事，也該在你自己的家鄉做出來吧！』」

——《路加福音．第四章二十三節》，《聖經》

在四月一日愚人節這天，我一邊拚命地在床頭櫃的抽屜裡翻找鉛筆和紙，一邊不斷地重複唸著一個清明夢的標題，我祈禱這不會是一個預知夢。我把它命名為「三隻螃蟹、三顆珍珠和一位內在的醫生」。

我進入夢中，穿過一道門，走進一間舒適、裝潢明亮的醫院候診室，跟大家打招呼。有些人我曾經在之前的抗乳癌期間夢裡見過。

一位開朗、高䠷、黑髮的年輕女子，穿著彩色長裙坐在椅凳上。我不知道她的名字，但曾經在其他的夢裡見過她。她的腿上抱著一位包著尿布的可愛嬰兒。

一扇門從我的右邊打開，一位身穿白袍、留著及肩棕色長髮、脖子上掛著聽診器的女醫生進入候診室，她走向我，伸出手跟我打招呼：「嗨，我是朱爾斯（Jules 或 Jewels／珠寶）醫師。我是你的內在醫生。」

以前夢裡出現過的比利（Billy）也在那裡。（我夢裡的其他青少年跟我形容他是弱智，並說由於他的狀況，他在問問題或回答問題的時候，都很誠實。他們很護著他。）比利比每一個人都高，而且都用腳前掌走路。

比利問我：「爲什麼你在這裡？」

朱爾斯醫生環顧了一下候診室，回答：「我們全都在這裡。」

就在這個時候，出現了三隻螃蟹，匆匆橫行過地板，朝左邊地下室的門奔去。

當牠們經過我時，我聽到有人大喊：「抓住牠們！」

於是，我追著牠們，讓牠們保持在我的視線範圍，看著牠們爬下三個階梯，走向黑暗的地下室隧道。如果牠們分頭逃竄，我就不可能找到牠們了。牠們將在黑暗的大廳裡成長繁殖。我的夢已經變成了夢魘！

我沮喪又害怕，不知道該怎麼辦，因為牠們速度愈來愈快，眼看就要抵達最後一階。我大喊：「停！」牠們眞的乖乖聽話，讓我嚇了一大跳。我迅速地將牠們鏟入一個有深度、而且裝滿清水的圓形透明塑膠容器裡，這個容器是突然出現在我手上的。當我凝視著在水下被淹沒的螃蟹時，牠們收起了腿和爪子，變成了三顆美麗的白色珍珠。

我的左手出現一個蓋子，我把它蓋到容器上，然後一邊思索，一邊慢慢甦醒過來，「為什麼會有三隻螃蟹？為什麼是三顆珍珠？」

我從恐懼中顫抖地醒來，睡衣渾身濕透，頭髮也濕答答的。三隻螃蟹在我夢裡搞什麼鬼？我只有右側乳房有一個第二期的乳管原位癌和一個淋巴結受到影響。最多兩隻螃蟹！所有的淋巴結都切除了。所以，我還漏掉了什麼？當其他的夢都是對的，這個夢有可能是錯的嗎？如果這個夢沒有錯，那麼在我「清醒的世界」中，它將會是一場眞正的夢魘。

凱特的解析

這個預知夢/夢魘涉及到醫療訊息，並且使用了螃蟹這個普世的象徵來代表癌症，螃蟹後來經過磨難轉變成美麗無瑕的珍珠。我在半夢半醒間，進入了我的內在世界，在那裡，我接受了我內在各個層面的問候，包括我內在的醫生。但是我很擔心那三隻螃蟹，或癌症，我懷疑這些訊息的準確性。我右邊的乳房有一個腫瘤和一個淋巴結（兩隻螃蟹？），但它們都已經被切除了。

這是一個預知夢，雖然我當時還不知道，它包含著對未來很重要的健康訊息。醫院的診間指出了我尋求療癒的意念愈來愈增長。在半夢半醒之間，我進入了內在的世界，並且跟我內在的每一個層面問候，包括朱爾斯醫生（醫生啊，治好你自己吧）還有比利，這個在我之前夢裡出現過的弱智男孩（最初步的想法），並加入一名年輕的女性（女性的意識），她的腿上抱著一名嬰兒，像是新生的某個事物。腿部代表第一脈輪和第二脈輪，部落和「直覺」。診間裡充滿了女性對自我的正面感受，這一點很重要，因為當你頭髮稀疏，感覺像坨狗屎的時候，你很難把自己看成是個正面的女性。候診室也是一個雙關語，強調的是一種「暫時性」。

三象徵著強大的力量以及靈性和上帝的力量流經內分泌系統。螃蟹是癌症的通用符號；黃道十二宮的第三個星座。爪子是抓住和傷害的力量，這是癌症的一個面向。清水是純淨的，象徵生命之水。

容器象徵不容許事物移動或擴散。蓋子代表徹底的圍堵。地下通道是身體的地下室、潛意識心靈，以及一個人的根基，因為所有的房子都是建立在根基上的。從雙重含意來看，這個通道可以看作是乳房的乳管，這裡經常是乳癌擴散的地方。奔跑通常是逃離問題，但在我的情況裡，我則是跑向問題以遏止它。

這個夢再次強化了我賴以生存的訊息：為了有效地抵抗疾病，我們必須與我們的「內在自我」取得聯繫，並共同努力追求存活下去的目標。它向我表明了，我有能力命令癌症止步，而且它會服從。

一旦癌細胞淹沒在澄澈的水中，它的腿就會縮進去，爪子也會安靜不動或有所緩解，並且不再擴散。它變成了三顆珍珠。珍珠代表一粒鈣化沙受盡磨難而達到完美。（我當然是受盡了病痛的磨難）。當我凝視著容器，三這個數字讓我感到困惑。三隻螃蟹？三種癌症？三顆珍珠？

五年後，幾乎就在同一天，這個夢應驗了，當時我的指導靈修士回來了，他在做乳房X光攝影判讀時告訴我，我的癌症又復發了，而且在夢裡，再度充滿了穿著小丑服的醫生。我不想相信這位嚮導或這些夢。我在夢裡乞求是他們搞錯了，但是我領悟到我必須拔出我的羽毛，再度使用它來面對我的醫生，因為他們拒絕幫我做磁振造影，而我知道，我必須找出第二個癌症。他們仍然相信所有的乳房X光攝影都是有效的，即使他們並沒有找出我的第一個乳癌。

第二個乳癌是9×11公分大。第三隻螃蟹是在我換了醫生，並且去紐約做雙邊乳房切除術時發現的。第三隻螃蟹還好及時發現，它剛好處於小葉癌零期結束的階段。

所以三隻螃蟹的夢是一個直白與象徵的診斷夢與預知夢，它在數年後應驗了，並且被多個病理報告驗證了。在我做了雙邊乳房的切除術之後，紐約的腫瘤外科醫師對我說：「凱特，你的夢將成為紐約醫學界雞尾酒會派對上的話題。」我當然希望是如此。但這些夢都是關於乳癌的復發。也許這可以成為伯克醫師〈乳癌夢境研究計畫〉下一本書的主題，因為復發會發生，但並非被判死刑，尤其當我們能傾聽我們的夢境時①。

伯克醫師的評論

夢是否能夠準確地預測復發，或至少有這樣的可能性，凱特三隻螃蟹的預知夢，的確引起一些有趣的研究議題。第三章提到的一位女士，在夢中得知乳癌復發的信號，這個聲音將她喚醒，雖然在她最初的診斷之前，她並沒有做夢。她的故事也許可以鼓勵其他有乳癌病史的女性，在閱讀了這本書之後，如果擔心乳癌復發，可以開始關注她們的夢境，即使她們並沒有寫夢境日記的經驗。

關於身心連結的力量，理論上的擔憂是，預知夢是否可能會經由對免疫監控系統製造恐懼與負面影響而變成自我實現的預言。在理想的狀況下，我們希望所有的夢都能賦予人力量，而令人鼓舞的是，如本書第六部描述的，研究中的女性夢者通常都能夠持續運用她們的夢進行治療。

螃蟹變成珍珠的描述也讓我想起了第三章提到的女士，她在經過數個月的能量治療之後，確認她的腫瘤是良性的。當她夢中的嚮導跟她說她得了癌症的時候，給她看了一顆珍珠。我不知道這是否意味著最終的結果類似凱特的療癒之旅，會是令人開心的，雖然我們沒有原始的切片檢查作為證據。希望更多的研究，可以讓我們更深入了解這些夢境意象的預知和診斷含意。

---

① Kanovos, Kathleen O'Keefe. *Surviving Cancerland: Intuitive Aspects of Healing*. Chapter 25: "Doctor Within, Heal Thyself." (Fort Bragg, CA:Cypress House, 2014), pp.140-142. Benign and Malignant Brain Tumors Medical Introduction (Featuring Mark Ruffalo's Dream Cancer Story.)

15 離婚夢和乳癌

瑪莉

伯克醫師：瑪莉的故事被收錄在這裡，代表在最初的〈乳癌夢境研究計畫〉發表後，我們又從其他許多婦女那裡聽到了乳癌夢的新故事。這些女士為這個領域未來的研究提供了靈感。雖然沒有病理上的證明，瑪莉的故事與第三章中的女士情況相似，她的腫瘤在經過能量治療後，被確認是良性的。

凱特：這位夢者值得大大的擁抱，因為她同意大方地分享她驚人的夢境，以及第五十章，標題為「瑪莉的案主」的內容，為的是幫助他人了解並且運用他們的夢來獲得健康與治療。雖然我們收到了她的書面同意來使用這些故事，但她在和孩子討論之後，要求保留匿名，所以我們尊重她的意願。為了呈現這個故事，我們將她的名字化名為瑪莉，她的案主則稱為瑪莉的案主。

我是在社群媒體網站 LinkedIn 遇到瑪莉的，在這之前，我張貼了伯克醫師和我正在積極蒐集能夠診斷出疾病，而且應驗的夢境。除了臨床工作外，瑪莉是一位直覺諮商師，她會使用回溯療法來探索夢中的現象。瑪莉跟我聯絡，並說她願意分享她的夢境給世人，讓其他人可以因它們而得救。所以，以下是瑪莉的夢境：

大約三年前，我做了一個直覺的洞察夢，這個夢告訴我，如果我不離開不幸福的婚姻，我會得到乳癌。這個一再重複的夢，感覺非常生動，常常伴隨著白天的幻象。我的直覺夢總是一個模樣——簡短、直接說出重點，而且通常發生在我剛剛入眠或是清晨做夢時。

來日不多的夢

在這個直覺夢／夢魘裡，我的頭髮掉光了，看起來非常瘦弱。我看起來像只剩幾天可活，這把我嚇著了。

不知何故，我試著把這個夢忘了，照舊過著我忙碌的生活。一年後，我感覺到左邊的乳房有腫塊。這讓我非常擔心。在看過醫生做了檢查後，醫生說沒什麼好擔心的，我覺得這個檢查似乎不太足夠，我希望他做更多檢測。

黑黑一團東西

在接下來的幾個月裡，我左邊的乳房感覺好像被什麼東西佔據了，形容這種感覺最貼切的說法就是「感覺能量正在流失」。在和醫生聯絡後，我做了超音波和乳房X光攝影，我的醫生發現了一團黑黑的東西。

我當時想，「天啊！又來了！」對於夢和夢魘的記憶，以及隨之而來的幻象又回來了。我感到驚慌失措，最後去找了蒙娜麗莎．舒茲（Mona Lisa Schulz）進行諮商，她是 Hay House 出版社的醫療直覺諮商師。她跟我說的第一件事情就是：「我看到你左邊的乳房有一些東西。如果你再不停止過度關心你生活中的人，你會得到乳癌。」

「哇！」我想。「好吧。我需要改變我的生活。」所以，我照做了。

由於我從事心理健康和保健相關事業，有長期情感需求的人會被我吸引。爲了意識到自己對他人的「過度照顧」，我的身體發展出一個「警鈴」機制，表現出來的方式是一種內心的煩躁。爲了確認，我會問自己：「你是否感覺被拖垮了、筋疲力竭，或是過度投入？」情感界限成了我生活中不可或缺的一部分，我學會了有勇氣說不。自我照顧、飲食、快樂思考、運動和辦理離婚手續，成了我生活的重心。

在我下一次進行檢查的時候，那團黑黑的東西消失不見了。我生活重大的改變讓它消失了！直覺與夢的力量，你一定會愛上它的！

凱特的解析

如果這是我的夢，我也會跟瑪莉一樣，將它們視為「直覺的一擊」，這是直白的預知夢和預警夢的另一種說法，因為這個夢在細節上是直白的，而它的訊息非常清楚，但是它發生在未來的症狀出現之前。就像這本書的許多夢者一樣，包括我自己，瑪莉的夢也是一再重複出現，伴隨著白日的幻象。她的夢對未來的狀況提出了非常黑暗的事先警告，並且召喚她採取行動。瑪莉的夢之所以如此令人印象深刻，是因為它在清醒的世界裡得到醫學報告的驗證，而她立刻改變了她的生活，她治好了她未來的疾病。

那團「黑黑的東西」不見了，而這個變化也被更多的醫學檢驗證實了。對預知夢採取行動，可以改變你人生的結局。

伯克醫師的評論

瑪莉從醫學博士舒茲醫生那裡獲得的解讀也很重要，因為它強化了過度照顧他人而導致土元素失衡的這個主題，這個主題在稍早的安帕羅和桑妮的故事裡也曾描述過。舒茲醫生是我唯一知道的直覺諮商師，她同時也是精神科醫師和神經科學家，因此，瑪莉自身的直覺能力和她的能力結合在一起，形成了非常具有說服力的組合。優秀的醫療直覺諮商師對我們最大的幫助，就在於他們能促使我們相信直覺已經告訴我們的事情，而這些事情是我們之前想否認的。

第三部

其他類型癌症的真實夢境故事

「就像眼睛見證了生物獨特而自發的創造性活動，
原始形象表達了心靈內在的無限創造力。」

——榮格《榮格全集．第六卷．七四八節》

這些故事是關於被癌症夢救了一命的人，

不過他們並沒有在伯克醫師的〈乳癌夢境研究計畫〉中，

他們是透過社群媒體或國際夢研究學會的工作坊找到我們，

我們一起或個別跟他們做了訪談。

基底細胞癌：醫學介紹

基底細胞癌是最常見的皮膚癌，每年在美國診斷出超過四百萬個病例。這類型的癌症通常是從癌前日光性角化症（actinic keratoses）發展而來，這種病與紫外線的照射高度相關。它很少轉移，所以不會危及生命。然而它可能造成毀容，所以需要積極的莫氏手術（MOHS surgery）。雖然基底細胞癌在身體某些很難看到的部位可能會被忽略，例如耳朵的背面，或內層，就像後面洛琳（Lorraine）描述的那樣，但它通常可以經由自我檢查而發現，並促使患者去看皮膚科醫生。

幸運的是，洛琳的夢中持續有一個聲音，會在清晨喚醒她，指引她找到基底細胞癌。

16 覺醒

洛琳

我的夢更像是每天早晨的一種覺醒，至少持續了一年，我的腦海裡會浮現這樣的想法：「我的耳朵裡有某個東西非得出來不可。」這「某個」東西有豌豆大小，看上去像個小蠟球。然而，我洗完澡後，它在毛巾上留下了一點血跡，然後變成了結痂。我和我的醫生談過這件事，我記得我說：「我得了一個有名的『不治之瘡』。」

我的醫生用冷療法治療結痂。我擔心的是，當我下次洗澡用毛巾擦拭結痂，冷療法也會隨之失效。我是對的。但在向醫生回報之前，我因肩頸的黏液囊炎（bursitis）而痛苦不堪，接著又發生了一場意外讓我背部受傷，這兩件事使得我必須全心療養。

與此同時，我在 YouTube 上觀看了有人用耳燭療法去除耳垢的影片。我深受耳垢所苦，於是從藥局買了礦物油，嘗試做自我治療。我避開了醫生，因爲我已經感覺自己像個疑病症患者。

在我的背部經歷幾個月的痛苦和藥物治療之後，我再次去找醫生處理耳朵的問題。我做了切片檢查。不幸地，我的「耳垢」是個基底細胞癌。好消息是，我被告知，如果我非得得到癌症，這可以說是比較無害的一種，因為它自成一體，不會擴散。壞消息是，它已經長得比豌豆大顆了。

我立即預約了整形外科醫生，這位醫生在我全身麻醉之下，在當地醫院幫我進行了手術。這包括了皮瓣的皮膚移植。幾星期之後，檢驗室的結果顯示，整形外科手術並沒有將癌症根除，所以又安排了一次手術。最後的結果是，我的耳朵比第一次手術之後又少了一些。然而，我的耳朵保住了，癌症也消失了。

這是三年前的事了，而我的耳朵仍然感覺緊繃僵硬，像是個異物黏在我頭上。這一定是神經受損了，但是我很幸運，我的後遺症只有這樣。我的妹妹在六十歲就死於癌症。我很慶幸自己還能活著，並希望我能察覺到自己內在的聲音，然後盡快跟醫生報告。

17 我夢中的聲音

安潔莉卡．哈特曼（Angelika Hartmann）

來自維吉尼亞海灘的安潔莉卡．哈特曼，從事全人健康領域的工作，她也一樣聽到夢中的聲音警告她，她得了基底細胞癌。以下是她的夢境故事。

自我十歲起，我就經常做很深刻的夢。有許多是象徵性的；有些有轉化過的親人來探望或安慰我；有些夢則預示著未來的事件。住在維吉尼亞四十二年，對我白皙的皮膚一直是個問題，我在夏天就會有長疹子和冒痘痘的問題。這就是爲什麼花了兩年的時間才正確地診斷出，我鼻子上一毛錢大小的頑固疹子是基底細胞癌。我確實看過幾位醫生，他們叫我不要擔心。

在我的一個夢中，我潛意識的聲音告訴我：「你得了皮膚癌。」我覺得這是正確的，並且預約了皮膚科醫師進行切片檢查。癌症在二〇一六年被確認並且清除了。我目前仍在觀察中。我的預後很好，但是我的同伴都熱愛戶外活動，所以他們不得不接受我晚上六點前不能出去玩的狀況。

18 保住面子

達納．瓦爾登（Dana Walden）

幾個月來，我一直感到疲憊不堪。在情況最糟的那天晚上，我在睡覺前祈禱，希望能做個夢爲我指點迷津。以下就是我接收到的夢。

蟲與鳥的夢

有一片空曠的草地，周圍被森林環繞，北部有一座白雪覆蓋的山脈。陽光很溫暖。草地很涼爽。幾朵蓬鬆的白雲散布在天空中。風靜靜地吹。一股清澈的溪流穿過草地的邊緣。羚羊坐在原野的北邊，狼在南邊，熊在西邊，鹿在東邊。一隻青鳥在狼和羚羊之間飛來飛去，在兩者身上短暫停留。

我面朝上躺在草地中央。一隻老鷹在盤旋。我感覺到牠正在密封這個圈子，當時森林裡所有看不見的動物都在爲我唱歌祈禱。太陽溫暖著我，一位薩滿現身告訴我，太陽屬於印第安人，他們是地球的守護者。他們也加入了治療的行列。

青鳥飛向我，坐在我的肚子上。然後兩隻腳跳上跳下。她開始在我左眼旁啄我的鼻子左側，然後從洞裡抓出一條蟲，並將牠拉出來。

我感覺到蟲鑽得很深，把我的脊椎都纏繞住了。我躺著，等著青鳥把蟲徹底拉出來，然而我並不擔心這隻鳥會吃進疾病。因爲我「知道」，我的疾病將會轉化成食物，餵養一代代的青鳥家族，這是一份禮物，感謝牠們協助治好我的疾病。

青鳥從我鼻子的一側拉出一條我有史以來見過最長的蟲，然後啣著這條蟲，飛走了。

我的眼睛和鼻子之間留下一個洞，老鷹竟俯衝下來，在傷口上拉屎。但不知何故，我知道這很幸運，而且對我有好處，因爲它把洞封住了。那四種動物：狼、熊、羚羊、鹿，繞著草地輪轉，每一隻都坐在不同的方向，直到牠們繞回到原來的地方。當時，我被告知，這是我的動物，這是我神聖的草地，並且把我所在的位置標記爲中心。

我醒來時感到備受祝福和心存感激。那天早上稍晚，我在刮鬍子的時候，注意到我的眼睛和鼻子左側之間有一顆從未見過的痣。「這太詭異了。」我想。

我通常都不太願意盡快就醫，即使不祥的預兆已經出現很多年了。但在這一刻，我的夢在腦海中閃現，特別是關於鳥拔出蟲的部分。我知道我必須去檢查一下。

我預約了幾天後去看醫生。醫生看完了我臉上的斑點後說：「你怎麼拖這麼久才來這裡？」

做完切片檢查，病理報告指出，這是一種侵襲性基底細胞癌。我的醫生堅持要對我臉上這個像條蟲的癌症立刻進行手術。幸運的是，他是比佛利山莊的整形外科名醫，所以我臉上沒有留下疤痕。

手術成功了，醫生稱讚我及時就醫，否則就得動更大的手術。如果你想知道我當時的樣子，我可以告訴你，我出院回家的時候，臉上有個洞，就像夢裡一樣，但是它是被手術OK繃蓋住的，而不是鳥屎。我要永遠感謝這個夢，它不僅幫我保住了面子（雙關語），甚至可能救了我的腦，而且讓我跟一些非常強大的動物嚮導連結在一起，從那之後，這就成了我冥想的一部分，並且將我帶領到一個充滿力量、平靜與深度放鬆（deep ease），而非生病（dis-ease）的地方。

凱特的解析

如果達納的夢是我的夢，我會將它稱為診斷與象徵的療癒夢，並且帶著些許的薩滿夢境色彩；在夢的旅程中，夢者經常會到達一個新的地方，以獲取知識，遇見強壯的動物作為療癒嚮導，並且找到力量強大的植物。我認為它是診斷性的，因為它向夢者展示出他臉上有一條蟲，一路啃噬到他的脊椎，這診斷出了一個問題。它是療癒性的，因為他周圍充滿了圖騰動物，而且他根植在一片療癒的神聖草地上。這隻青鳥似乎上下「將他檢查了一番」，然後才抓出這隻蟲。青鳥在夢中被認為是樂觀的象徵。夢中的狼可以看作是神聖的智慧。熊可能象徵著具有高度保護性的內在母親，保護著她的熊。在許多情況下，熊可能代表面對不安的情緒，並且克服了它們，憑藉的往往是無條件的愛。

當羚羊拜訪你的夢境，這可能象徵著你有心想事成的能力，包括你的夢，只要你付出時間和精力。羚羊通常被認為是第一隻神奇又神祕的獨角獸，因為它的側面看起來像有一根又長又細的角從牠們的額頭上冒出來。鹿在夢中可能是你生活中溫柔、靈性覺醒層面的正面象徵。達納的圖騰動物站在指出四個方位的位置。然後，牠們透過順時鐘（時間向前）旋轉來創造生命的療癒循環，通過所有四個方向點，直到牠們回到生命羅盤上原來的位置。

我從這個夢中可能領悟到的訊息是，這些圖騰動物預示著未來的健康和療癒。我很高興達納回到家時，臉上的洞裡空空如也，包括癌症。然而，在美洲印第安人的傳說中，夢見小鳥在你身上拉屎是好運的象徵。任何一種便便所代表的好運大小，似乎要看是哪種鳥拉的屎而決定。在達納的夢中，牠是一隻老鷹。我會認為我臉上的洞充滿了老鷹大便是一個健康而吉祥的預兆。

就像在本書中分享的其他許多夢者一樣，洛琳和安潔莉卡聽到了聲音。如果這是我的夢，我會把它稱為聽覺診斷夢，通常被描述為甦醒夢；在進入或離開夢境的時候，會處於意識臨界，被稱為入眠前的意識狀態。甦醒夢可以是清明夢的一種，可能包含著清明的想法。洛琳和安潔莉卡聽到的是一清二楚的話，而不是符號或象徵。一大清早的夢最容易被記住，因為它們發生在很接近醒來的時候。病理報告也驗證了他們的夢。

伯克醫師的評論

基底細胞癌表現出來的樣貌可能會是一顆可疑的痣，就像達納的一樣，或是無法治癒的瘡，就像洛琳的一樣，或是持續出現的疹子，就像安潔莉卡的一樣。癌前皮膚病變如此常見，可能需要花一段時間才能看到某種特定皮膚癌的嚴重性。達納的蠕蟲意象對於比較具有侵襲性的基底細胞癌是一個很好的比喻，因為它可能像蟲一樣，沿著神經深入皮膚，就像蟲在爬一樣。在另外兩個例子中，則是不具備清晰意象的聲音，提供了必要的動力，讓他們堅持尋求診斷，終於找出了結果。即使這些癌症並沒有轉移，及早發現對避免毀容仍然很重要。

良性和惡性腫瘤：醫學介紹（特寫馬克．魯法洛的癌症夢境故事）

腦癌由於預後不佳與嚴重的相關殘疾，是最可怕的癌症類型之一。同樣令人感到擔憂的是，惡性腫瘤的發病率，例如多形性膠質母細胞瘤（glioblastoma multiforme），自一九七〇年代以來已經增長了百分之三十九。由於這些腫瘤仍然較為罕見，目前還沒有經濟有效的檢測方法。

美國男演員馬克．魯法洛（Mark Ruffalo）在二〇〇一年夢見自己罹患腦癌，這被證明是準確的預測，但幸運的是，它原來是良性的聽神經瘤（acoustic neuroma）①。他形容這是他「前所未有過的夢。」

根據他之前公開發表的訪談，他自己對醫生是這樣說的：「我昨晚做了非常可怕的夢，你可能會認為我瘋了，但是，嗯……但是我想我得到了腦瘤，而我真的很可能得到了，啊……檢查一下吧。」這個夢給人的印象是，「必須立刻處理。」

為了讓他放心，醫生指示進行電腦斷層和磁振造影掃描，結果診斷出他耳朵附近有一顆高爾夫球大的腫瘤，這讓醫生大為震驚。魯法洛指出，他「並沒有出現任何症狀」，而且手術前的測試顯示，那隻耳朵和另一隻耳朵相比，聽力只損失了百分之七，這「對我來說是無法分辨的。」

手術成功了，但犧牲了耳朵的神經，經過漫長的復原，他恢復了演藝生涯，一邊的耳朵完全失去聽力是唯一主要的後遺症。

① 讓馬克．魯法洛發現他罹患腦瘤的夢。Flip the Movie Script, March 8, 2016, http://flipthemoviescript.com/dream-led-mark-ruffalo-discover-brain-tumor/.

19 進入豹籠

黛博・杜蒂（Deb Dutilh）

凱特是在國際夢研究學會研討會發表報告時，遇到了黛博・杜蒂。黛博也曾受到一系列如她下面所描述的預警夢、診斷夢和預知夢的保佑。在夢中，她曾演出一場女性獨角戲——進入豹籠。就在她的前夫死於多形性膠質母細胞瘤後不久，她在夢中得到警告，她罹患了同一種癌症，在治療這個可怕的腫瘤後，她很幸運地存活下來。以下是她夢境日記的摘錄，從她前夫最初發現腦瘤開始。

二〇〇九年九月十五日，我的兒子吉雍打電話來。他正在法國探訪他的父親，也就是我的前夫讓・馮索瓦。在努力克服了他突如其來的古怪行為後，我們結束了二十七年的婚姻。我們仍然深愛著對方，並且承諾永遠守護著彼此。

馮索瓦在我兒子打電話後不久就去世了，死因是多形性膠質母細胞瘤，或稱GBM，這是一種致命的腦瘤。

馮索瓦的來訪：穿著他的鞋子散步

我夢見馮索瓦給我一張他畫的頑皮海豹圖畫。我們手牽著手沿著海灘散步，我穿著他破舊的皮革健走靴，鞋底很厚實，長長的紅色鞋帶在我的腳踝上纏繞了好幾圈。然後，突然間，我們進入了像Target（目標百貨）之類的大商店，在走道上開著他的車上上下下，尋找出口。

我醒來時感到焦慮，完全不喜歡這個夢的含意。我知道海豹代表我們永遠都要透過孩子保持聯繫的約定。穿上他的鞋子走路，是否意味著我也像他一樣面臨致命的健康問題？這些堅固、厚實的鞋底和長長的紅色鞋帶，是否象徵著我們永遠糾纏在一起的靈魂。我在商店裡將面臨什麼樣的未來？我需要貨比三家尋找解方嗎？我會隨時很快地就跟這個世界告別嗎，就像他離開的方式？

我不想相信直覺告訴我的事情，也不想面對那明顯的隱喻，我試著把我的憂慮擺在一旁。但是我的恐懼正在潛伏。我的健康狀況正常，但這個夢並非如此。會有任何症狀出現嗎？

出乎意料地，馮索瓦癲癇大發作四年後的當天，我出現了一個重大的症狀：嚴重的偏頭痛讓我必須送急診。

醫生向我保證，頭痛有很多成因，而且大多數的情況都是如此；如果沒有其他明顯的症狀，則無須擔心。我的血液檢查看起來不錯，身體運作正常，雖然因爲嘔吐而嚴重脫水。

我拿了止痛藥回家，被告知要多喝水，多休息，大約一個星期後再回來追蹤。聽起來像是在治療一般的感冒，只差沒喝雞湯！

然後，我的直覺開始發揮作用。「我不相信這個簡單的診斷！沒有症狀並不代表沒有疾病。」

我的追思會：黑鳥夢

我在一個盛大的派對上，聽著我最喜歡的音樂，保羅．麥卡尼演奏的〈Blackbird〉（黑鳥）。每個人都在談論我曾經多麼勇敢。我努力想要引起大家的注意，但是沒有人看到或聽到我。「喔，天啊！我正在自己的追思會上。每個人都在這裡追思我的一生！這一定是個夢！」我從床上坐起來，把手臂舉到面前，大喊大叫，試圖停止這一生的回憶與陳年往事對我帶來的衝擊。

最後，我從這個夢中驚醒。這個夢證實我出了嚴重的問題，如果現在不採取行動，我可能會喪命。

我告訴醫生最近做的夢，以及我的直覺在告訴我什麼，他聽得很認眞。而我頭痛發作的日期，出乎意料地和馮索瓦癲癇大發作的日期在同一天，這也讓我感到不安。我的兒子們已經因爲腦瘤失去了父親。沒有人應該遭受一次這樣的經歷，更何況是兩次！我不忍心從他們的眼中或聲音中，看到或聽到恐懼。我們都需要內心的平靜。

幸運的是，醫生同意我的夢值得重視，並且將我轉介給神經科醫生做磁振造影檢查，以排除任何嚴重的問題。

儘管如此，在當時，我仍然運作正常，我唯一的症狀是三次偏頭痛和那些可怕的預言夢。這位神經科醫生並沒有太在意，他遞給我一張表格，要我記下頭痛的所有相關細節。這是個無用的做法。如果我們想要檢查每一顆石頭的背面，就應該先翻看最大顆的石頭底下藏了什麼。

「醫生，如果我們現在談的是你的妻子或女兒，而且不考慮費用，你會做磁振造影檢查嗎？」

「是的，我會。」他回答。

十月三十日早上，我沒有告訴任何人，平靜地去做了磁振造影。當我準備要離開，醫檢人員攔下我。

「黛博，我們發現了一些讓人擔心的問題。我必須帶你去急診室。」

「我們發現了一些問題」

因爲大家都面面相覷，我想我也得了腦瘤。在急診室裡，我做了最壞的打算，開始自哀自憐、怨天尤人，詛咒全世界！

就在那個時候，我做出決定。無論診斷、預後和統計的結果為何，我只想告訴全世界：「看我怎麼擊敗你！」

二〇一三年十一月二日，也是馮索瓦的六十歲冥誕，我那顆杏仁大小的腫瘤被完全切除。兩天後，在我的六十歲生日那天，我從醫院出來。很顯然地，這並不是我計畫中的生日禮物、慶祝活動，或時髦的不對稱髮型！

結果，我以多形性膠質母細胞瘤，這個最常見、最致命、最高等級的腦瘤，錄取了腦瘤學院博士班！我成了個聰明人。啊，這是最諷刺的！我本來只想滿足於中低等級就好了啊。我的夢被證實是對的，這讓我感到震驚，而馮索瓦的來訪，讓我能及早發現，救了我一命。當我們還不知道的時候，我們過世的親人是怎麼知道這些事情的？

為了幫助自己療癒，我開始寫下我的單人表演來分享我的故事。

進入豹籠的夢

在入睡之前，我請求我的圖騰動物給我指引和確認。我需要知道，站在台上分享我的故事可以激勵人心。

我沿著乾涸的河床徒步前行。黑豹在我身後悄悄地走來走去。一名男子出現，命令她進入一個在山坡上出現的洞穴。柵欄落下來，她被關進籠子裡。接下來，他命令她守護這片乾枯的河床，然後就消失了。我必須把她放出來，但是要怎麼做呢？我的英語教學技能此刻發揮了救命的功能，我想起了介系詞要和它的對應面配對一起教。明白了你無法擺脫那些你沒有經歷過的事情，我意識到能讓她自由的唯一方法，就是跟她一起進到籠子裡。

我輕鬆地滑過柵欄，完全信賴她作爲我的守護者，我依偎在她舒適柔軟光滑的胸脯，感覺它輕輕地上升，隨著她溫暖、平靜的呼吸，感到同步放鬆。

突然間，隨著空氣中的一陣低語，柵欄消失了。我和黑豹沿著塵土飛揚的小路往下走，進入了茂密的綠色叢林，通往一個天然的露天圓形劇場，那裡坐滿了人。她帶我走到前面的舞台中央，然後在我身旁擺出莊嚴的姿態。

當音樂響起，群眾站起來跟我一起又唱又跳。

我醒來時滿心歡喜，知道黑豹已經確認了我分享我故事的使命。踏入「豹籠」證明了我可以勇敢面對我最大的恐懼，並且可以倖存。我也在我的內心創造了一個空間，讓黑豹的靈魂可以回歸，重新獲得她的力量，並爲我創造力枯竭的靈魂補充能量。

今天，有黑豹忠實地陪在我身邊，我的疾病也銷聲匿跡，我站在台上分享我超現實的夢境之旅、復原力和幽默感，以此激勵別人，並且爲別人帶來希望，相信他們也可以回擊人生的曲線球。

自從我被診斷出多形性膠質母細胞瘤已經三年半了，距離馮索瓦過世也有六年了。他仍然到夢中探望我，帶我去他的世界，並且要我安心，我的時間還沒到。我很幸運可以證明愛能戰勝一切，而且我有一個守護天使在照顧著我。

凱特的解析

黛博非常懂自己的夢。如果這是我的夢，我會將第一個夢稱為診斷夢與充滿象徵意義的探訪：她過世的丈夫來訪，將他的靴子穿到她的腳上，來到海灘上。海灘可以看作是將兩塊土地或兩種存在狀態分開的一個區域：生與死的分界線。他的靴子穿在她的腳上，可以象徵這句諺語：「穿上我的鞋子走一里路。」（Walk a mile in my shoes. ❶）進入「豹籠」是一個「孵夢」的例子，因為黛博在睡前設定了她做夢的意圖，並且看到了答案。動物在夢中是非常珍貴的，而且是夢者所特有的。走進黑豹的籠子，被黛博視為面對她最黑暗的恐懼。參加自己的「追思會」可以被解釋為守靈的另一種說法，這充分說明了尋求幫助的急迫性。黛博的診斷夢使用了象徵和對話，顯示出如果她輕忽了這些夢，在不久的將來會是什麼情況。病理報告驗證了她的夢境。她在觀眾面前表演的預知夢，也已經實現。

❶設身處地為別人著想，或從別人的角度思考之意。

伯克醫師的評論

演員魯法洛的預警夢，是本書其他許多夢境故事的一個例外，因為他的腫瘤是良性的，但是仍然具有威脅生命的可能。他跟其他夢到乳癌的夢者一樣，有深刻的急迫感，儘管沒有症狀，他還是冒著風險跟醫生分享了他的夢境。作為公眾人物，他也非常勇敢地分享了夢中診斷的故事，這個故事發生在他事業剛起飛的時候。

在黛博的第一個夢中，她已故的丈夫來探望她，這種情形類似於過世的親戚帶著警告訊息探訪乳癌夢者。家族病史是乳癌常見的危險因子，因此，考量到乳癌是一種常見的疾病，死於相同疾病的母親或祖母在夢境中出現，也許並不奇怪。

由於腦癌相對罕見，而已故的配偶進入夢中交流的情形相對普遍，將夢中那些相當模糊的象徵解釋為腦癌的具體徵兆是不太可能的。然而，可以理解的是，穿著他的鞋子走路，以及尋找出口的畫面，可能會讓人在醒來的時候產生不祥的感覺。

這個夢也許預示了不到一個月之後所發生的頭痛，但是在那個時候，也可能是因為夢中的創傷經歷造成了持續的壓力，於是形成了一種身心失調的自我實現的預言。在第二個夢中，她參加了自己的追思會，讓人聯想到在典型的瀕死經驗中會發生的生命回顧，這使得她及時弄懂了第一個夢，並且讓她鼓起勇氣去做磁振造影與手術。也許我們已故的家人有時的確會在夢中扮演守護天使，傳遞及時的預警訊息。

大腸癌：醫學介紹

大腸癌是美國第二大癌症死因，有百分之四的人在這一生會被診斷出患有大腸癌。風險隨著家族病史或個人的息肉病史而升高。風險也隨著年齡的增長而增加，因此建議從五十歲開始篩檢，每十年做一次大腸鏡檢查，每五年做一次鋇劑灌腸造影，或每年做一次糞便潛血檢查。

大腸癌在早期很難發現，因為症狀可能不太明確。由於它是一種很常見的癌症，所以會有大腸癌夢境的傳述也就不足為奇。在我乳癌夢境的論文發表後，我發現我的一位高中同學，也有一個關於大腸癌夢境救了她一命的個人故事。為了本書的目的，我們遵照要求，使用了艾斯琳（Aislinn）這個化名，而非她的真實姓名。

20 血淋淋的廁所

艾斯琳

這是我大腸癌夢境（或夢魘，如果你這麼想）的故事。二〇〇三年的春天，我是有兩名青少年孩子的忙碌母親，還要兼職幫丈夫工作、教戲劇課程，並在兩個志工委員會任職。

我的婚姻幸福，擁有美好而活躍的生活，我感到順心如意。我每週上健身房三次，健走、游泳，並且和家人一起去滑雪旅行。我每年看一次我的基層醫療醫師（primary care physician，簡稱PCP），他要求我做的事情我全部照辦：血液檢查、乳房X光攝影、子宮頸抹片檢查等。

我的飲食習慣很健康，喜歡吃雞肉、魚肉、蔬菜和水果。很少吃甜食。我的母親是一位有機廚師，所以她灌輸給我的健康習慣，我一直持續到今天。我沒有疲勞或直腸出血的狀況。

隨著時間推移，我開始對油炸食物和鮮奶油過敏。胃痛會讓我衝到廁所拉肚子。偶爾會有便祕。由於這些症狀並不是長期的，我把這些事記在心上，打算告訴我的基層醫療醫師，看看有沒有可能是大腸激躁症，然後繼續過著快樂的日子。接著，我開始做反覆出現的夢。

血淋淋的廁所夢

我進入一間純白的廁所，看著馬桶，裡面充滿了鮮血。太恐怖了！

這種情形發生了幾次，這對我來說是危險信號，但是我並沒有向我的基層醫療醫師透露這些夢。我不想讓他以爲我瘋了，或是不穩定，所以我只是據實以告。在潛意識裡，我知道我生病了。

大腸鏡檢查

我的基層醫療醫師聽了我的話，建議我做大腸鏡檢查，因爲我已經接近推薦做這種檢查的年齡。我有一顆豌豆大小的腫瘤，並且進行了大腸部分切除術。九個淋巴結被切除，在這九個淋巴結之中，有兩個驗出癌細胞陽性。所以我的腫瘤科醫師建議我做輔助性化療。化療並沒有讓我像許多人一樣感到噁心難受。我認爲自己非常、非常幸運。

這已經是將近十三年前的事了，感謝上帝，我的健康狀況一直都很好。我保持運動，跟隨一位佛教和尚學習靜坐，注意飲食、定期健檢，帶著正向的態度往前進。

我領悟到，傾聽自己的聲音很重要。夢是個徵兆，指出了你生活中正在發生的事情。我經常分享我的故事，因爲我是一個開朗誠實的人。我覺得如果它能夠幫助到一個人，我就此生無憾了。

21

到處都是糞便

艾莎．烏瑪（Aisha Umar）

一年後，也就是二〇一六年，艾莎．烏瑪與伯克醫師聯絡上，她是來自加拿大的穆斯林婦女，她在確診的前五年，就開始做跟大腸癌相關的夢。她的故事很值得警惕，因為它顯示出令人非常不安的夢，可能太過尷尬，以致於無法跟醫生分享，也未能採取回應的行動，結果導致了致命的延誤。

我的名字是艾莎．烏瑪。幾年前，我開始夢到到處都是糞便的夢，然後在二〇一五年，我被診斷出罹患第四期大腸癌，儘管我並沒有任何生病的症狀。

以下是我的故事。

我一向都很健康，也把我的健康視爲理所當然。但我也有我的壓力。我在三十五歲那年，開始痛苦的監護權之爭和離婚過程，持續了好幾年。這時候，焦慮的問題開始浮現，到了四十歲那年，我經歷了嚴重的憂鬱症。正是在陷入憂鬱前（以及在此期間），我不斷地夢到糞便，或是出現糞便的幻覺（在我醒著的時候）。

到處都是糞便的夢

大便裡並沒有血，但是我一直看到我的糞便堆在不恰當的地方。這實在太強烈了，我無法不去想它（我沒有告訴任何人，因爲它聽起來太荒謬了）。我是個穆斯林，然而我卻一直在《古蘭經》中看到我的糞便（這眞的讓我很難受，我懇求上帝讓我停止這種幻覺）。但是，無論如何，它一直在腦海揮之不去：當我在公司開會、和我的女兒坐在一起、睡覺的時候，我會在幻覺中看到書桌上、宗教書籍上的糞便被扔向我。就在那個時候，我淚流滿面，無法從這個幻覺中抽離出來。

最終，夢魘消失了。

一個診斷和兩次手術

在四十五歲的時候，我被診斷出得了第四期大腸癌，經歷了兩次手術和八次化療。醫生們保持樂觀（但我們其實是處於觀望的狀態）。第一次是做大腸和肝臟手術，從那之後，大腸都安然無恙。一年之後，肝臟手術也成功了。醫生說，大腸癌是少數幾種第四期癌症還可以治癒的癌症，但是如你所知道的，沒人敢保證。我奮戰的決心，完全來自於我對十六歲女兒的愛。

大腸外科醫生認爲，癌症是在我三十多歲時，從我身體裡開始發展的，而我的幻覺也是從這時候開始的。我從來沒想過把這兩件事情連結在一起，因爲我沒有癌症的家族病史，而且老實說，我對大腸癌的了解也不多。況且這些夢對我來說如此尷尬，要跟我的家庭醫師談論這些夢根本就不可能。我認爲我瘋了。而他會怎麼想呢？直到確診後，我才明顯地意識到，這中間必然有關係，因爲這些幻覺是無止盡的、持續不斷的，如此鮮明，直指要害。

我終日以淚洗面，爲這一切的不確定性而掙扎，但是我相信身體正在告訴我一些事情。可悲的是，我對此感到太過尷尬，完全無能爲力採取任何行動。相反地，如果我能想到也許是我的排便出了問題，以及可能是什麼疾病與此有關，我可能老早就可以找出正確的答案。這些都是我的後見之明。

我正從手術中復原過來，不久就要回去工作，並且試著接受這種情況。我希望我的故事可以對別人有幫助。如果不是眞的親身經歷過這些事情，我也是不會相信的。

凱特的解析

如果艾斯琳的夢是我的夢，我會將其稱為重複出現的診斷夢/夢魘，它使用了直白的象徵手法，召喚夢者採取行動。夢魔造成的恐懼，會大力促使人記住夢境並做出回應以阻止它重現。如果艾莎的夢是我的夢，我可能會思考這是否會是預知夢，顯示未來可能會發生的情況，因為這個夢出現在疾病開始增長前。這個夢也可能具有雙重涵義，同時描述了艾莎日常的生活狀況與身體狀況。

正如本書中其他許多夢者指出的，包括我自己在內，許多健康相關的診斷夢訊息會不斷出現，直到它們把夢者逼得神經錯亂，或是去求助醫生。它們在清醒的世界和夢中的世界都可以經歷。正如艾莎一語雙關地表示，後見之明——看看她的屁股，可能是解決她「爛」問題的關鍵。我們很慶幸她能不再感到羞恥，跟我們分享她的故事。

伯克醫師的評論

夢到廁所裡有血，以及糞便出現在不恰當的地方，當然會讓人強烈地聯想到大腸；然而這些夢境的敘述中都沒有具體提到癌症，所以其他類型的解釋也是有可能的。這些出血也可能來自大腸其他的地方，像是結腸炎、嚴重的痔瘡、肛裂，或血管異常，在某些情況下被稱為血管異常增生。它也可能是腎臟問題引起的血尿。

隱喻可能代表什麼，這也需要多加思考，特別是關於糞便這個題材。在痛苦的離婚情況下，這類的夢境意象可能並不令人意外。大腸是我們主要的排泄器官之一，因此渴望排出「爛」掉的婚姻，也許會透過潛意識表現出來，這是一種面對巨大壓力的反應。五年的間隔也引起一些疑問，一個持續出現的隱喻，要花多久的時間才會變成一個真正的身體問題。

二〇一三年，我第一次在國際夢研究學會發表有關癌症夢的報告時，其中的一位成員提到，她有一個個案做了一個鮮明的夢，夢到鼠蹊部罹患了癌症。在判讀了所有放射檢查證明為陰性後，她得出結論，這一定是隱喻。然後她意識到她的男朋友是巨蟹座，而且表現得很惡劣，所以她把他甩了。如果她忽略了這個預警夢，跟他結婚了，我不知道她是否最後會在那裡出現腫瘤。

肺癌：醫學介紹

每年死於肺癌的人數多於乳癌、大腸癌和攝護腺癌的總和。它是男性和女性死於癌症的首要原因，並占美國癌症新病例的百分之十四。吸菸會使女性罹患肺癌的風險增爲十三倍，男性增爲二十三倍。

對於五十五歲到八十歲的成年人，如果他們有每年抽三十包菸的紀錄，且目前仍在抽菸，或是在過去十五年內戒菸，建議他們每年做低劑量電腦斷層掃描以篩檢肺癌。我的朋友卡爾．歐．海爲爾（Carl O. Helvie）是《全人健康秀》（Holistic Health Show）的主持人，也是卡爾．歐．海爲爾全人癌症基金會的主席，他在做了肺癌診斷夢後，仍然活了超過四十年，以下是他的敘述，摘錄自他的書中①。

① Helvie, C. *You Can Beat Lung Cancer: Using Alternative/Integrative Interventions*. (Winchester, UK: Ayni Books, 2012).

22
「去照X光吧！」

卡爾・歐・海爲爾，註冊護士、公衛博士

我是一名註冊護士，擁有公衛和健康博士學位，因此我在護理、公衛和全人健康方面都有紮實的基礎。在我去做診斷的時候，我已經獲得約翰霍普金斯大學的公衛博士學位，並在當地一所大學教導研究生，以及大學部護理系和公衛系的學生。「一九七四年七月，我從一個叫我去做胸部X光檢查的夢裡醒來。」

我早已學會傾聽我的夢，因爲它們經常在健康議題、問題解決，以及發現事物方面，給我指引。因此，我告訴朋友，上帝一開口，我就會聆聽。當我聯絡我的醫生，並且請求轉介做X光檢查，他問我是否有症狀。我告訴他沒有，但是我堅持要轉介，於是他送我去做X光檢查。身爲一名保守、傳統的醫生，他不可能理解夢中的指引，而我也沒跟他提起。但是我堅持要做X光檢查。

那個黑點

收到X光檢查報告後，我的醫生打電話給我，並且要我去他的診間。在那裡，他告訴我，他們在我的肺部發現了一個黑點，這個黑點在六個月前並不存在，然後要求我到醫院做切片檢查。在做完切片檢查後，我人還在醫院，我的醫生就跟我報告，這是一個惡性腫瘤，需要立即動手術。他還安排了一位外科醫生跟我談話。我告訴兩位醫生，我不願倉促做出是否要動手術的決定，但是我想要所有可供參考的資訊，這樣我就可以回家祈禱、思考，然後做出合理的決定。他告訴我，如果不馬上動手術，我會在六個月內死亡，而且重複說了好幾次。

另類全人療法

我提醒他，關於手術的決定，以及關於我生命的責任，這是我的管轄權，他的責任是提供我有用的資訊，幫助我做出決定。不管我的背景，或者說正因爲我的背景，我發現只剩六個月可活的診斷結果，以及因爲用傳統治療可能導致那段期間的殘障，令人害怕。因此我選擇另類的全人療法來治療我的肺癌。從那之後的三十九年，一直到現在，我仍然處於無癌狀態，這在傳統治療中是相對罕見的。

凱特的解析

我同意伯克醫師的觀點，這是通過病理報告驗證的聽覺型診斷夢，除此之外，無須再多做解析。但是我想與你分享，當生活中出現內在指引，以及共時性時，擁抱它們的重要性，因為它們就是我們所謂的「上帝在眨眼睛」（God winks），確認你走在正確的道路上，這就是卡爾在被告知只剩下六個月的生命之後，最終能夠救回一命的原因。

我在社群媒體網站 LinkedIn 遇到了海為爾博士，當時他問我是否可以在我的網路電視節目《Kat Kanavos Show》擔任來賓，並且邀請我去上他的網路電台節目。這件事情發生在我和伯克醫師決定寫這本乳癌夢境研究的書之前。我沒有注意到賴瑞和卡爾彼此認識。從那時起我就發現，卡爾在四十一年前就開始和烏蘇拉．馬騰斯．賈霍達（Ursula Martens-Jahoda）博士一起研究夢的解析和療法，根據卡爾的說法，「她在我的研究小組，主動提出和我一起研究她的夢境，這幫助我能夠依循靈性指導做出決定。我們都同意，自然療法是治療這種疾病最好的方法。」

已故的馬騰斯．賈霍達博士，是位於維吉尼亞海灘的物理研究發展基金會與研究院（Physical Research and Development Foundation and Academy）的講師、所有人與院長，當我三度被診斷出乳癌的時候，她也是我的夢境研究導師。烏蘇拉的家人和艾德格．凱西是親密好友，艾德格．凱西又被稱為維吉尼亞海灘「沉睡中的先知」，她曾經給我看過一張她小時候坐在凱西腿上的照片。一九九〇年，我和丈夫去參加了她的研究院，烏蘇拉便和我成為好朋友。我在我的書《癌境夢遊》中曾寫過如何跟她一起解析我的夢境，她也為這本書做了推薦。為了增添更多神奇的事蹟，這本書中還有馬騰斯．賈霍達博士的「養女」，小兒科醫生卡蒂．坎伯爾的故事。我們是經由烏蘇拉介紹認識的，在治療期間，我應邀參加了卡蒂的中國新年派對。我們仍然是好朋友，他們更像是我的家人。

幾十年之後，我們（伯克醫師、坎伯爾博士、馬騰斯．賈霍達博士、海為爾博士和我）因緣際會齊聚一堂，在這本書裡共同驗證這些夢，以及它們的重要性。這就好像約翰．藍儂唱著「一起來吧，就是現在……」（Come Together, Right Now...）來到夢裡。眨眨眼，眨眨眼。

伯克醫師的評論

卡爾的夢不需多做解釋，因為他很幸運地得到直接的指引去進行診斷檢查。卡洛琳．金尼與其他人，也曾經在醒來時接收到類似的準確資訊，有時候包括口頭的命令，促使他們採取行動。卡爾老早就是一位經驗豐富的夢者，已經學會相信這種神聖的指引。

黑色素瘤之夢：醫學介紹

黑色素瘤占所有皮膚癌病例不到百分之一，但卻造成最多的死亡。黑色素瘤的危險因子包括皮膚白皙、多痣、反覆曬傷和家族病史。痣是否需要進行切片檢查，有一些具體的準則可供評估。透過自我檢查及早發現與預後的良否息息相關，所以注意任何可疑的皮膚病變很重要。夢也可能促使醫生進行評估，正如以下的醫學博士黛安・鮑威爾（Diane Powell）和琳達・艾勒克（Linda Ellerker）所提到的。

23 那個「萬一？」的夢魘

黛安．鮑威爾醫學博士

幾年前，我從夢魘中驚醒。我不記得那個夢魘，但是我醒來的第一個念頭是，「萬一它是黑色素瘤怎麼辦？」我不容易有夢魘，也不擔心我腿後側的新痣。它看起來非常健康。我也沒有曬傷的紀錄。事實上，我從來沒有在陽光下待很長的時間，也幾乎不記得曾經曬黑過。

「它不是黑色素瘤；它是黑色素瘤。它不是……」

我的家人從未得過黑色素瘤。不過，我還是把它給我當時的丈夫，一位腫瘤科醫生，看了一下。

他看著我的腿說：「這不是黑色素瘤。」「它是完美的圓形，顏色均勻，而且不到半公分。」

「我知道。」我說，我感覺請他幫忙，簡直愚蠢到極點。「我和你上的是同一所醫學院。只是，我被嚇醒是很不尋常的事情。」

但是，萬一？

這件事我沒有再多想，直到一個月後，我在驚恐中醒來。但是，「萬一是黑色素瘤怎麼辦？」我再度向我的丈夫尋求安心。在第三次驚醒後，我預約了一次門診。

那次門診

「它不是黑色素瘤。」我的內科醫師肯定地說。「但是如果你想把它去除，我也可以照辦。」

「請這麼做吧，」我說。「至少可以幫助我睡得安穩一點。」我在一週後回來拆線，並且來拿我的病理報告。我的內科醫生看起來一如往常的平靜，所以我立刻鬆了一口氣。直到她打開我的圖表，她的表情變得憂心忡忡。

「喔，抱歉。你來之前我還沒看過這份報告。是黑色素瘤。幸運的是，它是原位的，可以透過更大範圍的切除來治癒。還好我們及早發現它。」

24 牆壁血跡斑斑的房子

琳達・艾勒克

我的癌症預言夢救了我一命！我通常不記得我的夢，那時也不太注意我的夢。這是二十年前的事情了。

在我的夢裡，我走進了一個正在蓋房子的建築工地。我走進第一間房子，環顧四周，然後又走出來。然後我走進第二間房子，環顧四周，然後又走了出來。當我進入到第三間房子，牆壁上血跡斑斑。

我驚恐地醒來，無法擺脫這個夢。當時我感覺良好，沒有任何問題，除了我的中醫在幫我把脈問診時，說我能量很弱。我不知道這意味著什麼，因爲我感覺一切安好，於是我和我的醫生預約做身體檢查。他告訴我，我的健康狀況很好。

它持續困擾著我

不過，這個夢一直糾纏著我。我注意到脖子後面有一顆痣，這讓我想到了夢中的建築工地。我的醫生和皮膚科醫生都堅稱這顆痣看起來沒有問題。但是因爲那個夢，我堅持要做切片檢查。它是癌前的病變。我認爲這是「一號房」。過了一陣子，我發現我肩膀上有一顆痣：二號房。它也是癌前的病變。

將近一年過去，這個夢又開始糾纏我。它持續困擾著我，但是我的身體並沒有看到什麼異狀，除了上次切片留下的疤痕之外，而這個疤痕看起來不太對勁。

我跟醫生提起這個情況，他說這只是疤痕組織。我要求轉介皮膚科醫生。皮膚科醫師看了看疤痕，說它看起來很好，他並不想做切片，因爲這會讓疤痕變得更大。「不用擔心，一切都很好。」當然，這是每個人都想聽到的消息。

第三號房

然而，這個夢讓我堅信事情並沒有那麼順利。問題出在第三號房，在這棟建築裡的情況並不理想。醫生很勉強地做了切片檢查，結果診斷出來是黑色素瘤。

如果不是因爲這個夢，我就不會堅持做切片檢查，而是會在看完門診之後，以爲一切安好。

確診之後，我立刻與幾位另類療法的專家配合，進行治療，包括針灸、草藥、飲食調養、營養補充品和能量導引，例如靈氣與太極。

夢給了我信心

這個夢也給了我信心去面對不良的預後，讓我相信一切都會好起來的。因爲如果我注定難逃一死，我的身體也會在夢裡提出警告。如果我的情況已經沒有希望，爲什麼這個夢還堅持要我去尋求協助？

這已經是二十年前的往事了。從那時候起，我就學會了傾聽我的內在直覺和我的身體。我希望每個人都明白傾聽直覺的重要性，無論它們是來自夢中，或是其他形式的直覺。遵循你所「知道」的去做，要堅持下去，無所畏懼。

凱特的解析

如果鮑威爾博士的夢是我的夢，我會將它定義為反覆出現的甦醒診斷夢，因為當她剛從睡眠狀態中醒來（這種狀態被稱為入眠前的意識狀態，或稱為意識臨界）就聽到了清晰的話語，就像本書中的其他許多夢者一樣。琳達的夢使用了房子作為象徵，這在夢的世界裡可能象徵著我們的身體。如果這是我的夢，我會將它定義為象徵的預知診斷夢。它具有診斷性，因為它呈現了三個不同的建築工地，其中兩個立即被發現是癌前病變。它是有預知性的，因為第三號房子（身體）有危險的黑色素瘤，它沒有被發現，直到一年後在舊有的傷疤上開始出現，它才被確認。這就是牆壁上的血跡。這兩個夢都被病理報告驗證了。

夢境通常與夢者一樣獨特，包含夢者特有的語言，如這裡所看到的三間房子。三這個數字可以代表三位一體的聖父、聖子、聖靈，或自我、本我和超我，而且也是一個經常與包含靈性訊息的薩滿夢有關的數字。不同樓層的房子正在施工中，表示正處於變更或整修狀態。這樣的象徵對夢者來說非常有意義。就像本書中的許多夢一樣，一旦醒來，夢者幾乎不可能「擺脫」或忘記這些夢，除非採取正確的行動。

伯克醫師的評論

這兩則故事在夢境訊息上形成了鮮明的對比，兩者都是因為看到一顆無傷大雅的痣所引發的。在鮑威爾博士的例子中，她不記得任何夢，但在三個不同的早晨，持續接收到令人恐慌的訊息，逼得她去找內科醫師做評估，儘管醫生一再保證它看起來是良性的。重要的是，這個訊息本身非常具體，而且剛好出現在她注意到那顆痣的一星期之後。

另一方面，艾勒克的夢則比較不明確，需要以她個人的健康擔憂為背景來做出解釋。房子可以代表身體，因此牆壁上有血跡，可能表示表面覆蓋物，或皮膚出了問題。在這個案例中，將施工現場的概念與修復期間傷口留下的疤痕連結在一起非常重要。還有，數字的順序也非常有助於她將注意力轉移到最重要的第三間房子。這正顯示了，我們的直覺可能比基於多年臨床經驗所做出來的最佳判斷還要正確。

卵巢癌：醫學介紹

卵巢癌是導致女性死於癌症的第五大原因，也是最致命的生殖系統癌症。總體的五年存活率爲百分之四十六，存活的機率與早期發現和治療高度相關。由於這個疾病在早期通常沒有症狀，診斷仰賴陰道超音波或是 CA125 血液檢查。不幸的是，這些檢測相對不夠明確，所以通常只建議高風險婦女進行篩檢，高風險婦女包括具有卵巢癌或是早發性乳癌家族病史的女性，特別是帶有 BRCA 基因的人。

以下吉爾·揚基（Jill Yankee）的故事很典型，因爲她有卵巢癌的家族病史，但也是非典型的案例，因爲她比大多數被診斷出卵巢癌的女性要來得年輕。

25 醜陋的醫生

吉爾・揚基

我想我一直在爲卵巢癌預做準備，因爲我母親的姊姊在四十三歲就死於卵巢癌。當時我只有四歲，但是我記得這件事。我媽媽曾提醒我：「吉爾，你最好小心提防它，你的姊姊也一樣。」我就這樣一直想著「它」就要來了。

這個夢出現在診斷前幾個月。有一天，我和我丈夫去到海灘，那天晚上我做了一個夢。我的皮膚很白皙，所以我的確擔心過皮膚癌，並且在那天我也想到過。

醜陋的醫生夢

在夢裡，我去看了醫生。他要檢查我的皮膚癌。我對醫生容貌之醜陋感到驚訝（稍後你就懂了）。他幫我做了檢查，說我並沒有皮膚癌，但是爲了謹愼起見，他要抽血，這樣他才可以「看看裡面發生了什麼事情」。然後，夢境轉換，場景變成我在和護士講電話。她告訴我驗血的結果。她說：「你得了癌症。」當我醒過來的時候，我猜想這會不會是卵巢癌或大腸癌。

幾個月之後，這個夢在現實中應驗了。它是卵巢癌，而且正位於大腸之上。他們召集了一位大腸專家來加入我的手術，以防萬一他們需要切除一部分腸子，不過幸運的是，他們不需要這麼做。外科醫生說，實際的癌症腫塊一團糟，外觀非常醜陋。起初，她認爲這是某種可怕的感染，而不是癌症，但是病理檢查結果呈現陽性。在我們甚至還不知道這是癌症之前，我又做了更多有關於癌症的夢。然而，在做了骨盆腔超音波檢查之後，我們知道這是怎麼一回事了。有一天，我一大早就在恐懼中醒過來。我最後還是重新入睡，然後做了這個夢。

房間裡的蜘蛛

我在客廳裡，和我的丈夫一起坐在沙發上。所有的東西都是白色的。牆壁是白的，天花板是白的，家具是白的。

我告訴我丈夫：「這裡有一隻蜘蛛。我就是知道。」他否認那裡有一隻蜘蛛。（之前我夢到那個夢的時候，他也認爲我是在窮緊張。）他正在盡力安撫我。

我一直抬頭望著天花板，看著牆壁與天花板交界處，一直說：「我知道這裡有一隻蜘蛛。我就是知道。」但是所有的東西都是白色的，我完全看不到蜘蛛的蹤跡。最後，在我的右肩上，我抬頭一看，看到一隻小小的棕色蜘蛛從天花板掉落下來。我說：「啊哈！這裡有一隻蜘蛛。我就知道！」但後來我想：「這不是我擔心的那隻蜘蛛。牠這麼小隻，而且是棕色的，不像我原先以爲的會是隻黑色大蜘蛛。」然後我幾乎爲牠感到難過，想到也許我應該饒牠一命。但是後來我明白，小蜘蛛會長大，所以我需要踩死牠。

經過診斷和手術後，我的腫瘤科醫生認爲我最好進行六次化療，因爲這類型的癌症非常具有侵襲性。我被診斷出患有1C期卵巢癌。而且他說，依他的看法，這種癌症復發的機率非常高，不容冒險。我不想做化療，然後我在那個星期做了這個夢。

巨石裡藏著什麼

我看到一大堆藍色巨石，一種原產於明尼蘇達州杜魯斯（Duluth）地區的岩石。當我靠近那堆石頭，我注意到所有的縫隙都有蜘蛛，岩石上也到處爬滿蜘蛛。我們決定在岩石上貼上膠帶，以抓住所有的蜘蛛。我再次看著那堆石頭，蜘蛛已經消失了。我就是這樣知道我必須進行化療的。

凱特的解析

吉爾是另一個對同一癌症做了三次夢的夢者，而且最後一個夢，實際上回答了她關於化療的問題。她在心中孕育了一個夢，回答了她的問題。如果這是我的夢，我會把它定義為一個積極的診斷夢，它使用了象徵和雙關語，例如她家的客廳，這可以被視為是女性身體內與生命有關的地方，也就是卵巢。它也是一個療癒夢，因為它幫助她決定治療的方式。

棕色的蜘蛛可以被看作是致命、微小的棕色隱居蜘蛛，被牠咬到一小口就會造成體內的致命性壞死，或也可以把這隻棕色的蜘蛛看成是還未長大的黑蜘蛛。

一些夢者會在夢中把癌症描述成黑色或是蜘蛛。正如賴瑞在下面的評論中指出的，蜘蛛和螃蟹非常類似，牠們是癌症的象徵。牠們都屬於節肢動物門，又稱為真節肢動物門，其中包括昆蟲和甲殼類動物。螃蟹和蜘蛛是近親，因此牠們在夢中都具有癌症的象徵意義。

伯克醫師的評論

吉爾的家庭背景使她敏感地注意到夢中的任何警告，因為她對得到這種癌症的可能性有一定程度的焦慮；然而，她起初的夢卻是因為她對皮膚癌的焦慮而引發的。這個夢相當準確地將她的關注導向跟血液檢查異常有關的癌症，其中最常見的是檢測大腸癌的 CEA 檢驗，或是檢測卵巢癌的 CA125 檢驗。結果發現，癌症是位於大腸上的卵巢裡，所以這個夢涵蓋了這兩種可能性。

就外科醫師對腫瘤的描述來說，使用「醜陋」這個詞具有先見之明。第二個夢使用了房子這個孰悉的意象來代表身體，而白色是正常卵巢的標準顏色。蜘蛛，以及其他令人毛骨悚然的昆蟲或甲殼類動物，例如凱特乳癌夢中的螃蟹，是很常見的象徵，在適當的情況下可以解釋為癌症。

她剛開始做夢的時候，還沒有出現症狀，而她的癌症在早期階段就被診斷出來，也正是癌症剛要從卵巢裡冒出來的時候。如果診斷進一步延遲，將會使預後更加惡化。她的圓滿結局可以歸功於她相信了自己的直覺，儘管她的丈夫在夢裡和真實生活中都勸她要放心。另外，她的第三個夢是利用膠帶抓住更多蜘蛛，這加強了化療的必要性，並且幫助她克服了對化療的抗拒。

攝護腺癌：醫學介紹

「但是，一旦你將性隱喻當成未知事物的象徵，你立刻就能對夢的本質有更深入的見解。」

——榮格，《榮格全集．第八卷．五〇六節》

攝護腺癌是男性死於癌症的第三大原因，在其一生中被診斷出來的機率爲百分之十一。醫學界曾嘗試透過肛門指診或PSA（攝護腺特異抗原）血液檢查進行篩檢，但結果評價不一。使用這些方式也許可以發現更多癌症，但對於存活可能沒有影響，這使得大家質疑這些檢測的價值。

我的朋友兼同事路．哈古德（Lou Hagood）曾經做過一系列跟他的攝護腺癌診斷有關的夢，這些夢開始於二〇〇〇年在華盛頓舉行的夢研究學會（自此後更名爲：國際夢研究學會）研討會，他的描述如下。

由於他非常熱衷於解析夢①，他的描述非常詳細生動。

① Hagood, L. Awakening to dreams. *Journal of Religion and Health*. 2006;45(2):160-170.

26 強姦

路・哈古德

我一閉上眼睛，就被入眠前的暴力場景所轟炸。我知道這將是一段艱難的旅程，我也已經繃緊神經。不久，這些畫面組成了一個夢，我沿著海灘上方的一條小路奔跑，我的手臂和大腿劇烈晃動，但是腳卻沒有著地，就好像在飛一樣。一名強壯的黑人男子追著我，他跑得比我快，我知道他會追上我。他從後面抓住我，強迫我離開小路，朝著海灘一路走進水裡。我奮力抵抗，但是我意識到，如果我抵抗，會導致我在沙灘上被雞姦。

當我從華盛頓的會議回到紐約的家裡，我做了許多臨死的夢。我們的事業正面臨危機，我們的女兒正要離家上大學，所以我認爲這些夢是象徵性的。

畫畫的夢

在我們的女兒離家之前，我夢到穿過一片種植的田野走向夕陽去畫畫。那些尾隨在後的男人讓我感到不安，但是一直到田野的盡頭都沒有發生什麼事。我轉身背對夕陽，將我的畫架面對田野架好。在華盛頓，我沿著海灘步道飛奔，結果被那名強壯的黑人男子抓住，現在我朝著夕陽前進，被一群有威脅感的男子跟蹤，直到我轉身看著風景畫畫。（在華盛頓的腳沒有著地，以及走向夕陽，這兩個畫面可能都是指對生命的否定已經造成了威脅。）

那名黑人男子強迫我進到水裡，而我現在轉身背對夕陽去彩繪種植的田野，糾正了我否定生命的態度。我架起了畫架，不只面對了種植的田野，也面對了那些危險的男人。（你不能只要其一，不要其二）。

公牛的角

同一天晚上稍晚，我看到自己向後倒在一頭用後腿直立的公牛的兩角之間。（可以說是進退維谷。第二天，我的背就出問題了。）

在下一屆的國際夢研究學會年會之前，我被診斷出罹患了低等級的攝護腺癌，這爲華盛頓所做的那個夢增添了一些新的理解，包括其中受到雞姦的脅迫，以及隨後的臨死之夢，也包括了我剛才所呈現的夕陽和直立的公牛之夢。畢竟，我是仰躺在公牛的兩角之間，用我背部的一小部分保持平衡，而這部分隔天就出狀況了，位置就在我攝護腺的附近。

攝護腺也位於第一脈輪的區域，這可以解釋我在華盛頓的那個夢中，當我沿著海灘步道跑步時，腳沒有著地，缺乏根基的狀況。第一脈輪的阻塞可以和佛洛伊德被壓抑的衝動以及榮格陰暗面原型的爆發相對應。當我的中醫給我草藥調理我的氣不順或生命能量流的阻塞，讓我聯想起了在華盛頓的那個夢中，那位強壯的黑人把我拖進去的水。

凱特的解析

路對於自己積極的診斷夢做了非常精彩的解釋，其中充滿了代表攝護腺癌的男性象徵符號。如果這是我的夢，我會同意它是一個充滿陰莖象徵的診斷夢。他被倒掛在角上，這使他很容易受傷。在這本書提到的一些夢裡，黑色通常是和癌症聯想在一起的顏色，例如被追著跑。路對於複雜的夢有驚人的理解能力，並且因此而救了自己一命。

伯克醫師的評論

路已經提供了自己獨到的見解，暗示那名黑人代表重要的陰影角色。雖然在夢裡面並沒有具體提到攝護腺或癌症，但是結構上的位置，以及厄運臨頭的感覺讓人有很鮮明的印象。被壓進水中可能與被壓抑的情緒有關，例如第一脈輪中的恐懼。中國五行中的水元素，也對應著恐懼以及膀胱與腎臟疾病。雖然直腸癌和腎臟癌的可能性也可以列入考量，但公牛的男性意象更凸顯了攝護腺癌的可能性。

睪丸癌：醫學介紹

睪丸癌很罕見，但是仍然是十五歲到三十五歲年輕男性最常見的癌症死亡原因。幸運的是，由於能及早發現，很少造成死亡。大多數的癌症都是經由自我檢查發現硬塊，或是由醫生檢查而察覺到的。可以用超音波確認，然後進行切片檢查以及睪丸切除術治療。也可利用血液檢測甲型胎兒蛋白（alpha-fetoprotein，簡稱ＡＦＰ），以及人類絨毛膜促性腺激素（human chorionic gonadotropin，簡稱ＨＣＧ）來協助檢測睪丸癌。在下一個故事中，夢者剛做了預警夢，緊接著就經由自我檢查發現了腫瘤。

27 生死遊樂場

傑伊・特勞特曼（Jay Troutman）醫師

我也是一名醫生，在 TEDx 上看到伯克醫師關於夢的演講，得知他的研究工作之後，我也想在這本書分享我的故事。我用了「傑伊・特勞特曼」這個化名來講述這個故事。

我的屍體夢

我撐著我的屍體，準備在某個校園裡把它處理掉。這個身體感覺好像是橡膠做的。當我進入校園時，孩子們正在玩耍，這讓我回想起小時候。我感覺我好像被迫要執行某項任務，我必須把這個屍體拋棄。撐著我的身體讓我感覺很難受，因爲我的身體像橡膠一樣，而且很難處理。到達遊樂場的邊緣後，我便將我的身體扔向山谷的一側。

不久，我從夢中醒來，我知道我大事不妙了。第二天，我發現了我的睪丸癌。

三個異常狀況

關於這個夢，這裡還有另一個故事值得一提，就是發生了三個在我的生活中很難想像的異常狀況。

第一個狀況是，在我發現癌症前一個星期，我曾經有過輕度的憂鬱。

第二個狀況是我在幫一名年輕的女孩進行鼻子切片手術時發生的。我的手通常很穩定，但是當時卻微微顫抖。看來有事情發生了，這讓我感到不安。這個手術無論從任何角度看，對一個年輕女孩來說都是很痛苦的經驗，尤其是在鼻子上，奇怪的是，手術後，她卻看著我微笑。然後，她帶著一副充滿母愛的表情，走過來給了我一個擁抱。這是第一次發生像這樣的事情。我記得我當時，就像在夢裡一樣，對自己這樣說，「我情況不太妙。」

第三個狀況則跟泡澡有關。我從來不愛泡澡，而且有點頭痛，但不知爲了什麼原因，我泡了個澡，這是我多個月以來，甚至多年以來的第一次泡澡。在浴缸裡的時候，我想起我讀過一篇有關於藍斯·阿姆斯壯（Lance Armstrong）的文章，這位自行車選手曾經得過睪丸癌，所以我決定做我有史以來的第一次睪丸自我檢查。

我發現了腫瘤

第二天來到診所，我走到泌尿科，並且在那天晚上動了手術。我每天都感謝上帝傳遞給我的這些訊息。現在回想起來，那個夢對我來說，似乎代表了我正在丟棄我過去的生活，由於得了癌症，事情也確實如此。非常奇特的是，它發生在篝火節（Lag B'Omer），這在我信仰的猶太教中，是一個充滿靈性光輝的節日。我現在把那一天，以及恰巧在那天所做的那個夢，視爲是我的重生。

凱特的解析

如果這是我的夢，我會認為這是預警夢和診斷夢，它讓我看到了不久的將來，我的身體會變成什麼樣子。這也是一個召喚行動的夢魘，一直延續到他清醒的世界。我認為這個夢指的是現在發生的事情，因為那個身體在夢中看起來就像夢者當時的模樣，並不是他小孩或老人的身體。

遊樂場可以代表人生中那段悠遊自在、沒有煩惱或責任，可以隨心所欲的時光。但是這個遊樂場在校園裡，那裡是一個學習的地方。我們都撐起（carry）自己度過了一生，但在這麼做的時候，卻很少仔細審視過自己。看看這個夢中電影所呈現的雙關語：「讓我們撐過這一天（Carry ourselves through the day），或是撐到把工作做完（carry on through work）。」當他硬撐著這個身體的時候，他的身體「感覺不太對勁」，或是看起來不太妙。然後他撐起自己度過了那段悠遊自在的生活，並且將那生命/身體扔到山谷裡。

幸運的是，特勞特曼醫師了解自己的夢正在召喚他採取行動，他才能在此跟我們分享他的夢。

伯克醫師的評論

特勞特曼醫師的夢是不祥之夢，但是就診斷而言卻不夠明確。然而，在夢境之外還有其他的指引，在想起了藍斯．阿姆斯壯之後，這些記憶全在浴缸裡融合在一起。許多潛意識的運作都在同步提醒他做一個簡單的救命動作——睪丸自我檢查，這是所有的醫生都很熟悉的檢查。

儘管醫生受過醫學訓練，但是要做到「醫生啊，治好你自己吧」，有時比你想像得還困難，尤其是在年輕的時候，當你仍然擁抱著天下無敵的幻覺時。幸運的是，對男性來說，這項檢查比女性的乳房自我檢查更為準確，從睪丸癌造成的死亡較為罕見就可以反映出這一點。

舌癌：醫學介紹

舌癌是一種口腔癌，表現出來的症狀為無法消失或無法完全治癒的口腔潰瘍。最常見的類型為鱗狀細胞癌，它可以擴散到頸部淋巴結。例行牙齒檢查時常會做這個篩檢。特殊的染料或光線可以協助檢測。這類癌症跟抽菸、飲酒高度相關，但是也可能跟人類乳突病毒感染有關。

28 死掉的吸食昆蟲

帕里・德利維特（Pali Delevitt）

伯克醫師：我的朋友以及杜克大學整合醫學中心的前同事德利維特，她的舌頭上曾出現過一些病灶，最後是靠著夢的指引才做出了診斷。她是我見過最多產的夢境日記作者，她的夢幫助她度過了幾十年的預後過程，直到二〇一一年她才過世。她曾經歷多次復發又存活了下來，原因在於她很關注自己的夢，她的故事總是讓我們的醫學生大為著迷，並且在我進行〈乳癌夢境研究計畫〉之前就激起了我對這個領域的研究興趣。以下的故事摘錄自她的書《*Wyld Possibilities*》，是關於她最初的夢境診斷[1]。

我的名字叫作德利維特，大約有一年半的時間，我的舌頭上出現了一些疼痛的病灶，而且一直沒有改善。好幾位醫生都看過這些病灶，但都沒有辦法清楚地診斷這個問題。在做完切片檢查之後，我從麻醉的「半睡半醒」狀態中醒過來，我和醫生分享的第一個神智清醒的想法就是：「你的切片檢查切錯我舌頭的位置了。」即便在說這些話的時候，我自己也在納悶：「這個想法是從哪兒冒出來的？」然後，醫生說：「我是醫生，哪個地方需要做切片，我就會做切片。」切

① Delevitt, P. *Wyld Possibilities.* (Charlottesville, NC: Wyld Possibilities Press, 1999), pp.30.

片檢查的結果是陰性的，這是任何一位病人都希望聽到的消息。我沒事。然而，我卻開始經歷了一系列的夢境。

死掉的吸食昆蟲夢

在第一個夢裡，我發現自己正在反芻一堆從我口中冒出來的死掉的吸食昆蟲。

狼蛛夢

幾個月之後，我夢見我走進大學的一間教室裡，坐在教授的椅子上準備上課。然而，當我張開嘴巴，卻無法說話。反而是有一隻像大狼蛛般的黑蜘蛛從我嘴唇爬出來，爬過我的手臂，然後坐在我的手上，並沒有傷害到我。我再次張開嘴巴說話，但是仍然沒有發出聲音。於是，我只好把手伸進嘴裡，用我的手指將蜘蛛留下的一大團黏黏的白色蜘蛛網拉出來。當我終於把它全部清理乾淨之後，我站起來開始上課。

那些病灶並沒有消失，反而開始折磨我，甚至爲孩子大聲朗讀睡前故事都會很痛。我去請教新的醫生們。當我試著告訴他們我的直覺感受，我得到這樣的答覆：「親愛的，我行醫已經二十七年了，其中有十四年在海軍。請問你上的是哪家醫學院？」當然，他們已經看過我之前的病歷和切片檢查的結果是陰性的。所以，我再度被請回家，並沒有得到真正的診斷或治療。

熱唇霍麗漢《外科醫生》之夢

在這過後不久，我做了一個夢，在夢裡面，我正在接受電視影集《外科醫生》❶（我最喜歡的電視節目之一）裡的醫療人員幫我做檢查。在夢裡，在哈佛受訓過的溫徹斯特（Charles Emerson Winchester）醫生，以及護士長「熱唇」霍麗漢（Houlihan）少校，正在檢查我的嘴巴。他們特別跟我強調說：「你的舌頭有腫瘤，需要馬上拿出來！」

我的一位醫生最後終於同意幫我做非急需手術，他們動了手術之後，發現有一個兩毫米的鱗狀細胞癌埋在我的舌頭後部（而不是醫生之前做過切片的前面部位）。如果再多拖幾個月，這個癌症就會很容易轉移。我的夢是我的警鐘，是我內在的先知，它們救了我的命。

❶《外科醫生》英文名稱為：M.A.S.H.，原為一九七〇年代的美國電影，後又拍成電視影集。「熱唇」為護士長霍麗漢少校的暱稱。

凱特的解析

就像在卵巢癌那一章裡，揚基所做過的夢，帕里的多重夢也使用了蜘蛛作為象徵，蜘蛛跟螃蟹很類似，都是癌症的標誌。如果這是我的夢，我會將它定義為積極、重複、象徵的診斷夢。雖然並沒有重複出現一模一樣的夢境，但是訊息是重複的，而且用不同的方式傳達了很多次。穿白袍的醫生可能意味這個夢涉及到醫療問題。在她的夢裡失聲跟在清醒世界裡難以說話可能具有雙重性，指出了她對她的醫生感到無能為力，這可能反映出第五脈輪，也就是聲音脈輪的狀況。

帕里的夢以自己的夢語對自己說話，熱唇霍麗漢是一位活在男性《外科醫生》世界中非常強悍的女性，而溫徹斯特醫生則是影集裡最出色，但是也最難搞定的醫生。

伯克醫師的評論

帕里的夢以昆蟲和蜘蛛作為癌症的象徵，這與其他許多人的夢境相似，而在她的案例中，她還指出了嘴巴這個確切的位置。這些持續出現的訊息，包括夢中虛構的醫療專業人員，讓她不顧醫生的抗拒，堅持要追蹤診斷的結果。在〈乳癌夢境研究計畫〉中，穿白袍的醫生是在夢中最常見的訊息使者。能夠獲得這類的第二意見是很棒的事情。當最初的切片或影像檢查為陰性時，繼續遵循夢的指引也很重要。

子宮癌：醫學介紹

子宮癌是女性第四大常見癌症，由於肥胖的增加，導致它的發生率也在上升，肥胖是這個疾病的危險因子。其他的危險因子包括十二歲之前就月經來潮，五十五歲之後才停經，以及雌激素療法和家族病史。由於它開始於子宮內部，無法顯示在子宮頸抹片上，所以其他的徵兆，例如異常出血，就是很重要的警訊。

29 生孩子

安・查爾斯（Ann Charles）

伯克醫師：我的好朋友安・查爾斯是一位退休的磁振造影技師，她一生中曾做過很多指引夢。她也是生理回饋治療師、催眠治療師、能量治療師和技巧熟練的地毯編織高手。當她聽到我關於癌症夢的研究，以及即將在二〇一六年舉行的 TEDx 演講，她告訴我關於她最近夢到子宮癌診斷的經歷。

生孩子的夢

我做了一個生孩子的夢，但是這不太合理，因爲我已經停經了，所以這是不可能的。

我想這也許是一個產生創意構想的隱喻，因爲我是一位藝術家，總是會冒出一些新的靈感，有時會從夢中產生。然而，這也可能是子宮疾病的警訊，雖然我還沒有出現症狀。

藉由一個澄清夢回答疑問

作爲經驗豐富的夢者，我知道該怎麼做，並在接下來這天的晚上，請求做一個澄清夢。

墓地之夢

我得到我想要的，這是一個讓人非常不安的夢，我被帶到一個愛爾蘭的墓地，看到一塊被雛菊圍繞的墓碑。我聽到夢中的聲音說，如果我不依照上一個夢的指引採取行動，很快就要入土了。

我的婦科醫師指示做超音波檢查，結果呈現子宮內膜癌。不久之後，我進行了陰道子宮切除術，經由我的陰道切除了腫瘤，這象徵性地反映了我第一個夢的生產過程。要感謝夢給我的指引，我才能夠完全康復，不再有癌症。

凱特的解析

安的故事引起了我有如自序中所討論的顱內高潮。我同意伯克醫師的觀點，即夢愈離奇，所傳達的訊息愈強烈，而要求澄清通常是獲得明確答案的最好方法。如果這是我的夢，我會將其定義為既是直白的，也是象徵的診斷夢。她的夢的有趣之處在於，夢以兩種不同的方式向夢者傳達了同樣的訊息。第一個夢是象徵性的。當安沒有弄懂，第二個夢就變得直接了當，透過一個聲音提出警告：「快要入土了」。令人驚訝的是，有多少夢者被夢所困擾，直到他們理解了夢所傳達的訊息。我可能也會將生孩子的夢看作是健康新生活的誕生。

伯克醫師的評論

就像艾莎．烏瑪的情況一樣，安的故事再次提醒了我們所面臨的困境，要將一個隱喻的夢與真正關乎身體疾病的夢區分出來是很困難的。第一個夢透過分娩間接指出了身體的位置，但並沒有指出癌症或重病的跡象。幸運的是，對澄清夢的請求，以戲劇化的方式實現了。這是一個警世故事，告訴我們不要只因為夢呈現的方式令人困惑，就忽略了夢的指引。事實上，通常看起來最離奇的夢，都包含著最重要的訊息，它們以不尋常的呈現方式來引起我們的注意。當你在早晨醒來，對一個夢感到困惑不解時，請記得在這天晚上請求做一個澄清夢，這是一種需要培養的有用才能。

第四部

發展自己的做夢技巧

30 記住夢的方法

凱瑟琳・奧基夫・卡納沃斯

「一個未經解析的夢，就像一封未曾閱讀的信。」

——猶太經典《塔木德》（*The Talmud*）

你見過你內在的醫生了嗎？在今晚入睡之前，請設定意圖，去跟你生命中很重要的一部分相見。就如在第二部第十四章所描述的，我內在的醫生在夢中向我介紹她是朱爾斯醫師（Dr. Jules或雙關語 Dr. Jewels／珠寶，因為她真的是珠寶），她在我的癌症被發現前五年，就向我傳達了我有三個癌症的訊息，並且以三隻螃蟹顯示出來，因而救了我一命。

在夢中發現被醫療人員以及他們所倚賴的檢測錯過三次的癌症，就像連中三次彩券那樣幸運。但是好運與此無關；它是神的介入。

錯誤會發生。科學只能走這麼遠，然後更高的力量出現了，通常是在夢中。不過，我內在的醫生朱爾斯和三隻螃蟹的夢，五年之內都沒有應驗。藉由我的夢境日記，我才得以回溯並研究我的夢，找到了更多的驗證與結果。

身爲 **R.A. Boch** 癌症熱線的電話輔導員，我發現我的故事不尋常，但並非唯一。許多女士告訴我，她們曾經夢見自己罹患癌症，但是並沒有認眞看待這件事。讓我的故事與眾不同的是，我相信並且遵循了自己的夢。在疾病發展的過程中，幾乎總會出現邏輯、理性和醫學專業知識失靈的一刻。而通常是在這一刻，病人會輕忽大意，往往永遠無法復原①。我們的內在擁有追求幸福的一切答案，夢是獲得解答的關鍵。

自從洞穴居民在牆壁上畫畫以來，夢就一直存在。《塔木德》（西元五十六年）說，一個未經解析的夢，就像一封未曾閱讀的信。請將你的夢想像成來自內在嚮導的情書。我們可能沒有意識到我們有多麼愛自己，直到夢救了我們一命。

你是否曾在睡了一整夜之後醒來感到筋疲力竭，懷疑自己爲什麼像是剛跑了一場馬拉松？你可能正在進行夢工作，這其中包含了針對你日常關注和渴望的指引和解答。我們的夢是一個「安全區」，在這裡我們可以想出辦法面對日常的挑戰，而且不會因爲不文明的舉止被批判或逮

① Boodman, S. Doctors' diagnostic errors are often not mentioned but can take a serious toll. Kaiser Health News, May 6, 2013.

捕②。我們可以在夢裡行爲不端，在工作壓力很大的環境中發洩怒氣，這都無妨。我們不會被開除、逮捕，或關進監獄，或即使在夢中果眞如此，只要我們一醒來，就可以脫身了。

當你醒來，請你問自己，「我得知了什麼？」爲了明白、落實、受益於夢中的訊息，記住你的夢至關重要③。

關於夢工作，我們許多人面對的最大挑戰之一，就是留住我們的夢中訊息。如果我們的夢過於模糊無法記住，不管我們有多少解夢字典，或是我們保留了多少夢境日記都不重要。我們必須學會記住，不要忘記。在按下鬧鐘之後，還能留住我們的夢，是一種需要學習的技能。

想像你的心彎曲似手指，隨著他們輕撫你蝴蝶般的夢，在它們飛走之前。請利用本章提供的夢境練習，鍛鍊你的心智肌肉。記住：用進廢退。

本章介紹了簡單、可靠的方法來記住夢境，這些是我在進行乳癌手術、化療、放射治療時使用的方法，它們能幫助你接收並回想起救命的訊息。如果你有挑戰或擔憂，請先「睡上一覺」（sleep on it❶），以找到解決方法。

SO DREAM 夢境記憶法

我利用了七個英文字的字首縮寫成 SO DREAM，來提醒我回想夢境與訊息的七個必要步驟。具體如下：

S = SET YOUR INTENTION（設定你的意圖）這是夢的吸引力法則。設定某個意圖是吸引和展現訊息的第一步。只需要一個簡單的請求即可。我希望在今晚的夢中見到我內在的醫生，或是獲得解決（請填上空白）的辦法。或也可以簡單地像是，我希望可以記住自己的夢。

將你的意圖寫在一張紙上，然後放在枕頭下面「睡上一覺」（sleep on it），這個雙關語，具有很深刻的含意。透過這麼做，通過你的眼睛（被視爲通往靈魂之窗），也是在向你的內在展現你意圖做什麼：將一個夢從抽象的第五度空間帶到生活中具體的三度空間，將它轉換成包含訊息的文字。

O = ORGANIZE（安排）在睡前把自己安排妥當，以便醒來時記錄下自己的夢。將你的夢境日記、筆、錄音設備（還有手電筒，如果有必要）放在床邊。如果夢把你喚醒，那可能是在告訴你，在你忘記之前，趕快把相關的訊息寫下來或記錄下來。這經常發生在多個夢中。如果你得起床去到處找鉛筆，你會忘了你的夢。

---

② Dreams. (n.d.). 發表於 International Association for the Study of Dreams. 取自六月三十日，二〇一五年，源自 http://www.asdreams.org/aboutdreams/

③ Graduate Studies in Dreams and Dreaming. (n.d.). 發表於 International Association for the Study of Dreams.

❶ sleep on it 為美國習慣用語，意指：再想想、多考慮一下、明天再說。此處用法為雙關語用法。

D = DREAM（做夢）做夢以達成你的意圖。研究顯示，所有的生物都會做夢，包括你，因爲你在子宮裡，只有七個月大的時候就開始做夢了[4]。做夢是訓練大腦記住夢境的第一步。

R = REMAIN（保持）當你第一次醒來的時候，請保持同樣的睡姿，來記住和記錄你所做的夢。到處走動可能會讓你的夢如早晨的陰影般消失。稍後，以此步驟再度進入做夢狀態，追憶更多的訊息。關於這個主題的更多訊息將在下一章提供。

E = EMOTION（情緒）情緒是指夢中的某些部分或片段會引發你的情緒——它們會被牢記在你的心中，並且引發身體的反應，例如呼吸急促、冒冷汗、流淚或心臟怦怦跳。

A = ADD（增添）增添你對夢的記憶，可以詢問自己，「我看到了什麼顏色、聲音、字詞、人、動物、標誌和象徵？我聽到了什麼名字和句子？」它們可能是訊息中很重要的部分，可以達成你的意圖。如果在白天回想起更多夢境，把它記在紙上，或是記錄在手機裡，然後添加到你的夢境日記中。這可以幫助你追蹤夢境，持續追蹤夢境、訊息和意象，看看它們是否應驗了。

M = MEANING（意義）殘留的一小部分夢境，或稱爲吉光片羽，對你有什麼意義？夢跟夢者一樣獨特。夢中對你很重要的事情，對其他人來說可能不重要，因爲它不會引起同樣的情緒。照片、形狀、生物、顏色、缺乏顏色、人和句子，都屬於你個人獨特的夢語。這是我們跟自己溝通的許多方式之一。

將 SO DREAM 這幾個字首的訊息放在一起，開始追蹤夢境，並且發展你的夢語。如果這個夢仍然讓人困惑，在接下來的夜晚，請求做一個澄清夢，就像書中的一些夢者一樣。

最後，幫你的夢下一個標題，即使是「沒有名字的夢」也好，這樣一來，如果白天想起它的一部分內容，你就會知道要將它添加到日記中的哪個地方。

我們的夢經常用雙關語來跟我們說話。例如在夢裡面「洗手」（Washing your hands ❷）的情況，或「到處亂踢東西」（kicking something around ❸）都是例子，它們會讓人聯想到某種解決方案或擺脫問題的方法，是克服挑戰的一種方式。

所以，今晚，帶著你的意圖入夢，並請記住不要忘記你的夢。

你的夢是一種不可思議的工具，透過療癒的訊息，它們可以幫助你克服或度過任何疾病或危機，讓你的生活更健康、圓滿。訣竅是要記住它們，這樣你就可以將它們跟其他類可能傳遞訊息的夢境區分出來。如果有必要，你可以重新入夢以獲得更多訊息，如下一章所述。

④ American Institute of Physics. Baby's first dreams: Sleep cycles of the fetus. ScienceDaily. April 14, 2009. www.sciencedaily.com/releases/2009/04/090413185734.htm.

❷ Washing your hands 為洗手不幹的雙關語。

❸ kicking something around 意指找人商量。

31 重新進入夢中追憶訊息

凱瑟琳．奧基夫．卡納沃斯

「生活是艱困的，擁抱你的魔法吧。」

你是否曾經在醒來之後這樣想，「我的夢還沒有做完，而且想重新回到夢中。或是我需要從夢中記住哪些訊息？」這可能是你重新進入夢中的大好機會。創造或改變夢的結局可能具有治療效果，並且改變你的人生。

以下這個夢雖然是在夢者完全知情的情況下，在我的現場節目說出來並記錄下來的，而且這位夢者後來也成爲我的個案，但爲了尊重這位打電話到我廣播節目的夢者對隱私的要求，以下這個夢裡相關的名字都經過修改。

琳達感到心煩意亂，因爲她一直重複做著一個夢魘，讓她在半夜驚醒。這很嚴重，因爲它已經影響了她生活的各個層面，包括健康。

叩，叩，誰在那裡？之夢

琳達正在做夢，夢中有人敲門。（敲門是她的信號，表示夢境轉變了，而且是清醒又重複出現的夢。）她意識到自己又再一次坐在客廳的沙發上，和丈夫一起看電視。因爲從房間傳來的敲門聲持續不斷，她的丈夫起身去應門。

琳達大喊：「不要開門！」

但是她的丈夫無論如何都要穿過黑暗的客廳去把門打開。

站在門檻另一側的是她已故的父親，他走進房間說：「琳達，我愛你。」

琳達父親的話使她從夢中驚醒，讓她難過了一整天，因爲她父親在世的時候，她和父親的關係糟透了。

「他很刻薄，搞得我生活很悲慘。他活著的時候從沒跟我說過他愛我。連一次都沒有！爲什麼現在他要一直來到我夢裡跟我說他愛我？我受不了他，我再也受不了了，而且我害怕入睡。我失業了，因爲我筋疲力竭而錯過了很多工作，我身體不適，而且婚姻岌岌可危，因爲我總是心情低落。我該怎麼做才能讓我父親離我遠一點？爲什麼過了這麼多年，他現在要出現？我恨他！」

「好吧，琳達，」我說：「也許你心裡的小女孩仍然愛著爸爸，否則你不會因爲他的這句

『我愛你』而感到難受。你到底有多希望停止這些夢？」

「我願意做任何事！」她說。

「好的。請你在每天晚上睡覺前設定這個意圖，如果你做了這個夢魘，必須等到你改變了夢的結局，並且解決了這個問題，你才會醒過來。下次當你做這個夢的時候，讓自己盡量待在夢裡。如果你從夢中醒來，請保持同樣的睡姿、呼吸，然後再次滑入夢境。當你聽到敲門聲，你要起身應門。當你的爸爸說：『琳達，我愛你。』你要告訴他，你也愛他。」

「但是我不愛他。我受不了他。我做不到！」

「你有多想停止這些夢魘？」

停頓了許久之後，琳達說：「好吧。」

兩個星期過去了，我還沒有收到琳達的消息。她的沉默令人擔憂。她還沒有夢見那些重複出現的夢魘嗎？或是她夢到了，而且氣炸了？

幾乎恰好在這時，電話響了。是琳達打來的，她滔滔不絕地說個不停。

「你永遠不會相信，我們談話後的那天晚上發生了什麼事。我在入睡前設定了我的意圖。」

在我的夢中，我聽到敲門聲，我差點跑出了我的夢境，但是我告訴自己要留下來，而且我做到了。當我的丈夫起身，我告訴他讓我來應門。我穿過黑暗的客廳去開門的時候，必須非常專注不讓自己醒來。

我的父親站在那兒。他看著我說：「琳達，我愛你。」

凱特，我不知道我是怎麼了，但是我摟著他的脖子說：「爸爸，我也愛你。」

而當我抱著他的時候，他消失不見了。

「自從那之後，我再也沒有看見或聽見他。這是兩個星期之前的事了。我第一次隔這麼久沒有做這個夢。發生了什麼事？」

「是這樣的。首先你剛在言詞上把你的夢魘轉變成你和你父親的療癒夢。你重新進入你的夢中，改變了夢的結局，而這也改變了你的人生。世上沒有人可以像父母一樣給我們挑戰，不論他們在世或過世。如果問題殺不死我們，就會使我們更強大。當我們家人過世時，他們便有機會看到他們如何影響了親人的生活。這是他們在彼岸的學習經驗。

「許可原則（The Rule of Permission）在彼岸是強大的且受到高度的尊重。如果你的父親沒有得到他更高力量的授權，他就沒有辦法爲虐待你的事情來贖罪。他敲了門（請求許可）。你的丈夫，我曾經聽你稱呼他爲『更好的另一半』，爲你去應門。但是面對父親（雙關語）是你必須做的事情。

「當你打開家門，你重新點燃了你和父親的心靈聯繫。有時候，行動勝過言語，你所需要的只是愛，因爲愛是你可以隨身攜帶的東西。愛超越了時間、空間和死亡。你帶著療癒的意圖重新入夢，並且改變了夢的結局，這讓你解決了這個問題。」

琳達說她醒來之後感覺很美好。一個簡單的愛的擁抱，將清晰的夢魘，轉變成從此改變她一生的療癒夢。

凱特的解析

如果這是我的夢，我會把它稱為清明的、象徵的和直白的療癒夢。在夢中，家是你的身體，客廳是你所在的地方。這是一種雙關語，敲門通常是在國度之間請求許可。我愛你這幾個字擁有難以置信的力量，因為它們可以療癒破碎的心。琳達這一生從未被告知她是被愛的，她一直懷著這樣的憤怒，直到命運的敲門聲響起，這讓她恍然大悟：「是的，你是被愛的，而且你最好知道這點，晚點知道總比永遠不知道好。」但是，最重要的是，琳達學會重新進入她的清明夢，以呈現出不同的正面結局。

我們做夢的原因很多，以下是三個重要的理由。

1. 放鬆和娛樂。
2. 解決問題。
3. 接收刻意提出的問題的答案。

重新入夢的好處

你有多了解你夢中的內在嚮導或指導靈？我和塔盧拉·里昂（Tallulah Lyons）一直保持著聯繫。我們結合了我們個人的經驗，並在國際夢研究學會二〇一四年超心理學夢境研討會專題討論上，分享了〈和他人一起做夢〉（Dreaming with the Other）這個主題，作爲二十四場演講之一。

這個線上討論會的目的，在於探索和分享關於夢、指導靈，以及和他人一起做夢的最先進研究和資訊。這些資訊隨後也與醫療人員、醫學生、神祕主義者、玄學家，以及全世界的夢者共享。我們協助夢團體成員整合他們的療癒夢境意象。

對於任何想要戰勝癌症的人來說，最有效的方法之一，就是透過整合療法，這包括夢境治療或癌症中心提供的夢團體。引導式心像法、正念冥想、瑜伽、太極、表達藝術和音樂，這些都是一種基於意識的冥想狀態。透過自我引導的意象，進行再度入夢的冥想練習，這對於尋找指引的夢者很有幫助。

夢魘可能是僞裝過的祝福，也是一種行動的召喚。讓我們感到恐懼，而且在半夜中把我們喚醒的夢，通常包含了重要的訊息。擾亂我們的睡眠是爲了告訴我們不要忘記，對於我們清醒的生活來說，夢境裡的什麼是重要的。不幸的是，突然清醒會使我們感到困惑，並且忘記了那個夢。

爲了以下這些目的，我們鼓勵夢者進入或重新進入某個夢，或某個夢魘：

1. 讓他們的關係持續下去，這樣夢中的問題就可以轉變。
2. 讓夢者可以避開理性思考和字面上的解析。
3. 將夢者帶入意識和潛意識之間的安全空間。
4. 讓夢者沉浸在一場感情之旅中，並且促使夢者直接面對夢中需要轉變的元素。

冥想也是一種清明的白日夢。透過這種方式可以讓人在肉體上產生改變，同時也讓大腦和心靈產生轉變。

重新入夢的步驟

爲什麼你要重新進入一個不好的夢或夢魘之中？我們不是都寧可忘記不愉快的夢嗎？重新入夢的一個重要原因，是爲了讓你夢中的關係以正向的方式成長與發展。就如我們在琳達的夢魘中看到的，夢魘可能是僞裝過的祝福，也是一種行動的召喚。這在之前的〈重新入夢的好處〉也提到過。

關於如何重新進入夢以澄清、接觸和回想遺忘的訊息，以下是我和塔盧拉採取的步驟。如果突然從夢中醒來，請重新調整到同樣的睡姿，然後：

1. 隨著呼吸進入深度的放鬆狀態。
2. 進入一個想像中的療癒聖殿。
3. 邀請你的內在嚮導。
4. 從一個以支持和引導爲基礎的新角度重新入夢，並且讓夢中的元素隨意移動和轉變。
5. 讓新的見解、觀點和互動得以呈現。
6. 把任何轉換過的意象都想像成是療癒能量。
7. 想像將療癒能量傳送到身心靈任何需要特別調整的部分。

夢境日記是研究個人夢中困境和訊息的絕佳來源。夢境追蹤可以記錄可能反覆出現或重要的夢。你可以凸顯問題或夢中的事件，然後重新入夢，以研究答案。

並非所有的夢都充滿了會改變人生而必須記住的訊息。然而，當你身處危機之中，或你的計畫可能會犯下一生的錯誤時，我所謂的「ET❶（Eternal Teacher，永恆的老師）會打電話回家」請求協助。夢是通往彼岸的電話線。

指導靈會傳送訊息，通常是以話語的方式讓人聽到，透過這些夢，不僅可以診斷病情，而且可以診斷和指引你在生活的各個層面，朝向一個更有創造性的關係發展。

重新入夢是跟自我，以及跟你的指導靈對話的絕佳方式。

❶ET 原是 Extra-Terrestrial 外星人縮寫。「E.T. Phone Home」是一九八二年美國科幻電影《ET 外星人》中的經典台詞，作者在此處將 ET 指為 Eternal Teacher，是一種雙關語用法。

第五部

其他非癌症疾病的
眞實夢境

「夢可能包含無法逃避的真理、哲學上的宣言、
幻覺、狂野的幻想、記憶、計畫、期望、非理性的經驗、
甚至心電感應的影像，
除此之外，還有哪些東西，恐怕只有天曉得。」

——榮格，《榮格全集．第八卷．三一七節》

歡迎來到這些人的夢境故事中，

這些夢影響了這群人的生命，

他們並不是伯克醫師〈乳癌夢境研究計畫〉的一部分，

但是跟這個計畫中的個案一樣，

他們也從他們的預知、療癒、診斷和清明夢中，救回了自己一命。

下面這些平常人的夢境故事，都是非常神奇的例子，

展現了我們如何與天地萬物合一，

以及通過神聖的夢境之門，獲得宇宙的指引。

32 騎單車受傷的預警夢

賴瑞．伯克，醫學博士、能量心理學專業認證

二〇一五年十二月初，我六十歲生日的一星期之後，做了一個令人不安的清晨夢。

我正開著一輛不安全的汽車，這時坐在乘客座位的女士說，有人預言她今天將會有瀕死經驗。聽到她的警告，我格外小心地開過施工現場，但在接下來的場景，我竟然受傷躺在醫院的病床上，以爲自己中風了，因爲我整個左半邊都受損了。神經科醫師走進來，問我是否有任何實際的神經症狀。我動了動手臂和腿，然後說沒有。於是他跟我說，我不會有事的，可以馬上回家。

我醒來後，發現這個夢很讓人擔心，但因爲不想面對這個夢，我沒有告訴我的妻子達格瑪，這對我來說是不尋常的，因爲我們經常會在早晨分享夢境。

我們在攝氏三點八度的天氣下，在早餐前出門騎單車，準備繞行道路三圈，來測試我們全新的冬季保暖騎行裝備。由於夢境的警告，加上寒冷的天氣狀況，我決定非常小心騎車，以防寒冷

夜晚結凍的任何薄冰。然而，我們沒有冬天的防寒手套，只戴著夏天露出手指頭的手套，所以我的手指頭冷得要命。小心翼翼地騎了兩圈之後，我靈機一動，將右手放在口袋裡保暖。

在第三圈的第一個山坡下行時，我察覺自己騎得太快，於是緊抓左把手的前剎車，卻沒有抓緊右手的後剎車，有經驗的單車騎士都知道不能夠這樣做。前輪突然鎖住了。我飛過了左邊的車把，撞上正在維修的柏油路面。

我左肩、左肘、左臀著地，然後向右反彈回來，沒有骨折，只有一些嚴重的瘀青。我記得那個夢裡的神經科醫師說我會沒事，所以我回到單車上，騎完最後一圈回家。服用了多次順勢療法藥劑山金車之後，在一兩個星期之內就平安無事地康復了。

凱特的解析

如果這是我的夢，我會把它交給賴瑞分析，因為他非常擅長挖掘隱藏在夢中的微妙珍貴訊息。這是個預知夢，因為它顯示了未來的某個問題或事件。汽車可以被視為是他的身體，汽車中的女人也許可以視為讓他保持平衡的內在女性，或是他的妻子。夢中的施工現場，可能是他清醒世界需要小心的地方，是即將發生意外的地點。賴瑞的內在醫生可能是那位告訴他訊息的神經科醫生，這位醫生告訴賴瑞他平安無事，可以回家了。

伯克醫師的評論

我非常驚訝這個夢可以在四個小時之前就如此神準地預料到我左側將會受傷，而且會逃過重創，但對這個夢的意義仍然感到困惑。作為預警夢，它似乎是無效的，因為它幾乎像是自我實現的預言，儘管我努力注意騎車的安全。經過進一步的反思，我突然領悟，將連結我左腦的右手放進口袋裡，使得我的理性思考脫線了。然後連結到我右腦的左手，造成了這個意外——這並非我期待的直覺智慧，因為它通常具有保護功能。

我不知道這次經驗的教訓是什麼，不過我意識到這跟復原力有關。我剛滿六十歲，能夠倖免於單車意外，只有幾處瘀傷，沒有因為臀部骨折或甚至更糟的狀況，而落到被送進手術室的下場。事實證明，這個訊息來得正是時候。

幾個月之後，二〇一六年三月，我向 TEDx talk 提出「可以挽救生命的癌症預警夢」的演講申請獲准了，這需要好幾個星期緊鑼密鼓的準備，但是我正因為處理母親和姊姊的乳癌復發而感到心力交瘁。幸運的是，我感到自己復原力十足，可以順利地熬過那幾個月，並且發表了演講，諷刺的是，這個演講後來受到ＴＥＤ的審查刪除❶，因為它太超乎他們傳統的科學準則。

❶在 YouTube 以 Cancer Warning Dreams that Can Save Your Life 搜尋，仍可以找到這部影片。

33

誰的骨頭碎了？

派翠西亞・羅絲・烏札克（Patricia Rose Upczak）

在我的一生中，曾經做過許多生動逼眞、多采多姿的夢。小時候，我以爲每個人的經歷都跟我一樣。

上小學二年級的時候，一位修女無意中聽到我告訴某位朋友我前一天晚上做了一個彩色繽紛的夢。她斥責我在說謊。她在全班同學面前說：「人不會做彩色的夢。」

直到今天，我仍然記得當時我有多麼困惑與憤怒。「不過，我就是會！」我意志堅定地說。「而且，我沒有說謊。我的夢一直是彩色的。」

修女爲了想讓全班同學知道我是錯的，所以她要求曾經做過彩色夢的人舉手。讓她大吃一驚，也讓我鬆了一口氣的是，有一些同學舉手。

除了彩色的夢，我還做過許多所謂的預知夢，這些夢可以顯示未來，並且會應驗。其中有些很容易理解，有些帶有象徵性，有些則直到事情發生之後我才恍然大悟。

二十多年前，在一個秋天的早晨，就在我剛要醒來之際，我做了一個生動的夢。這個夢試圖保護我免於巨大的痛苦和不適。

第一個畫面是一大張寶藍色X光片，顯現出一名女子的肩膀。下一個畫面是我的好朋友桃樂絲出現在夢中的背景裡。所以當我醒來，我決定當天稍晚必須打電話給桃樂絲，警告她可能會跌倒，或是肩膀可能會出事。

我打電話給桃樂絲，告訴她我的夢，以及她也在這個夢裡。我聰明的推論是，桃樂絲或她的成年女兒之一，或是某位好朋友可能會摔傷肩膀。我提醒她小心一點，然後繼續過我忙碌的生活。

六個星期之後，我被我的黑色拉不拉多獵犬絆倒，肩膀撞上樓梯附近的木頭尖角。

第二天早上，我痛得不得了，於是去看了醫生。那個夢一直讓我感到困惑，直到醫生拿出了X光片。這張照片就跟我夢裡的手臂骨折一模一樣。我把肱骨的球窩關節摔傷了。多年來，我一直無法理解我爲什麼會做一個自己無法領會的夢，而且這個夢也沒有幫助我免於肩膀骨折。

不過，最近所有的線索全部都拼湊在一起了，而且因爲那些完全逃過我注意的部分，我眞的很驚訝。

我的朋友桃樂絲在幾年前過世，她在生前是一位舉世聞名的靈視者。我在一九八四年第一次遇見她時，她曾經告訴我，我的靈魂本質是寶藍色的。她從來沒有告訴我這眞正的含意是什麼，我們在這之後也沒有眞正討論過它。這只是她當時對我的一部分解讀。不過，就在最近，我找到了那張紙，上面有我寫著桃樂絲對我的解讀筆記，我盯著那一行有關於我的靈魂本質是寶藍色的字一直看。解開這個夢境謎題的線索開始完整起來。

我夢中的X光片是一種明亮的寶藍色，而我知道這表示有個女人即將受傷。桃樂絲出現在夢中的背景是有象徵意義的。看到她應該可以引導我得出這個結論，這張X光片是我的，因爲它的顏色透露出線索。我完全錯過的線索是，桃樂絲曾經告訴過我，關於我的寶藍色靈魂。這張寶藍色的X光片就是其中的連結，我眞的萬萬沒有想到。

多年來，我做過許多充滿象徵的夢，這些象徵都可以被解讀和了解。我曾與神奇的丹妮絲・琳恩（Denise Linn）一起合作研究夢，而且自以爲很擅長推敲出象徵的含意。所以這個夢眞的一直讓我感到著迷和挫折，因爲我老是想不通爲什麼我會做這個夢，如果它不能清楚地告訴我，這是我的肩膀。顯然，這個夢已經傳遞了正確的訊息；只是我自己沒弄懂，直到現在才恍然大悟。好吧，遲到總比沒來好。

凱特的解析

如果這是我的夢，我會將它定義為應驗的預警預知夢，因為它顯示了未來的狀況。派翠西亞在夢中看到了骨折的X光片，並且在骨折後也看到了同樣的X光片。這個夢使用了象徵手法，這造成了夢者在解析上的錯亂。

藍色是派翠西亞靈魂的顏色，也是第六脈輪的顏色，第六脈輪也稱為第三隻眼或內在直覺脈輪。也許她的直覺也在跟她說話，使得這個夢具備了跟藍色有關的雙重性。

伯克醫師的評論

這個夢凸顯了一個挑戰，即如何確定夢是在警告跟你個人有關的事物，或者你夢到的是另一個人的問題。就像安在第二十九章所做的那樣，請求做一個澄清夢，也許在這種不確定的情況下是有幫助的。此外，儘管事前出現有說服力的警告，但關於受傷的預知夢還是應驗了，出現這種情形的時候，會讓人產生疑問，未來是否真的可以透過採取不同的行動而被改變？如果不是，夢者至少可以做更好的準備來面對受傷的結果，雖然對於無法預防受傷還是會感到沮喪。

34 第二型糖尿病致命的甜蜜夢

瑪麗亞・瑪絲（Maria Mars）

二〇一四年，我被診斷出患有第二型糖尿病。在確診前的那一年裡，我做了一系列的夢，這些夢從表面上解釋，指出了我體內發生血糖控制失衡的過程。這個疾病愈來愈明顯，而在同時，我的生活幾乎在各個層面也都經歷著重大的改變與失落，包括我的事業、人際關係、財務狀況，身分認同等等。特別是在回顧這些夢的時候，現在可以很明顯地看到，它們不僅要我意識到生活中情緒和心靈方面的問題，也要我注意身體上的問題。

在診斷出來前，我已經開始出現消化的問題（這可能跟糖尿病有關，也可能無關）。一旦開始用藥物治療，這些問題持續變得更嚴重。雖然我沒有在下面提到，不過我曾經做過無數次關於廁所功能故障的夢。

二〇一三年一月二十四日：夢中的醫生

一位現代醫學的白人男性醫師向我走來，跟我討論某些病人的狀況與診斷。他正在尋找疾病以及它們象徵關係的訊息。

說明：這似乎是第一個指出我可能患了某種身體疾病的夢，而且這個病與情緒/心靈有關。隨著我反覆從夢中與醫生的談話醒來，這個夢的思路貫穿了整晚。接下來的兩個夢，是我當晚記得並記錄下來的五個夢之中的兩個。其中兩個似乎與正在出現的身體狀況有關。

血液夢

我在工作的地方正設法把一張圖片投影到螢幕上。這張圖片是紅色的液體，它是被稀釋過的血液，所以可以暢行無阻地流動。

說明：這個夢似乎呈現出某種症狀正在進行治療的情況。第二型糖尿病病人，以及可能已經確診或還沒有確診的人，經常都會經歷這種被稱爲：高血糖高滲透壓症候群（hyperglycemic hyperosmolar syndrome）的症狀。它通常被描述爲「血濁」，是由血糖濃度嚴重升高而引起的。這個夢表明這個症狀可能是可處理或可控制的，因爲血液被「稀釋」了。

波士頓奶油夢

我在工作場所的員工休息室。有人供應了一盒波士頓奶油甜甜圈。有一位同事決定要把它們全部打包回家，並且把這些甜甜圈全部裝入一個可密封的塑膠袋。我認爲讓她一個人獨享很不公平，所以我拿走那個袋子，並且把它藏起來。

說明：這個夢既指出了糖尿病，也指出了對享受生命甘甜的渴望，但在當時無法這樣做，於是把甜蜜藏了起來。我很忌妒其他那些可以擁抱喜悅／甜蜜，並且覺得自己值得擁有的人。

二〇一三年二月十日：派對拼盤夢

我站在大廳裡，裡面擺了許多長桌子。一場派對正在進行，許多人在到處閒晃。餐桌上擺好了餐具，籃子裡也裝滿了各式甜點——糕點、餅乾、蛋糕、糖果。我拿起一個大淺盤，放上每一種點心，然後四處走動，爲參加派對的人服務，並提供甜點。他們可以從「全部的」甜點中任意挑選。我第二次在房間裡四處走動，這次甜點的供應較不充足，數量變少，甜點的選擇也變少。我感到慌張。當人們離開桌子時，我走了幾步到舞台上，然後進入門後黑暗的房間裡。

說明：看來我正在參加派對，但是無法與其他人一起同樂。我扮演起爲房間裡的其他人提供甜點（喜悅、幸福）的角色。我自己並沒有在享用甜食，但是當我無法提供其他人更多甜蜜時，我便退縮躲藏起來。再一次，這之中存在著身體狀況和情緒/心靈狀況的類比。在我生命的那個階段，我並沒有爲自己的生活提供甜蜜/喜悅，而是讓別人定義我的幸福。當我在他們之中不再甜蜜時，我便退出了這種關係。

二〇一三年二月十八日：蜜糖蘋果夢

一些女性朋友來串門子聊天。我在廚房櫥櫃裡翻找零食，結果發現裡面藏了一堆調味過的米果。我把它們放進碗裡，它們變成了糖果。然後我在櫥櫃裡發現了綠色的小蘋果，當我正準備把它們拿出來時，我注意到它們現在裹了一層厚厚的紅色糖漿。我的一位朋友咬了一口蜜糖蘋果，對它的甜味讚不絕口。我試著把蘋果上的糖漿洗掉，但是蘋果皮已經被糖漿染成紅色，而且嚐起來比它們原來酸酸的味道甜了許多。我無法將它們回復到原本的狀態。

說明：食物直接變成了精緻的糖。它們對我來說太甜了，所以我的味覺拒絕了它們，儘管我的女性朋友們可以盡情享用這些糖。

夢境片段

從這段期間到二〇一四年八月三十日，我經歷了無數的夢境片段。它們似乎都在呈現兩種食物之間的選擇，例如牛奶代替麵粉，草莓代替小麥，青香蕉代替過熟香蕉，半糖的甜點麵包代替毫無禁忌的甜點大餐等等。

二〇一四年八月三十日：玉米骷髏夢

我站在玉米田的邊緣，看著一排排金黃色的玉米莖。當我站在那兒，這些莖開始枯萎。然後，這些莖開始變成黑色的骷髏。

說明：跟玉米最初聯想在一起的是高果糖玉米糖漿（high-fructose corn syrup，簡稱HFCS），這是許多加工食品會偷偷添加進去的甜味劑之一。高果糖玉米糖漿可能與糖尿病有關。這個夢似乎是在警告我遠離玉米產品，尤其是含有高果糖玉米糖漿的東西。過了一年半以後，我又注意到夢中快速枯萎的玉米莖與化學藥劑「嘉磷塞」（glyphosate）的關聯，它是除草劑「年年春」（Roundup）裡的一種成分。爲了提高產量與增加利潤，農民傾向將這種農藥作爲脫水劑或乾燥劑。嘉磷塞與腸道菌叢失衡、發炎、大腸激躁症等等有關，這些以前都被歸咎於麩質不耐症。

當這些夢被記錄下來的時候，我並不是從表面上的角度來解析它們，而是問我自己：「這可能發生在現實生活中嗎？」正如我後來與羅伯特．莫斯在一堂積極做夢的課程中學到的那樣。我是在確診之後，回顧了我的夢境，我才很清楚地看到，夢中的使者試圖從多元的角度提醒我哪些事情。

凱特的解析

如果這是我的夢，我會把它定義為指引和診斷的結合，它們同時也是積極的、直白的，以及象徵的夢。那名男醫師扮演的是內在醫生的角色，當他跟瑪麗亞交談，並且詢問問題時，他們的互動變得直接而積極。她的夢也具有象徵性，例如看到的紅色血液，這可以被解釋為原始而強大的生命力。紅色是一種強大的顏色，血液是一種生命力。觀看自己在螢幕上的生命，也許可以被視為是從內而外觀看自己。關於瑪麗亞的派對拼盤夢，我想要補充一點想法，在夢裡，她無法為內在的自我提供甜點，這讓她很難過，因為人生的樂趣之一就是甜蜜的聚會。瑪麗亞很了解她是如何在引導下，一步步得出她健康面臨危機的結論。

伯克醫師的評論

有趣的是，她在第一個夢中提到白人男性醫生對疾病的象徵意義感興趣，因為這準確地描述了我和我在輔導個案和寫作中對探索疾病隱喻和治療的熱情。我很好奇的是，這是否會是預知夢，預言了她將會為這本書貢獻這一章的內容。我會教導正在接受糖尿病治療的輔導個案去質問自己，為什麼不想辦法讓他們的生活變得更加甜蜜，而不是他們的血液。她的夢似乎也為她上了這一課。

在傳統中醫的五行元素理論中，糖尿病也可以被視為是土元素的嚴重失衡。它會影響到脾臟和胰臟的能量流動。土元素的挑戰是，要學會如何在照顧他人的同時，也照顧好自己，就如同她其中的一個夢所強調的那樣。中醫認為糖對脾臟有害，但不幸的是，甜食是我們文化中表達情感和慶祝常用的方式。每逢假日，食品工業就會大肆利用這個傳統，這也難怪糖會被認為是幸福的替代品，儘管它對我們的健康有害。

35 警告！不要有性行爲

亞典娜．柯林斯基（Athena Kolinski）

爲了保護自己和別人，在性伴侶和性伴侶之間，我一向都會去做檢查。不過，這是我長久以來第一次，沒有遵循自己的約定。

當我遇到這位「新歡」，進展如此快速，以致於我還來不及做那檔事——你知道的，做檢查或自我保護措施。就跟所有新的性關係一樣，興奮和新鮮感讓我們變得情慾旺盛。在遇到他兩星期之後，我做了這個夢。

警告！不要有性行為

我夢到我上一任的長期戀人，大約六個月以前，我就沒有再跟他見面了。我想要再次跟他溫存，但是後來我想起來，我已經有了新戀人。在某個時候，有人告訴我：「你體內有一些東西。不論你做什麼，在你做過檢查之前，都不要和新的伴侶發生性行爲。」

我從夢中醒來，嚇壞了。我想這個訊息說得夠直白了。然而，我絕對沒有任何健康上出狀況的跡象或症狀。

接下來的幾天，我讓自己冷靜下來，並且和我的新戀人聊到我們彼此的關係和身體狀況。我們打從一開始就同意，我們的生命中可能還會有其他人，但是我問了幾個關於他安全習慣的具體問題。一切似乎都很正常，所以我不再擔心。

在做了這個夢兩星期之後，我竟然長了疹子，你應該知道長在哪個地方，這是我這一生中從未經歷過的事情。

憑直覺，我開始將這些片段拼湊起來。我把衛生棉條留在裡頭一整夜，已經將近十小時了，我從來沒有這樣過。我塞著衛生棉條睡覺，而且它已經被塞在裡頭好長一段時間了。在這幾天，我腦海裡一直不斷浮現起疹子的可怕畫面，這種疹子是幾年前，我在膝蓋手術後因爲接觸了好幾天的膠水而引發的症狀。自從那次手術之後，我對於ＯＫ繃、機能貼布、貼紙，以及基本上所有含有膠水的東西，都會非常過敏。我的皮膚接觸到膠水一小時之內，就會變紅、刺癢、難過。

在醫院診間，醫生直接做出了最壞情況的打算，要我準備面對檢查的結果。我簡直不敢相信，他竟然毫不考慮這是對衛生棉條和棉墊中的膠水所產生的過敏反應。五天之後，我的疹子沒有好轉，所以我去急診室尋求第二意見，我知道他們會給我更快的檢查結果。

在那裡，我做了所有能做的檢查。三天後，對於每一種可能的性病，檢查的結果都呈現陰性。就如我的直覺告訴我的那樣：我是對女性衛生用品中的膠水過敏。

雖然我在做那個夢的當時並沒有任何問題，但是它的確暗示我，不要把任何人攪和進來。在被嚇壞之前，它也引導我跟新戀人進行了一次更深入的談話，以確保我們在性方面有共同的看法，當疹子出現的時候，這讓我感到比較安心。

當然，疹子出現的時候，我腦海中立刻回想起這個夢，讓我以爲我一定是在跟新戀人進行親密行爲的時候染上了什麼東西。而這是大多數人，包括醫生，會直接推論出來的想法。然而，我並沒有性病；我只是產生了過敏反應。我很慶幸自己在這種情況下能相信自己的直覺，沒有服用醫生開的藥，或是把醫生最壞的打算當成是事實。

我曾經想過，萬一最壞的情況眞的發生，我的人生會變成什麼樣，但是我沒有讓這種想法壓垮我。最重要的是，這個夢和這件事讓我意識到，我需要回過頭來詢問一些關於親密關係的安全性，以及性病檢查的棘手問題，以確保相關人士的安全，以及對他們的尊重。還有，要相信我的夢。

凱特的解析

如果這是我的夢，我會將它定義為直白的預警夢。它沒有什麼象徵意涵；它的重點在於傾聽夢的忠告。

伯克醫師的評論

這個故事是很好的例子，說明了直覺和夢境引導之間的交互運用可以如何處理棘手的親密關係問題。如果在我們的文化中，家庭可以恢復在早餐分享夢境的悠久傳統，也許會有更多年輕的一代，可以更充分地利用他們內在的智慧，為這些重要的決定提供訊息。

36

「我漏水了」和「我引燃了導火線」

卡蒂．坎伯爾，醫學博士、公衛碩士

我是卡蒂．坎伯爾博士，我有兩個已經應驗的夢可以跟各位分享。第一個夢發生在我還是醫學生的時候。

「我漏水了」

在夢裡，我的車子散熱器過熱，而且漏水了。

第二天，我的車子沒問題；然而，我的確出現了發燒和泌尿道感染的症狀，讓我感覺好像「漏水」了一樣。這使我更加關注自己夢中的微妙暗示。

最近，一位朋友讓我試用一種脈衝磁場裝置幾天，看看是否能對我的症狀有幫助。這是一種昂貴的器材，我完全按照說明使用，但是並沒有任何感覺。第三天，我做了一個夢。

「我引燃了導火線」

我在「夢中的房子」走上樓；遇到了一位水電工，他正在樓上的房間裡修理電路。他嚴厲地警告我，在他修理好之前，不要再打開電源，否則我可能會炸毀整棟房子，引起火災。

基於這個夢，我立刻停止使用該裝置，並且把它還給我的朋友。它可能對別人有幫助，但對我不合適。幾天後，我的心律變異分析（一種衡量整體健康的指標），在我使用那項裝置的期間下降了一些，現在則恢復到正常水準，這證實了夢的智慧。

凱特的解析

當我把坎伯爾關於電磁場裝置的夢唸給羅瑞·鮑伊爾（Lori Boyle）聽時，我的 iPhone 就躺在離我很遠的桌子上，沒有人觸控它或提示它，它卻自動開機，並且連上這款智慧型手機的電子語音助理 app——「Siri」，而它則將這個夢讀回給我。這把我們倆都嚇壞了，但也讓我有機會把這個夢逐字記錄下來，謝謝，Siri。

如果這是我的夢，我會把第一個夢稱為象徵的療癒夢，因為我們的車子經常象徵我們的身體，如果不認真看待這個夢，未來可能會出現更嚴重的健康問題。

我會把第二個夢描述成直白的和象徵的指引診斷夢，屋子裡的電線是你身體裡的血管和電流，而那位水電工則是內在的診斷者，試圖要修復身體內部的管線。這個夢是直白的，因為水電工說話了，並且給出具體的指引方向（絕對不要再使用電磁場裝置）。但對我來說，這個夢最棒的部分是，這名水電工告訴你他正在解決問題。愛死這部分了！如果這是我的夢，我會將它定義為積極且具象徵意義的預知夢，它為當前的❶（無雙關語含意）和未來的健康和福祉提供了口頭上的建議。

❶ current 有「當前的」，以及「電流」的雙重含義，作者指出此夢並未用到雙關語的含意。

伯克醫師的評論

坎伯爾博士是少數會關注自己夢境的醫生之一，她在醫學院的時候就開始這樣做，這真的是個奇蹟，因為在那裡，大部分的直覺經歷都因為嚴格的左腦訓練課程被迫關閉。當我為心理健康專業人士演講，並且對觀眾進行調查，詢問他們當中有多少人會寫夢境日記時，我總是會感到很驚訝。

正面回答的比例大約百分之十，因為在大部分的心理治療培訓課程中並沒有教這門課。我寫這本書的夢想之一，就是希望可以有助於恢復夢在醫學上應有的地位，甚至恢復它在醫學課程中應有的地位。

第六部

所有疾病的療癒指引夢

「心靈的原始結構組成，
和可見的身體結構組成一樣，
具有驚人的一致性。」

——榮格《榮格全集．第十一卷．八四五節》

這部分將探討具有療癒性的指引夢，
也許有助於更多的疾病患者，而不僅限於癌症。
前三章由汪達、凱特和黛安提供，
他們是伯克醫師〈乳癌夢境研究計畫〉的參與者，
我們在稍早也檢視過他們所提供的預知夢。
其他夢者的療癒夢共同完成了這部分的內容。

37 夢境意象治療

汪達．伯奇

在做乳癌切片檢查之前，我曾做了兩個重要的夢，我在我的書《做夢的她》裡敘述了這些夢，並摘錄在本書中。圓錐形的乳房帶給了我一份禮物，讓我學會運用夢中的意象。第二個夢也同等重要。一年多以後，當我回顧這個夢，意識到它是在一個「大」夢之下所伴隨的另一個夢，這個夢終於把我從第十三章舞廳夢的囚禁陰影中釋放出來。

這個夢是我第二次旅程的眞正開始。它包含了《聖經》和其他意象，其中大部分是我不熟悉的。有一位朋友協助我走在這個神奇的夢中。

進入療癒之池

我和朋友一起走到畢士大（Bethesda）池。那裡有一排長長的階梯，上面有圓柱形的拱廊，我遇到一位天使，他說他的名字叫以利索斯（Eliseus）。我向天使求助，但似乎沒有人來。我拉著朋友的手，就像孩子一樣，小心翼翼地走到池邊。另一個天使走向前，也許是同一個天使，站在我旁邊。這位天使告訴我，我將會在「湧進」（rushes）或「沖激」（rushing）中找到療癒的方法。

我突然進入鄉村景觀，一隻巨大的蜘蛛出現了。我不喜歡蜘蛛，而且眞的不喜歡這隻蜘蛛。我不知道該拿這隻蜘蛛怎麼辦，所以我決定把它變得比較沒那麼可怕。我把它變成一個發條玩具，然後把它送走。

我遠離了現在已經無害的蜘蛛，成爲一位「牧牛者」。一隻眼神溫柔的大母牛，這是一隻眞正的牛，正在看著我。我輕輕地將手放在她頭的兩側，然後輕易地拿下她的頭。

我來到一個地方，那裡豎立著一道門，或重新豎立在廢墟之中，我把牛頭放在門上方。我用手撫摸她的頭，把它變成一隻公羊的頭。

我需要了解這個夢所涉及到的全部相關訊息，所以我去了當地的圖書館，發現一本十九世紀的《聖經》，裡面有大量的索引。我查詢了「畢士大」和「以利索斯」這兩個字，然後看到《聖經》經文開頭這樣寫著：

在耶路撒冷，靠近羊市場（或大門）邊，有一個池子，希伯來語稱作畢士大，池邊有五個門廊。在這裡躺著許多虛弱的人，有瞎眼的、瘸腿的、奄奄一息的，他們在等待水的攪動。因爲會有天使在某個特定的季節下來攪動池水：在攪動之後，任何第一個踏入池水的人，不論他生了什麼病，都能痊癒。

——《約翰福音》5：2－4

畢士大池是一個古老的地方，擁有驚人的療癒能力。池子的名字，畢士大，是希伯來語，可翻譯爲「慈悲之家」。許多生病或染病的人，大量地湧進這個池子尋求治療，但是並非所有的人都能治癒。在池子周圍有五個門廊、迴廊、廣場或有覆蓋屋頂的走道，關於它們的描述跟我夢中的拱廊很像。

在畢士大池奇蹟般療癒的故事中，主的天使會下來「攪動」池水，而在池水被攪動或「沖激」之後，第一個踏進池子裡的人，將會被治癒。天使的智慧將決定什麼時候要「攪動」池水，從而決定誰能被治好，誰不會。

然而，生病的人也需要分擔治療的責任。這個人必須在適當的時候大步向前，並且積極地追求自己的康復。療癒，當它發生的時候，是在一瞬間完成的，而且它的療效永遠都不會消失。

考古學家曾經調查過他們認爲是畢士大池的地方，並且認爲「季節」的說法，涉及到地下間歇泉，這些泉水只在一年中的特定時間，每隔幾個小時「湧進」現在乾旱的池子。有一則關於這個池子的故事，說的是一條沉睡的龍，當它醒過來時，它會吞下或止住水，而當它睡著時，會讓水從它的嘴裡流回水池。

在《尼希米記》（《尼希米記》2）的其他《聖經》經文中，描述了耶路撒冷聖殿的重建，並進一步界定了畢士大池的位置。畢士大池位於聖殿附近的羊市場，就在聖殿中庭的北邊。這座城市的羊門也在聖殿附近。現代耶路撒冷的羊市場離古代市場大約的位置不遠。在《尼希米記》的章節中，對於開始重建聖殿地區的家族有長篇的描述，包括對畢士大池附近的羊門重建的描述。

我最初以爲把一隻公羊的頭放在重新豎立的門上方這段夢境，跟池子和攪動的池水這些意象是不連貫的，但是羊門的重建，爲它們提供了一個連結。在夢中，我第一個踏入了天使「攪動」過的水池，也協助「修復」了通向聖殿「身體」的大門，藉由這些行動，我參與了自己的治療。「Eliseus」提供了另一個強大的療癒意象。Eliseus是先知以利沙（Elisha）的希臘名字，他是以利亞（Elijah）時代的先知和醫治者。他得到了特別的恩典，並被允許施展奇蹟般的療癒能力。我以前對於畢士大池的故事，以及以利索斯的資訊都不太熟悉，這種不熟悉感，反而使得他們在我夢中的現身變得更爲強大。

像這樣的夢，是一劑解藥，化解了我對死亡和瀕死的感覺。它們帶給我療癒的可能性，也給了我淨化的可能性，我可以藉此創造自己的奇蹟。蜘蛛作爲疾病的意象已經在我的夢中出現過好幾次，並且很容易被辨識爲惡性腫瘤。在這個夢中，我把有害的毒蜘蛛變成了無害的兒童玩具。

運用夢境意象

我從未嘗試過積極地運用夢境意象進行治療。我坐下來，思考運用圓錐形乳房意象（來自我在第一章所描述的夢境）的所有可能性，這個意象準確地描繪出問題，以及一開始的解決方案。將它運用於冥想是最顯而易見的做法，但是我決定以更積極的方式來進行夢境冥想。

我把夢的內容改寫成一個簡單的段落，保留了在流水下擠壓圓錐物，以及清洗它裡面黑色液體的核心元素。我播放了簡單的背景音樂，並且在腦海中大聲背誦這個夢。我在上床睡覺之前背誦它，在白天工作時也背誦它，並且把它貼在我的車子裡，這樣我就能看到這些字，這是一個簡單的回想機制，它能把夢境變成積極的意象，並能讓它全天候立即自動地映入我腦海中。

重複給了這個夢一種不同的能量，一種積極的意圖，在這過程中，夢境一遍又一遍地在我腦海中上演。我想像把擴散的細胞拉回到腫塊裡，然後取下圓錐形乳房，細胞現在被包含在單一腫塊中，然後我將黑色的液體擠入碗中。我將那個眞實的夢視爲處方；運用夢境的內容作爲醫治的良藥。

在做第二次切片檢查（這後來變成了完整的手術）之前剩餘的一點時間裡，我跟隨指引，不懈怠地對這個惡性乳房腫塊做些事情。我繼續運用第一個圓錐夢，而且把在畢士大池進行淨化和治療的這個強大夢境也添加進去。我把這個新夢改寫成一個冥想情境，稱爲「進入療癒之池」。我用了一卷有音樂的錄音帶，然後將音樂和冥想內容錄到第二卷錄音帶，在這卷錄音帶上，我錄下了我朗讀這個夢的聲音。我會在晚上睡前播放這卷錄音帶，或是白天在車子裡的錄音機播放，作爲一種積極的冥想。

醫療選擇

在第二次切片檢查和手術之後，顯示了我一直忍受著一個具有侵襲性、快速轉移的乳癌腫瘤，腫瘤細胞以非群聚性的方式擴散出去，我的夢境改變了。這些夢呈現了各種選擇，更進一步探索了替代療法和自然療法，我稱之爲「療癒雞尾酒」。運用手術、夢境和對夢境意象的積極冥想，我得以安全地進行治療，包括狠下心來切除癌症、我的左側乳房和許多淋巴結，以及隨後透過化療攻擊剩餘的癌細胞。

我的夜晚迸發出許多有益的夢境。在其中一個夢中，我和朋友在一間精緻的教室裡工作。我們共同建造了一座巧妙的能源工廠，它能生產化學和自然能量，這是一種互補的混和物，彼此之間可以完全和諧地運作。這個夢給了我一個選擇，讓我可以把夢的力量和手術、化療結合起來。

殺死蝙蝠

在夢裡，我走進一間大房間，是一間臥房，但是床的兩側像嬰兒床（或醫院的病床）。一位朋友，連同我的家人，和我一起進入房間。床下躺著一隻大蝙蝠。我衝向蝙蝠，拎起它的頭，在我手中將它的頭擊碎，然後把它扔下樓梯，它在那裡被牆上凸出來的一個類似刀子的工具刺穿。

我抬頭一看，天花板上布滿了較小的蝙蝠。我向人求救。我們所有人同心協力，包括我的朋友、丈夫、兒子，開始用毒藥消滅蝙蝠，直到房間乾淨爲止。然後我安靜地蜷縮在床上睡著了。

當我夢見殺死蝙蝠的時候，我正在跟一個療程奮戰，這個療程是由我的腫瘤科醫師和外科醫師建議的。兩位醫師都認爲，治療我這種非常具有侵襲性的癌症，最好的方法是手術，也就是改良型乳房根除術，然後進行積極的化療。我希望能善用一切可得的資源，並且堅信我可以將我的夢和這個嚴酷的建議療程結合起來，甚至可以消除一些最糟糕的副作用。

殺死蝙蝠的夢提供了我需要的指引，並說服我的朋友和家人，我走在正確的道路上。在夢中，第一個巨型蝙蝠（母瘤）透過手術（類似刀子的工具）被解決掉了。較小的蝙蝠（逃過手術的擴散細胞），則透過化療（毒藥）被清除掉了。在用毒藥摧毀了其餘的癌細胞之後，我平靜的反應，回答了我是否應該信賴醫生建議，採取積極化療的這個問題。

這些選擇、手術和化療，在夢境的濃漿中攪拌，成為一帖療癒的處方，消除了我的恐懼，給予了我希望，並積極地推動我向前。

雞尾酒成分：音樂

手術後，隨著化療增強，音樂經常出現在我夢中，在我焦慮時撫慰我，在我預見健康時，為我歡呼；在我感到受傷最嚴重時，提供我療癒的工具。在化療最難熬的日子裡，我把音樂這份禮物帶到夢境之外。

我的丈夫羅恩為當地教堂演奏管風琴❶（organ），這座教堂離我們家不遠，走路就可以到達。他經常在晚上到教堂裡練習。我會和他一起走去教堂。他會打開一盞大廳的燈，照亮管風琴的周圍，讓教堂的主體處於柔和的昏暗中，僅靠管風琴箱的光芒來照亮。

在管風琴箱下，教堂昏暗的走道上，我會躺在那裡，閉上眼睛，我的整個身體，手臂、腿部、背部、頭部，都碰觸到了地板。管風琴的和弦讓音樂從我的頭頂振動到腳趾。讓我的想像力可以看到一股療癒的意象流過我的身體，清洗並通過每一個器官（organ），通過我的血液、骨骼、肌肉、神經、淋巴系統、纖維，藉由深度振動的音樂音調洗滌和淨化，就好像做了一個積極的夢。

和管風琴手一起做夢

在那些夜晚裡的某一天，我在睡睡醒醒之間，想起了一位朋友米莉·庫唐（Millie Coutant），她是紐約喬治湖一位頗有名氣的靈媒，她在幾年前過世了。她在去世前經常來看我，而且有時候，但不常，會談到我。有一次她跟我分享她夢見我的情形，並且預言我會生病然後康復；更重要的是，她告訴我，我們會創造自己的奇蹟。在這段記憶的安慰下，我迷迷糊糊地睜著了，沉浸在音樂和溫暖的被窩裡，想著米莉。

走在木板上

我到處在找米莉。我想告訴她我生病了，並且想問她是否知道我能否活下去。天空有很深的顏色，我試著用巨大的橡皮擦把它們洗掉。我走在狹窄的木板上，有好幾次差點滑入鬆軟的沙子裡。有一個人走到我旁邊，在小木板的兩邊各放上一塊較寬的木板，直到我有安全的步行空間。當我伸出手，我意識到我的手臂連著管子，能量食物通過管子餵進我的身體。

❶ 器官和管風琴的英文皆為organ，在此有雙關語的意涵。

我的新夢爲我的旅程提供了指引，它會繼續確保我在變幻莫測的沙地上有安全的通道可走，此外，我再次確認我的療癒雞尾酒，包含了心靈與醫療的資源，會提供療癒的能量。

夢中的管子和治療器材中的化療管子非常相似，而裡面的內容物，這些化學物質，也被腫瘤科護士稱爲「雞尾酒」，在我的想像中，這些管子會變成療癒能量的管道，而不是讓我病得更嚴重的毒素。

更多成分

我注意到，每次我復原到一個新的階段，我的夢境就會改變主題。它們會以不同但相似的意象表現出來，一組組具有特定模式的夢境，一夜又一夜，會在特定的時刻，拋給我需要的意象，給了我一個目標，直到我成功地進入下一個復元的階段。然後，我的夢境會再次改變主題。

在夢到看不見的手爲我放上木板，讓我得以安全走過通道的夢之後，我又夢到：

一座斷掉的橋，在我通過之前自動修好了；一個踏板斷掉的梯子，被一隻看不見的手修理好了，所以我可以安全地往上爬。

還有一座橫跨峽谷的吊橋斷掉了，而且再一次，有一隻看不見的手將它修好了。

這些簡短的夢境所透露出的訊息，爲即將到來的旅程提供了指引和安全的路徑，也提供了我在冥想練習中很容易運用，以及我在療癒處方中很容易回想起來的意象。在夢中，我還探索了「意象」的運用，不是特定的意象，而是實際的過程。以下就是這樣的夢。

夢中圖書館

我請家人協助我做研究。我們在圖書館樓上瀏覽有關於如何運用意象的文本，並且尋找可以幫助我康復的意象。這個夢的主要重點是將意象這個詞定義爲「建立一條通往身體療癒之路的心靈能力」。每個人的道路都不同，但每個人都需要一個清晰的畫面，並和清晰的治療目標或意圖相結合。如果沒有其他的東西出現在夢中，那麼看到身體健康完好，也是可行的意圖。我看到自己把自己的身體當作是一個獨立的個體；一個縮小版的身體從我自己分離出來，並且變成一個螺旋狀物體，這樣我就能從內到外觀察它。

當新的疼痛或不舒服的地方出現時，這成了我檢查身體健康的一項有用技巧。它也成爲我在化療期間，以及之後，檢查我療癒進度的一種方式。如果有新的症狀讓我感到害怕，或有某個夢驚嚇到我，我可以透過想像檢視我整個身體，並用心靈的力量旋轉它。如果我沒有看到什麼令人不安的東西，我就會立即平靜下來。我創建了我自己的意象辭典，這些意象來自於我的夢境，我有意識且積極地將它們運用於我個人的治療。意圖很重要。如果我在入睡前向做夢的自我提出問題，解決的過程就會在夢中發生，有時夢裡會提供解決方案或工具，讓我在醒來的時候可以運用。這個過程對化解焦慮和憂鬱非常有效。

甚至當我想將夢境帶到白天卻遭遇到困難時，夜晚夢中自發進行的工作，仍然會轉化成我身體裡療癒的能量，不管有沒有我的參與。表明的意圖，結合夢境的意象，持續地以這種微妙的方式幫助我對抗憂鬱、懷疑和焦慮，我在清醒的現實生活中，常常沒有察覺到療癒的過程進行到什麼程度。

在化療的漫長夏季最後幾個月，我所有的夢都匯聚成最後一連串的療癒意象。有許多是簡短易懂的，但是它們一個個堆疊上去，而且無法確定是否有哪一個可能比另一個更重要。

我的心靈慢慢地痊癒，身體則恢復得更快一些。在身體療癒的過程中，我經歷了劇烈的情緒波動，但走過這一切之後，我的夢呈現了正面的意象，而且我在夢中預見了更有希望的結果，超乎我清醒時所能期待的。這些夢預言有一天，我將會再次感到完整。事實上，它們不只預言我將擁有健康的感覺，還預言有一天，我將會運用自身的經驗，來幫助別人解決他們的健康問題。

重新談判靈魂契約

有一個黑暗的夢，我必須成功地航行通過。隨著治療的進展，長期以來反覆出現的一個夢——通向死亡之門的舞廳夢，仍然困擾著我。

療癒夢反擊了那個夢，但在我確診週年將近之時，我做了死亡使者來臨的黑暗夢，它把我牢牢抓住，直到我接收到一個令人振奮的夢，這個夢是關於重新談判我的生命契約。我是在四十三歲生日前夕做了這個夢。

振動的光芒夢

我在一波波振動的光芒中爬上山，並且站在——不，蜷縮在——炫目的光芒下，在某個生靈之前，我祈求延長我的生命。有人給我看了一份契約，上面我已經同意在我四十三歲的時候離開，但是在我苦苦哀求下，我被允許延長壽命，然後我醒了過來，顫抖著啜泣。

我曾面對一個我言語無法形容的強大生靈，爲的是要記住我的靈魂契約。這份契約包括了對他人的責任，以及講述我直覺和夢境故事的責任，再加上小心謹慎地使用所有可用的醫療技術，而這正是我的療癒雞尾酒。

凱特的解析

如果這是我的夢，我會像汪達一樣敬畏它們的療癒能力。汪達學會了自己的夢語，並且運用它來了解她夢中的象徵意義。汪達的療癒夢是邁向療癒過程的步驟，每一個夢都可以被視為整個療癒過程中「打造健康生活」的基石。

這些夢充滿了療癒的象徵意義，它們具有象徵性，也是直白的，從《聖經》中的畢士大池，這是一個象徵奇蹟、瞬間療癒的地方；到黑色蝙蝠，這可以象徵災難「徘徊在」隱密的地方，而蜘蛛與螃蟹有許多共通點，它們都是癌症的普世象徵。

伯克醫師的評論

每當我向癌症患者推薦汪達這本非凡的著作時，我總是會提到我最喜愛的夢境意象：隨著化療通過靜脈導管進入她的身體，她將有毒的化療變成能量食物。運用夢境意象來引導冥想練習，是一種最睿智的直覺洞察力，這使她能夠如此有效的治癒，並且重新談判她的契約。

在書中，她還提到，在她結束治療後，回顧她的化療總劑量，她的一位醫生評論，她對最大劑量的耐受性極強，而產生的副作用最小。她的夢境療癒經驗，不論從直接或比喻的角度，都很「聖經」。

38

小氣泡和魚形脈輪

凱瑟琳（凱特）．奧基夫．卡納沃斯

我昨天做了化療前的血液檢查，結果顯示我的血液細胞數量仍然太低，無法進行安排在明天的下一個療程。我在波士頓的腫瘤科醫師說：「再等一個星期，再做一次血液檢查，然後把檢查結果寄給我。」

這通電話讓我深陷沮喪之中。我做得完這些療程嗎？我的生活會恢復正常嗎？不論癌症之後的正常是什麼樣子。我的化療排程預定在三個月內進行四次療程，但到目前爲止，每次恢復都要花上我整整一個月的時間。這次延誤將使我最後一次的化療推遲一個多月。我的血液細胞必須迅速恢復到一個合理的水平，才能使我的人生繼續往前進。我在夜間的冥想中，睡著了，然後做了這個夢。

小氣泡

我的夢境從夜間冥想變成了在純白沙灘上舞動的閃爍金光，乾淨得像剛下的雪，加勒比海湛藍的海水親吻著它。夏威夷歌手何大來（Don Ho）演唱的〈小氣泡〉（Tiny Bubbles）這首歌，在我夢中的腦海裡響起。我在夏威夷陽光明媚的海灘上，帶著一個獨特的泡泡盒子在海浪裡跳舞，製造出紅白相間的泡泡。

我把魔杖從浪花上的肥皂泡沫中抽出來，在清新的空氣中揮舞，揮灑出許多泡泡，它們一開始像雪花一樣小，但逐漸膨脹到像巨型氣球一樣大。它們的表面滑過彩虹的各個顏色，但最搶眼的是紅色和藍色，它們混合在一起，形成了高貴的紫色。氣泡會附著在我的身體上，並且被我的皮膚、鼻子、耳朵吸收。我意識到自己正在睡夢中，而且正做著一個如此美麗的清明夢，我告訴自己，不要醒來。

我了解這個夢的含意，並且在第二天告訴丈夫，我想要再去做一次血液檢查。這讓他感到震驚，因爲他知道我非常不喜歡打針。我說：「我做了一個夢，知道我的血液水平今天正常。」令所有人感到驚訝的是，檢查結果顯示我的血液恢復到可以進行療程的水平，所以化療安排在隔天，準時進行。

凱特的解析

這是一個使用了象徵手法的清明夢。我夢中的泡泡是我的白血球細胞，被靈性海洋形成的生命圈治癒，在生命的氣息中成長，與脈輪相關的彩虹顏色賦予它們力量，然後，當我在生死之間的海灘上，在時間之沙上跳著生命之舞時，被我的身體吸收。對於身處危機中的人來說，海灘或海岸線是一個常見的夢中場景，可以象徵處在生死邊緣，或是處在大地的塵世和海洋的靈性之間。大量的水可能象徵潛意識、我們深層的情感、靈性，以及以上帝為中心的智慧。我有一個充滿上帝的海洋，洗滌並療癒我的細胞。這只是一個清明夢嗎？我不這麼認為。這也是療癒夢，第二天的血液檢查驗證了這點。

伯克醫師的評論

我第一次接觸到將意象用於醫學治療，是在西格爾醫師的書《愛．醫藥．奇蹟》，在書中，他描述了病人將白血球細胞想像成電玩遊戲裡的小精靈（Pac-Men）在吃癌細胞的視覺意象。我喜歡凱特使用的小氣泡意象，她藉此達成了相反的效果，增加了她的白血球細胞數量。

作為清明夢，它有立竿見影的效果，類似於一堂催眠可以達成的功效。魏格納曾經描述一位清明夢者如何使用藍光意象在一夜之間治好疣，這讓人想起催眠文獻中的療癒故事①。

微調過、魚形的療癒脈輪

彼得輕輕地扶著我，讓我靠著波士頓市中心街道兩旁一根典雅的煤氣燈柱，取下他的圍巾，在我的光頭上包了兩圈。

「乖乖待在這兒，我去看看餐廳有沒有開，我會立刻回來找你。」他說，然後在滿天風雪中急奔，消失在冬日早逝的晨光中。

原本還以爲我有力氣去任何地方似的……我們走了幾分鐘之後，他意識到，在我做了阿德力黴素和環磷醯胺（又稱爲 Red Death）的化療之後，我已經太過虛弱，如果餐廳因爲二月的東北暴風雪侵襲該地區而關閉，我沒辦法走去餐廳又走回來。

---

① Waggoner, R. *Lucid Dreaming: Gateway to the Inner Self.* (Needham, MA:Moment Point Press, 2008).

是的，我處於危機中。又一次噁心發作的感覺蔓延全身，而且汗珠在我眉毛上結凍。我想我快死了。

我甚至沒有力氣去刷掉鼻子或眉毛上的雪花，所以它們融化了，從我臉上滑下來。一名男子，只穿了一件毛衣，沒有戴手套，將車上的積雪推下來。

他的手紅通通的。他可能是個可憐的笨蛋，從陽光明媚的加利福尼亞調到這裡，最接近暴風雪的經驗是一杯雪花冰。我覺得有必要提醒他注意別摔倒，但是沒有力氣跟他交談。我會需要跟他說話的，如果彼得回來之前，掃雪機過來把我掩埋了。這種情形在孩子身上發生過，尤其是被綁在柱子上的寵物。我會需要像狗一樣叫才能被發現。

當煤氣燈點亮，橘色的反光在雪地上閃爍。隨著光波拂過每一秒鐘都在蔓延的陰影，整條街都變成了一幅夢幻的金凱德（Kinkade）畫作。這跟我昨晚夢境開始時的光線一樣，現在在我最黑暗的清醒時分重播。

雪地上嘎嘎作響的腳步聲，把我從夢中的記憶拉出來，我回到當下的路燈柱子。彼得信守諾言，再次出現，臉上帶著調皮的笑容。「你會喜歡這家餐廳的。這就是你想要的完美、浪漫的地方。」

這是一個可愛的小地方，位在一棟老建築的地下室，紅磚牆讓人感覺很溫馨，藍白格子桌布上的小巧白色許願蠟燭照耀出溫暖的光芒。盤子上熱氣騰騰的食物，散發著美味的香氣。我吃的不多，但它值得我忍受接下來的一點小問題，我噁心的早期徵兆。

我們共享一杯紅酒慶祝我已到達中途點，共享，是因爲我身體裡還有其他的「東西」，特別是Ativan❶，一個人喝完一杯會讓我昏倒在地。（也許我應該在下次血液檢查之前這樣做——應無大礙。）

「我眞不敢相信你的血液水平從星期一恢復得這麼快，」彼得說著，深情地握緊我的手。

那天晚上稍晚，我的指導靈加入了這個慶祝活動。在夢中，他們把代表我脈輪的象徵物給我，並且用一根音叉、一朵花，以及我的顏色和數字做了微調。

透過脈輪冥想療癒

每天早晨、晚上，還有經常在小睡的片刻，我都會進行觀想和冥想，在這段期間，我經常會因爲治療的疲勞而入睡。說實話，我靠著牆都能睡著。

然而，在這個特殊的時刻，我的方濟會修士指導靈在冥想中出現，引領我通過一個彈出式的窗戶，這個窗戶後來變成了神聖的夢境之門，在這之後有豐富的訊息，奇蹟和魔法在這裡都很稀

❶安定文，一種安眠藥劑。

鬆平常。在夢中，指導靈讓我用顏色去觀想每一個脈輪，而且脈輪的位置跟書裡寫的都不相同。也許這種偏離常態純粹是為了我，因為我並非生活在常態中；我正在跟死神搏鬥。

代表脈輪的療癒顏色

在我專注呼吸的同時，我被送到我的專用之地，在高空中一座自由漂浮的神殿之上，一側可以俯瞰海洋，一側可以俯瞰雨林。一條河穿過森林，直達海洋。

它是一個寧靜、美麗、圓形的大理石平台，沒有牆壁或天花板，因此很通風，周圍環繞著七根希臘圓柱，以及一個朝北的祭壇。在平台的中央是一張特大號的床，四周是陷在平面下的淡水水族缸，晶瑩剔透，裡面充滿了帶有脈輪顏色鰭狀圖案的古老錦鯉。牠們在我床邊游來游去，擺動的魚鰭像金子一樣閃閃發光。

我經常坐在平台的邊緣，雙腳擺盪在微風中，聆聽動物、鳥類和生命的聲音，當聲音從下面的海洋和森林飄上來。正是在這裡，我做了大量的思考，努力克服生活中的挑戰。雲層猶如指導靈經常行經的道路，當他們經過或來訪時，會揮手致意。我的修士嚮導現身了。我突然在我夢中的床上冥想。

在冥想中，我祈求上帝將他的療癒力量、液體、健康和愛的金色光芒灌入我的頭頂，然後進入我的脈輪，那裡有水晶聖杯承接。光像瀑布一樣環繞著我。

我感覺到靈性較高的藍紫色第七脈輪充滿溫暖的液體光，我祈求光充滿安置在脈輪內的水晶聖杯，直到它滿溢到我藍色的第六脈輪，這位於我的眉心，儲存著我通往指導靈的通靈天賦。

在溫暖充滿了我的第六脈輪之後，它滿溢到我的第五脈輪，也就是紫色的喉輪，用於溝通，然後那個聖杯滿溢到我的第四脈輪，也就是綠色和粉紅色脈輪，掌管我的乳房、愛與人際關係。當我感謝上帝爲我斟滿這第四個杯子時，它滿溢了出來，完全塡滿我的乳房，然後流到我的手上。

看起來像灰燼的負面小黑點，從我的指尖沖洗出來，然後流入床邊的聖哲曼（Saint Germain）紫色火焰，在這裡，負面能量會轉換成正面能量，然後以火花的形式回歸宇宙，看起來像小流星。

接下來，金色的液體流入我的胃、腹部、胰臟、膽囊、肝臟、脾臟、腎臟、卵巢、子宮和膀胱，然後洗滌過我的第三脈輪，也就是有關寬恕的紅色脈輪。修士說：「寬恕是從過去解脫出來，以療癒現在，爲的是走向未來。」再一次，任何負面的東西都會被聖哲曼的紫色火焰所淨化，然後回歸宇宙。

溫暖的光往下流到我的大腿，然後流到我的膝蓋，那裡是我的第二脈輪，也就是橙色脈輪的所在。我聲稱這是我的個人脈輪，因爲之前有一個夢，我在夢境日記中將它起名爲「顏色和數字」，我得到了數字2作爲我的力量數字，而橙色作爲我的力量顏色。我觀想構成我內在自我的所有人，以及所有寫進《癌境夢遊》這本書裡的人，都正在接受這種療癒光芒的洗滌。當它從我的腿部流到我的第一脈輪，也就是我的黃色部落脈輪，我想像這些光連結到我所有的部落，包括大地上的部落，也包括在生命彼岸，那些亡者的部落。

最後，金色的光從我腳底流出，將我跟大地連結。金色的光從我的頭頂流過，流經我的身體，然後從我的腳底流出：我能感覺到療癒的暖流湧入我的身體，使我出汗。

夢境轉換了，我趴在一張按摩床上，想不起自己是怎麼來到這裡的。一位身穿白袍的明亮天使帶著音叉出現在我身邊，她用手敲打音叉，創造出完美的音調，然後將音叉的振動和聲音傳遍我的光環、身體和脊椎。我與聲音合而爲一，我的身體與上帝完美的音調和諧共振，造成了床的振動，這喚醒了我。

我靜靜躺著，閉上眼睛，重新進入我之前的夢境，發現我仍然在按摩床上瘋狂地振動著，不知道是否應該再度醒來。

我心中的聲音說，「等等。」

來自我之前夢境的水晶聖杯再度出現在夢床上，結合成一個巨大的酒杯，閃耀著我所有脈輪的透明色彩。當它充滿著金色的液體光時，就像一顆發光的巨大鑽石。

「以聖父、聖子、聖靈之名，喝吧，」那聲音說。

好吧，我想，然後在心中喝下這杯溫暖的液體。就這樣？

「抬起你手臂上的一部分皮膚，然後往下看，」那聲音命令。

在夢中，我抬起一塊皮膚，看到明亮的金色光芒從我手臂的深處發出。

另一個聲音說：「她現在眞是神采飛揚！」

就這樣嗎，現在？我在心裡再次問那個聲音。

「等等。」

兩位天使出現在我的兩側，並且開始用三根白色大羽毛做的扇子拂過我的身體和光環。接下來，我的修士指導靈把古老的象徵放在箭魚（Swordfish）半透明的三角上。這些象徵跟我在書上看到的都不一樣。每個三角形和象徵都充滿了脈輪的顏色，並且隨著上帝的振動而共鳴。帶著象徵的振動魚三角，被放在我的脈輪上。**我現在完成了嗎？**我第三次問那個聲音。

「睡吧，」那聲音溫柔地回答。一隻手從未知的時空伸出來，很像塔羅牌權杖王牌上看到的那隻手，遞給我一朵美麗的黃色蒲公英。

「這是你的花。用它作爲魔杖去觸摸任何你想要改變的東西。將它安全地保存在你的心輪中，以供不時之需。」

第二天早上，我神清氣爽地醒來，梳妝完畢，開長途車前往波士頓，進行我的最後一次化療。

凱特的解析

這個夢是直白的、象徵的，也是清明的，因為夢者知道她自己在做夢，而且可以退出並且再度入夢。這也是療癒夢，因為它顯示了心靈和身體的療癒過程，並且後來藉由做夢前後血液檢查的對比，獲得了醫學上的驗證。

這個夢如此複雜，以至於長篇的解析可能都無法正確地釐清它的含意、訊息、符號和象徵，所以請自由地在你的夢境日記或夢境分享團體中，做進一步的闡釋。

本書的第五章討論過夢境的類型。但有些夢可能同時涵蓋了好幾種類型。即使在充滿對話的指引夢之中，它們也可能具備了象徵性、雙關語或雙重性。

雙重性是指夢中的兩種元素，一種是象徵手法採取的隱藏形式，一種是直接手法採取的顯露形式。例如，海洋可以指「水的本體」，但也可以指上帝的靈性本體或意識。這個清明的療癒夢充滿了雙重性，為天堂和人間提供了一種平衡，這個夢也帶有雙關語，例如，「sole of the feet」（腳底）或也可看作是 soul（靈魂）。數字學在夢境解析中也扮演著重要的角色。這個夢包含了三個圈圈：圓形平台、希臘圓柱，以及床周圍的水族缸。數字2在夢中被賦予了神聖的含意，並一直出現在夢裡。（2代表了雙重性和平衡，並象徵選擇。）

三角形有三個邊，在夢中可以代表跟靈性世界的聯繫。在基督教和猶太教中，三角是上帝的象徵。數字3也象徵了心、身、靈；三位一體；以及本我、自我、超我，並且被認為是天使和魔法的數字。這個夢包含了內在自我、靈性和天使，同心協力幫助療癒夢者。

箭魚（swordfish）是一個文字並列的雙關語。Swords（箭）象徵「戰鬥」，而 fish（魚）是「基督的象徵」，所以意思可能是與基督一起奮戰。

聲音療法是許多古老文化中的一種治療方式，在這個夢中，它也可能具有雙重性，一個是指聲音療法，或也可能代表在接受完美的聲音療癒時，生命也被調和了。

蒲公英也具有雙重性和雙關語作用，蒲公英的英文 dandelion，拆開來寫近似：a dandy lion（一頭瀟灑的獅子）。Dandelion 翻譯成法文的 dent-de-lion，意思則是「獅子的牙齒」。在夢中它反映出勇氣、驕傲以及家庭溝通。在自然醫學界，蒲公英是用來幫助身體排毒的。在靈性上的意義已經和基督在十字架上的犧牲連結在一起，正如來自荷蘭的藝術所描繪的，蒲公英出現在基督被釘在十字架的畫作中。黃色象徵著溝通、透明，也與太陽的療癒能力、機智、解決問題的敏捷思維聯想在一起。在這個夢中，它被當作一根魔杖，用來進行強大的轉化。

伯克醫師的評論

哇，很難想像做這樣的夢會是什麼感覺。凱特指出她的冥想有時候會逐漸變成夢境，很明顯地，我們可以透過各種意識狀態的轉變來進行治療，從冥想到觀想，到做夢、清醒、身體之外的體驗，以及更多的可能。

當然，如果你可以得到修士或天使這類神奇的嚮導助你一臂之力，必然會有額外的好處。如果沒有，那不妨直接專注於呼吸、顏色、脈輪，這些對於你的療癒過程都是很好的開始。

39 生機飲食夢

黛安

就如伯克醫師在他的書《讓魔法發生》描述的，在我的診斷預知夢之後，我進行了一次乳房腫瘤切除術，但不確定我還想採用哪些其他療法①。

我認真考慮了醫生強烈建議的化療和放療，並且諮詢了幾位全人醫療腫瘤科醫師，他們都告訴我要做標準的治療。

但在之後，我開始每晚都夢到不同的生菜。

四季豆

在夢裡，四季豆掛在曬衣繩上，微風輕輕地吹拂著。

① Burk, L. *Let Magic Happen: Adventures in Healing with a Holistic Radiologist* (Durham, NC: Healing Imager Press, 2012), pp.136.

拉比

我跟著一位拉比去聽一堂講道。當我前面的每一人走進去時，拉比給了他們一本祈禱書。當我走進去的時候，他遞給我一大碗新鮮的蔬菜。

結果，在眞實世界裡，大約在做了第二個夢的一個月之後，我和那位拉比一起去僻靜。當他發現我得了乳癌，他把手放在我的頭上爲我祈福。沉默片刻後，他對我說：「如果你可以吃一些小麥草，對你會有好處。」

這果然有效！

我接受了泰莫西芬的短期療程，但也對生機飲食進行了研究。我找到了位於佛羅里達州的希波克拉底健康機構（Hippocrates Health Institute），並且遵照他們的生機飲食持續了一年，在那之後，我開始爲罹患癌症的女性開發正念的靜修療法，這當然也包括了正念飲食。

凱特的解析

如果這是我的夢，我會將它定義為具有診斷、療癒性質的預知夢，因為夢中給她一碗蔬菜的拉比，在現實世界中再次出現，並告訴她：「小麥草對你會有好處。」它也是象徵性的，因為蔬菜掛在曬衣繩，這可能象徵曬乾的蔬菜也是不錯的選擇。植物在風中搖曳的畫面讓人很難忘懷，這應證了這本書稍早提到的一個觀點：夢境愈奇怪，所傳達的訊息愈重要。

伯克醫師的評論

黛安一開始就有過很生動的預知診斷夢的經驗，所以她會有另一個非常直接的夢來指引她的飲食療程，這一點都不讓人驚訝。除了瀕死經驗之外，幾乎沒有什麼其他的方法可以像預知夢一樣引起你的注意，而且你不需要經歷實際的身體創傷。這使她有信心放棄傳統的放療和化療，聽從自己的直覺。從含穀類飲食到生酮飲食，針對癌症的營養療法差異非常大，所以針對個人量身訂製尤其重要。而還有什麼比直接從你的夢中得到建議來得更好呢？

40 銀色太空船外星人救了我一命

達娜．安德森（Dana Anderson）

這個故事最初出現在《夢的意義》（*The Meaning of Dreaming*）的第三章，作者為薩維特里．辛普森（Savitri Simpson），（Crystal Clarity Publishers，二〇一六年出版）。

我在二十九歲的時候被診斷出患了第四期子宮癌，那時我是一個帶著兩歲女兒的單親媽媽。雖然我接受了化療和所有的常規治療來挽救自己的生命，但預後並不好。事實上，我僅有百分之五的存活機率。

儘管如此，我還是決心要活下去，並有能力撫養我的女兒，於是我尋求一切可能的治療方式。在這段期間，我做了一個夢，而我眞的相信，這個夢救了我一命。

銀色飛碟太空船

在夢裡，外星人從一架銀色飛碟太空船上降落。他們走近我，並告訴我：「你需要的就是干擾素。」然後他們遞給我一些。

我不知道什麼是干擾素！但是這個訊息如此清楚，用字也非常明確。我做過很多夢，足以覺察到外星人是一個隱喻，代表「來自天上和更遙遠之外的訊息」。因爲訊息如此鮮明、精準，我把這個夢告訴了我的醫生。

他沉默了一會兒，然後說干擾素是一種新療法，目前仍在測試中。我夢見了這個不尋常且特定的字眼，這讓他感到非常驚訝。基於這個理由，他爲我開了干擾素的處方，這可以增強免疫系統的白血球細胞。

這是我做過的幾個具體的療癒夢之一，這些夢指引我從第四期子宮癌走向完全康復的過程。癌症獲得了緩解，直到十八年後，依然如此。

我知道這是來自上天的神聖訊息，我的痊癒完全是奇蹟與恩典。我能夠活到今天，眞是感激不盡。

凱特的解析

安德森精通自己的夢語，並且了解夢中的訊息。療癒夢會在治療期間發生，並且將療程從「常規性」療程，轉變成有效的療程。如果這是我的夢，我會把這個夢定義為直白的夢，因為達娜聽到外星人的談話，外星人給了她一個特定的藥物名稱，她並不熟悉，而她的醫生則馬上就認出這是一種治療子宮癌的新藥。

伯克醫師的評論

干擾素是一種細胞激素，是細胞對腫瘤細胞做出反應時產生的蛋白質。它可以透過基因重組技術製成藥物，並與化療方案一起給藥。達娜可以夢到這種高技術的特定療法是相當驚人的。由於她從第四期癌症存活了下來，這讓她進入了稍早在第十章討論過的，徹底根治的範疇。她真的很幸運，她的醫生對她的指引夢印象深刻，並且聽從了它的指引。

41 成癮面具背後的至福

黛博拉．歐布萊恩（Deborah O'Brien）

我從來都不是視覺型的夢者（夢中有畫面的人），但一直夢到聽覺上的訊息。我在睡夢中聽到強烈的救命訊息。有時，只是聽到我的名字——黛比（Debbie）——被持續呼喚著，把我叫醒。而在被喚醒之前，我會說：「喔，有個聲音在我夢中。」

從我母親生下我的那天起，她就沒有辦法好好照顧我，因爲她的胎盤破裂了。我出生時戴著胎盤面膜，稱爲胎膜。我來自愛爾蘭的阿姨非常迷信，她說這要麼是邪惡的標誌，要麼是一種至福。媽媽後來演變成惡性貧血，這一直讓我感到很內疚。我失去了和母親的聯繫感。躲在一個致我於死地的面具之後，這就是我生命的開始，然後它也讓我一路夢回了我的新生。

一九九一年，美國陣亡將士紀念日，我的兒子從第一次波斯灣戰爭被紅十字會的飛機載回來麻州總醫院，與他的四個兄弟姊妹一起向我，也就是他的母親，告別。在四十五歲的年紀，我的血液已經流著濫用毒品和酒精所造成的毒素。

我快死了

儘管有一群醫生奮勇搶救，幫我裝上血液過濾器，並提供我炭托架防止我嘔吐，我還是愈來愈糟。當我輕微的顫抖變成劇烈地扭動，四名穿著白袍的壯漢將我的手腳銬起來。當一側的肺衰竭，我的器官開始停擺，然後我的心臟病發作。

我的叔叔，比爾神父，爲我做臨終禱告

我心裡的聲音說，「看看你對孩子做了什麼。看看你讓他們所受的苦。你眞是個失敗者。你什麼都做不好。」

我再也聽不下去這折磨我的聲音，因爲它說得很對。所以我閉上眼睛，悄悄地溜走了。

六天之後，在我的生日那天，我醒來了，重生了，在一個夢中，但我那時還不知道這是個夢。

感覺清醒之後，我發現自己一個人在一個非常明亮、極度乾淨的房間裡。我感覺自己就像躺在一張冰冷、堅硬的桌子上，而不是一張舒適溫暖的床上。

「我死了嗎？也許我是在太平間。」我想。但是我並不覺得我死了……好像我知道死是什麼感覺似的。然後我想，我一定是在手術室裡。這肯定是無菌室。然後我懷疑，我是否眞的醒了。

突然之間，我感到非常疲倦，變得沒辦法思考。我躺在冰冷堅硬的桌上，想要禱告，但是做不到。我的大腦不配合。我求生不得，求死不能。我希望上帝來決定。我唯一可以想到的是：「願祢的旨意奉行」，這幾個字像壞掉的唱片，一直在我腦中重複。

我安詳的呼吸節奏使我平靜下來。然後是一片寂靜。一種美好的寧靜感像一張溫暖的毯子覆蓋著我。我正是在這種平靜之中臣服了。「願祢的旨意奉行……」

在虛無的空間裡，我的心無法再糾結於過去或未來，它也無法用充滿恨意的酒醉聲音來折磨我。「願祢的旨意奉行……」

在這種幻覺式的夢境中，我只能感覺。

刺痛的夢

剛開始，我的手腳感到有點刺痛。隨著振動愈來愈強，我感到胃部一陣顫動，然後在我的鼠蹊部，我的第一脈輪，變成一陣強烈的抽動。它進入我的腹部，我的第二脈輪，然後一路向上到我的心輪。我又活了過來。感覺好像有什麼東西在我體內膨脹。當它充滿了我從未有過的感激之情時，我的心振動得好像就快要破裂了。我無法抑制這種感覺，它彷彿穿透我的每一個毛細孔，從我身上傾瀉而出。然後我感覺到了至福。

突然間，我被上帝純淨的光芒所籠罩。它照亮我每一寸的生命，進入我的每一個細胞。當白色的光芒洗滌著我，我感覺沐浴在它愛的頻率之中。我感覺到如此潔淨、溫暖，並且重生了。

躺在那裡，臣服在上帝之前，我感受到祂無條件的愛、祂奇異的恩典和祂的平安。

我沒有死。我活過來了！並且醒了。躺在那裡，在上帝純潔的光中醒來，我感覺祂已經洗淨了我所有的罪。然後我感覺到祂的平安。祂的平安真的「超越所有人的理解」。在這個世界上，沒有什麼比感受到上帝的平安更美好的。

當我開始冥想，我很驚訝能夠再次擁有同樣美好的呼吸與療癒體驗。你也可以擁有。上帝的平安存在我們所有人的心中。這是耶穌的應許。這是你夢想的自由。

自從二十六年前，那個改變命運的時刻以來，我沒沾過一滴酒，或任何毒品。我對它們的渴望就像一場夢魘在晨光中煙消雲散了。我的夢治好了我。

我留下平安給你們，我把自己的平安賜給你們；我所給你們的，跟世人所給的不同。你們的心不要憂愁，也不要害怕。（《約翰福音》14：27）

凱特的解析

如果這是我的夢，我會認為這是一個入眠前的療癒夢，這會讓夢者懷疑他們是睡著了或是醒著，並往往帶有幻覺的特質。

伯克醫師的評論

聽起來，黛博拉所描述的是一種以夢境形式呈現的瀕死經驗（near-death experience，簡稱NDE），使得她能夠真正地從成癮中復活。能量通過脈輪的描述，也是典型的昆達里尼瑜伽能量流動的過程，這可能是因為沉浸在白色的神聖光芒中所導致的。這當然不是普通的夢，因為即使是像〈乳癌夢境研究計畫〉中所報導的那樣生動的夢境，我也懷疑它能治好酒癮。然而，瀕死經驗通常會帶來四個徹底的轉變，包括對死亡的恐懼感消失、感受到生命的意義、通靈能力增強，以及電生理學的改變，所有的這些都可能有助於她的療癒①。

---

① Morse, M. and Perry, P. *Transformed by the Light: The Powerful Effect of Near-Death Experiences on People's Lives* (New York: Villard Books, 1992).

42

囊腫纖維化/器官移植：來自死亡邊緣的生命

印加・尼森鮑姆（Inka Nisinbaum）

一九七九年，在我出生之後，醫生告訴我的雙親，我只有四年可活，因爲我先天患有囊腫纖維化（cystic fibrosis），這是遺傳自父母的遺傳性疾病，會影響到肺、消化系統和肝臟。它無法治癒，早晚會致命，最好及早做好心理準備。

當時，大家對簡稱爲ＣＦ的囊腫纖維化所知不多。對病情的預判讓我父母傷心欲絕。不過，我長大了，多虧了許多藥丸、靜脈注射抗生素治療，以及跑步。跑步讓我的肺部保持乾淨、讓我跑贏ＣＦ，並且讓我變得有韌性。

二十二年之後，在學習心理學並準備進入我人生下一個階段的時候，我的ＣＦ突然又追上我了。

三月的一個早晨，在去大學的路上，我意識到這不是我想要過的人生。由於我的肝臟衰竭，我的腹部充滿了液體，極度地痛苦，而且腫得離譜。我看起來像懷胎八月。我每一次呼吸都得奮力掙扎。我和疾病的奮戰失敗了。

二〇〇一年四月二日，我接受了一個事實，那就是進行肺部和肝臟的雙重器官移植是我唯一的存活機會。但是，當時發生了一場悲劇，我的好朋友馬里歐死於摩托車意外。這好像我們的靈魂似乎比我們更了解對方一樣。我沒有太多時間爲他哀悼，因爲幾天之後我進行了一次疝氣手術，正在掙扎著康復。我跑步的時間已經變成用來掙扎——掙扎著康復，掙扎著存活。除了我自己，我沒有餘力關心其他人，於是我忘了馬里歐。

二〇〇一年九月十一日，我收到一封信，信上正式列出我將接受雙重器官移植。這一天對我來說，象徵著新的開始。從那天起，我掙扎的力氣還要挪一部分出來，等待有人打電話來告訴我，我的診所已經收到了給我的器官。二〇〇一年八月十八日，我在夢中遇到了一位受歡迎的訪客。

馬里歐同我在一起

馬里歐，那個我好幾個月都沒有想到，或沒有機會好好說聲告別的已故好友，造訪我的夢境。我們坐在一棟房子的客廳裡，像往常一樣聊天，周遭有很多活動。好像有人要搬進來或搬出去，但我不太確定。而當我們聊天時，我不禁納悶，爲什麼馬里歐會在我的夢中，坐在我身邊，但卻死了。

當我醒來的那一刻，我確知馬里歐已經死了，但仍然同我在一起，並且會在移植過程中保護我、照顧我。這種感覺如此清晰、真實，我立刻寫下我的夢。

二〇〇二年一月二十二日，我又做了夢，夢見我被照顧得很好，沒什麼好擔心的。

我夢見自己在醫院裡，醒來後十分驚訝地發現，我的三重器官移植根本是小事一件。整個手術花了四個小時，我沒有任何痛苦，而且我還能夠站起來。我的腿有點腫，但症狀很快就過去了。我在大廳裡上下走動，而且能夠真正呼吸。我還沒有準備好去看我的肚子，也害怕去碰觸那新的傷疤。不過，我的移植手術感覺很輕鬆；太完美了，以致於我忘了告訴任何人。沒有人知道我剛才在醫院裡，正換上新的器官。

我寫道：「我昨晚做了一個超酷的夢。」另一個充滿希望的時刻，另一個感恩的時刻，另一個我可以相信我所期盼的——器官移植後可以過健康人生的時刻。最終，我必須等待十五個月才能進行移植。在這段期間裡，我的夢是血腥、殘酷的，象徵我內在的交戰。在二〇〇二年十二月二十八日，聖誕節的三天後，電話來了：幫我移植的診所有器官在等我。

移植本身進行得很順利，如我所願，換掉了肺部和肝臟。我在加護病房恢復期間，護士幫我打了七天的鎮靜劑，我做了很多夢。一個重複出現的夢非常奇特，而且都有相同的場景。

死亡的臉？

那是一個漆黑的夜晚，在城市裡一條空蕩蕩的街上。下雨過後，街道還是濕的，街燈的光映在水坑上。我獨自站在街頭，不知道自己該做什麼，也不知道爲什麼我會在這裡，這時，我看到一個電話亭。裡面站著一名男子，穿著一件長大衣，戴著一頂帽子，米色的布料，讓人想起一九六〇年代的服裝。每次我一瞥見他，他就轉過半個身子，打開電話亭的門，開始沿著街道走。每次我看到他突然離開，我知道我只要能看到他，只要能不跟丟他，只要他不轉身過來讓我看到他的臉，我就會平安無事。

在我能夠說話之後，我告訴媽媽這個夢，而她立刻知道這個男人是誰。是我的舅舅，她的弟弟。他總是穿戴著米色的長大衣和帽子。我從來沒有見過我舅舅，因爲他在我出生前十天，死於霍奇金氏淋巴瘤，享年三十七歲。在我出院之後，他再也沒有在夢裡跟我說「嗨」，但是因爲他在我最需要的時候出現在我身邊，我感覺跟他很親近。我相信一旦我的時間到了，他就會來接我。這是我很期待的。

十天之後，我住進了醫院的普通病房，但晚上還是讓我感到害怕。我的夢裡總是充滿了人。就好像每個我遇過的人都來我夢裡探望一樣。我認識的人，我所愛的人，還有我多年來未曾想到的人。他們都來了，但什麼也沒說；他們就只是在那裡，擠滿了我的夢。最後我要求吃安眠藥，讓我睡得更入眠一點，以避開所有的人。

回想起來，我的夢讓我把從器官移植恢復想得太過輕鬆了。我現在很健康，甚至化不可能爲可能，在二〇一三年成爲了母親。我是全世界唯一一名在接受過肺部和肝臟雙重器官移植之後，還能夠生小孩的婦女。我總是說，上帝把我送回來了，但卻忘記告訴我在這裡該做什麼。重拾健康是一條充滿艱辛坎坷的道路，但是最終，我夢中的預言應驗了。

二〇〇五年，我遇到了我未來的丈夫，他給了我所有需要的支持，讓我對自己的生命、對自己，以及我的健康有信心。我過去每星期會夢到一個殘酷的夢，但是我現在一年只夢到兩次。我的戰鬥結束了。我現在很健康，我的夢也是，就如它們所預言的。

凱特的解析

這些夢就像這本書中許多夢者的夢一樣，它們應驗了，而且挽救了生命，如果這是我的夢，我會將它們定義為多重的預知夢，顯示了她手術的成功，清明的療癒夢中有已故親友的探訪。這些夢是印加邁向健康人生的夢境之旅中，很重要的一部分。

接二連三夢到親友造訪的夢（通常發生在分神的時候），就好像能量麵包屑（天降瑪納❶），夢者會跟隨並享用，以邁向療癒的下一步。

印加第一個夢到馬里歐的夢是清明夢，因為她知道他已經過世了，她很納悶為什麼她和他會一起坐在夢裡的客廳。房子可以代表身體，而客廳（living room）則是雙關語，即你所生活的房間，你家的心臟。印加第二個夢是預知夢，以一個成功的手術顯示了她的未來——她會活下去的。她成功地完成了多重的器官移植，有了一個孩子，和充滿愛心的丈夫，這些都讓她的夢得到了驗證。

印加的第三個夢是重複發生的夢，因為她在加護病房時夢見很多次，並且知道，如果她沒有看到那名男子的臉，她就可以活下去。發生在夜間或黑暗中的夢，通常是薩滿式的療癒夢。雨／水是一種靈性，並且是情感和情感狀態的象徵。它也可能意味著淨化和更新。印加處在生死交關的疆界之間，在那裡，亡者可以到訪，生者可以等待。電話亭經常出現在夢中，可能代表了想要與某人聯絡的渴望。這個夢所得到的驗證是，印加的母親認出了她已故的兄弟，他在印加出生之前就過世了。

❶瑪納（mana），是耶和華在曠野賜給以色列人的一種神奇糧食，外形圓小有如麵包屑，色白純淨，好像地上的霜。

伯克醫師的評論

在我讀醫學院的一九七〇年代，大部分的囊腫纖維化患者，很少活超過十幾歲。跨膜傳導調節蛋白基因突變導致分泌物明顯增厚，造成了肺部慢性感染。更現代的療法已經延長了他們的生命，而且隨著器官移植的可行，許多因遺傳疾病受損的器官，現在可以替換，就像印加的狀況一樣。

現代器官移植的時代開始於我擔任住院醫師的一九八〇年代，它剛開始的時候，就像醫學版的英雄電影《飆風戰警》，一個換肝手術可以浴血奮戰花上一天一夜。現在，這些手術愈來愈常規化，一次有效的手術就可以進行多重器官移植，但是仍然是一種相當嚴峻的考驗，比她第二個令人鼓舞，但不太準確的夢要艱難許多。

也許這些過於樂觀的夢正是她所需要的，以度過她在加護病房打鎮靜劑的一週，以及隨後漫長的康復過程。有她的朋友馬里歐和舅舅作為嚮導，似乎給了她信心繼續奮戰下去，並最終在幾年之後完成了她生孩子的壯舉。附帶說明一下，有很多器官移植受贈者，特別是心臟移植，會夢見跟他已故的捐贈者相關的夢。

我不知道捐贈者是否還在守護著他們的器官，以確保他們的捐贈沒有白費。印加童年的疾病，透過長大後的夢境獲得了解決，她的這個故事把我們帶入了本書的第七部，這部分要從一個兒童的療癒夢開始。

第七部

兒童的夢

43

「上升，上升，上升！」

卡蒂．坎伯爾，醫學博士、公衛碩士

我在威斯康辛大學進行兒科住院醫師培訓時，我的任務之一就是幫每一位接受過骨髓移植（通常是爲了癌症）的兒童進行日常體檢。不用說，大多數孩子不喜歡在醫院裡一大早醒來進行體檢和抽血。有一天早晨，其中一位小女孩已經起床，而且非常開心。

「怎麼了？」我問：「你今天心情一定很好。」

她信心滿滿地說：「那是因爲今天我的（血球）計數上升了！」

「這眞是太好了，但是我們通常不會期待在一兩天之內看到血球計數上升，」我謹愼地回答。「你爲什麼會認爲它們今天會上升呢？」

她解釋：「我昨晚夢到溫度計一直在上升，上升，上升，這意味著我的血球計數也在上升。」

我們好奇地爲她做了檢查，並且一如往常地將她的抽血送去檢驗。

果不其然，她的血球計數急遽增加，比預期的超前好幾天。

這使得我對病患所做的夢肅然起敬，並且注意其中的線索。這原本可能意味著她會發燒，畢竟這是溫度計在上升，但是她準確地解析了自己的夢。

凱特的解析

如果這是我的夢，我會認為這是具有象徵性的預知診斷療癒夢，溫度計象徵著「她的水平」正在上升，而這還沒有被看見。這個夢顯示了某種療效正在發生，而且在未來會得到醫療檢驗的證實。這個孩子了解她夢境的正面含意，並且有足夠的信心與她的醫生分享。

伯克醫師的評論

這個夢讓我想起了凱特的「小氣泡」夢。當然，我們無法確定這個夢本身是否就像凱特的情況那樣，是造成血球計數上升的原因，或它真的就是預知夢，預測到第二天的檢查結果。有趣的是，這個孩子能夠自信地以正向的方式解析這個夢，儘管它可能也有發燒的負面解釋。

國際夢研究學會解析夢境的原則就是，夢者永遠有最終的解釋權。這個奇異的夢境是由一位全人兒科醫師所陳述的，剛好可以讓我們完美地過渡到下一章，由全人外科醫師西格爾所寫的兒童的夢境。

44 心靈、身體、療癒和集體意識

伯尼・西格爾醫學博士

「它們簡短、清楚、連貫、容易理解、毫不模糊，而且毫無疑問的是個夢。」

——佛洛伊德，〈童年的夢〉，一九二〇年

呈現在孩子夢中的事物，可能與孩子的身體經驗、心理和靈性狀態，以及特質有關。他們心胸開闊，跟他們合作愉快，因爲他們不像大人那麼害怕他們的夢不正確。有很多大人拒絕我的幫助，因爲他們不是藝術家，或是不願遞給我一頁說明，描述如何畫出我請他們畫的夢。大人們太過忙於思考，以至於失去了他們的心，眞的是這樣。他們無法獲得夢和意識的智慧，因爲他們沒有連結上自己的感覺和直覺的知識。

夢是創作，而創作是一種奇蹟，所以請各位加入，讓浩瀚的心靈和聲音對你說話，並且透過你，對世界的孩子說話。幼兒的大腦腦波模式類似於被催眠的人。他們的大腦就像一塊空白的畫布，可以在上面創造出虐待性或療癒性的作品，並使其具有視覺效果。

我們有一個孩子用「words」（言語）這個字填滿了畫布。你會注意到，就像我一樣，「wordswordswords」會變成「swordswordswords[1]」，而作爲一名外科醫生，他讓我意識到言語可以殺死或治癒某個人。我們對這些言語的意象，是我們回應意識中的這些意象所產生的結果。我是一名小兒外科醫生，並且了解我的言語對於信任我的孩童和他們的父母多麼有影響力。我的話成爲他們的意象和眞理。當我考慮要做麻醉時，我告訴孩子，他們會在手術室裡睡著，結果當我們把他們推到手術室裡時，他們就睡著了。他們把我的話當眞，因而改變了他們的意象。就像告訴他們酒精海綿會麻痺他們的皮膚，讓他們不會感覺到針刺一樣。

孩子樂於體驗和相信夢境，因爲他們還沒有被教導要去相信他們身邊的權威人士，或者因分享自己獨特的經歷而感到尷尬。夢中的天使或已故親人所傳達的訊息，對他們來說都是眞實的，就像它們對我來說也是眞實的一樣，因爲這些我都曾經歷過，所以我不能，也不會否認這些事實。

我在四歲的時候有過一次瀕死經驗，當時我被一個玩具噎住了，差點窒息，這讓我進入了一種做夢般的狀態。我因爲一邊耳朵經常感染，躺在家裡的床上。我拿起正在玩的玩具電話，旋開撥號盤，然後把所有的零件都放進我嘴裡，因爲我曾經看到木工像這樣把釘子放進嘴巴，然後再抽出來使用。問題是，我吸進了碎片，造成喉痙攣。我仍然能感覺到我的肋間肌和橫膈膜在用力收縮，試圖讓肺部吸進一點空氣，但是一點用都沒有，我也無法發出聲音來求救。我沒有了時間感，但突然意識到，我不再掙扎了。我現在在床頭上方，看著自己的身體快要死了。我的自我現在已經從曾經居住的身體解脫了。

我發現從我的身體解脫出來是一件美好的事情，而且是一種祝福。我將它詮釋爲，這揭示了意識和身體、心靈和肉體，是兩個截然不同的實體。我從來都不曾停下來思考，在我離開我的身體時，我怎麼還能夠看見和思考。廚房裡的母親將會發現我死了，我對此感到很抱歉，但是我想了一想，發現我的新狀態更讓人喜歡，因此在理智上選擇了死亡而不是存活，就像大多數經歷過這種狀況的孩子一樣。

然後，床上的男孩，我不再認定那個人是我，一陣痛苦的發作，嘔吐，所有的玩具碎片全都飛了出來。他又再次開始呼吸，當我不甘願地回到我的身體時，我非常生氣，好像我是被吸塵器吸回去的一樣。我仍然記得自己大喊：「是誰幹的？」我四歲時的想法是，上帝有一個時間表，我現在還不應該死。我今天則會將它解釋成，我的天使顯然對我做了一次哈姆立克急救法。

由於我後來的生活經驗，我真的相信有一個我們創造的時間表，而且會不自覺地意識到。有

❶ sword 為刀、劍的意思，此處為雙關語用法。

兩次，我的車子被闖紅燈的人完全撞毀；還有一次，我從屋頂上摔下來，當時我木梯最上面的橫檔折斷。在這些事件中，我的身體都沒有受到任何嚴重的損傷。

有人告訴我，這是因爲我有個天使，他知道他的名字。我問他，那名字叫什麼，他反問：「梯子壞掉的時候，你說了什麼？」

「我說，喔，Shit❷！」

他說：「這就是他的名字。」

我開始大笑，我還要補充一點，當我以慷慨激昂的語氣呼叫他時，他總是會出現。

我們都需要分享這些經驗和夢提供給我們的資源，而不是去擔心別人怎麼看待我們和我們的經驗。夢是我們心中創造的一幅畫。透過夢境圖畫日記，你會發現和手寫的夢境日記揭露的內容相同。對於缺乏描繪夢境詞彙的兒童和大人來說，利用藝術作爲一種記錄夢境的形式是很有幫助的。

此外，圖像呈現了事實，而且比某些象徵性的夢境含意更容易解析。

夢境與畫出腫瘤

我有個孩子在七歲的時候，告訴我他膝蓋受傷了，需要照個X光。我告訴他去泡個熱水澡可能更恰當。但是他堅持己見，由於我有過內在智慧的體驗，所以我們去做了X光檢查，並非巧合的是，它顯示出一顆腫瘤。我以為是惡性的，所以非常沮喪，直到他照了X光之後的第二天，他成了我的心理醫師，並且告訴我，我處理得很糟。透過手術發現了一個罕見的良性腫瘤，而他到今天都還安然無恙。

就顯示出夢境素材和眞相的圖畫來說，許多孩童都產生了連結。有一個孩子，她從未進過她將要進入的手術室，在手術前畫了一張畫。她象徵性地顯示出兩盞燈和燈上的四顆黑色旋鈕、即將蓋在她身上的彩色布簾，以及將會照顧她的四個人，這些全都是正確的。

夢顯示了過去、現在和未來。當有人做夢，然後畫出魔鬼給他們毒藥，或把手術房當成一個空的黑盒子，如果他們不改變自己的信念的話，他們就會陷入麻煩。透過意象，我們可以藉由將同樣的事物看作是成功和療癒的，來重新設定我們的身心。因此，如果你在選擇要和誰結婚、要接受哪份工作、要住在哪裡，或是要上哪所大學，畫出你的夢境和選項，然後你就會看到它們的優點和問題，以及最適合你的選擇。

對於大人，我有以下的建議：不要擔心你不是個藝術家。你並不需要成為藝術家才能呈現出夢境和圖畫中的眞相。我曾經讓生病的父母要求他們的孩子為他們畫畫。孩子可以為另一個人做

❷ shit 為大便、屎的意思，常被拿來當粗話罵人。

夢嗎？可以如本書第八部看到的，如古埃及人和希臘人所相信的那樣，為父母畫出那個夢嗎？當然，孩子會憑直覺顯示眞相，但是你不應讓恐懼阻止你幫助你自己，並且展現你內在的智慧。

一個孩子在紙的上方畫了被黑布蓋住的紫色氣球，氣球上寫著她的名字。它的周圍是五顏六色的圓點。我告訴這位媽媽，她的女兒已經準備好要走了，請帶她回家並好好愛護她。我說我不知道這些圓點代表著什麼，但是我弄懂了，當她的母親打電話來說：「伯尼，安布爾（Amber）在今天，也就是我的生日醒來，並且告訴我：『媽，我今天就要死了，這是我要送給你的生日禮物，讓你從所有的煩惱中解脫。』」當我們數著這些圓點時，我們明白了，它們代表著她生命剩下的日子。安布爾夢到了自己生命的盡頭，並且以一幅畫跟她的父母分享。

白日夢與觀想

有一位患有腦瘤的小男孩，不停地觀想有一架戰鬥機在他的頭骨裡飛來飛去，並且炸毀這顆腫瘤。他當時病得太重，無法去上學。有一天，他告訴父母，再也沒有任何腫瘤了，只有一個白色的斑點。他的身體狀況改善了，父母同意他重返學校。有一天他在體育館跌倒，撞到了頭。掃描後，只看到一個小小的鈣化。沒有腫瘤，只有白色斑點。

有一個睪丸不明顯的男孩，帶著一幅他自己畫的圖畫來到手術室。問題是：「他有睪丸嗎？」他的圖畫顯示他有很長的腿，他把它遞給我，並說：「它們長太高了。」案子解決了。

有個女孩和她的母親來到我的診間，母親說：「我女兒的脖子上有個很大的淋巴結，我們家有人得過淋巴瘤，我擔心她也有。」這位母親遞給我兩張圖畫。一張是臉和脖子都腫起來的孩子，另一張是一隻大貓，爪子非常突出。我告訴她母親：「別擔心，她得了貓抓熱。」她的切片顯示了這個診斷結果。這其中的許多圖畫都展示在我的《療癒的藝術》（*The Art of Healing*）這本書中。

另一個孩子拿到了一本著色本，這是有位麻醉師看到兒童畫畫的效益之後，便要孩子在手術前在著色本上塗上顏色。第一頁上寫著，麻醉師將會穿著看起來像綠色睡衣的衣服，但這個孩子把他畫成紅色。當我指出這點，麻醉師說，這個孩子的母親患有肌肉萎縮症，他可能帶有這個基因，這意味著肌肉鬆弛劑會對他造成不利的影響，從而危及到他的生命。我說要看看這本子的最後一頁，它顯示了一個孩子跟著媽媽回家，如果他用紫色，一種象徵死亡的靈性顏色，來畫他自己，這個手術就要取消。最後一頁顯示他穿著紅色和黑色，受傷而且不開心，但是還活著，所以我們照計畫進行。

一個有六名成員的家庭進來。他們的一個孩子得了癌症，並說：「我家人沒有足夠的時間陪我。」

我沒有討論每個人的行程表；我只是說：「畫一張你家人的圖畫。」

她遞給我一幅畫，畫中每個人都坐在沙發上，有一個位子空著，而她獨自坐在一張椅子上。

這對她的父母造成了影響，並且在回家時，爲他們的女兒規畫出一份非常不一樣的家庭參與行程表。

如果孩子的夢境經驗不能讓我相信集體意識，那就沒有什麼事情能夠做到。我完全相信意識是非局部的，而且不受限於身體。我也透過我照顧的病人的圖畫和夢境體認到這一點，這讓他們得知診斷，以及未來有什麼在等待著他們。

正如榮格所說的，「未來早已不自覺地提前準備好了，因此靈視者可以猜測到。」就如在本書第八部可以看到的，我們的夢可以覺察到他人的疾病。

第八部

診斷他人的癌症和疾病的夢——
和別人一起做夢，
以及為別人做夢

「值得一提的是，由於心靈歷程，就像任何其他的生命歷程一樣，
並不只是一個因果序列，也是一個有目的傾向的歷程，
我們可以期待夢能夠給我們一些客觀因果關係，
以及客觀趨勢的暗示，因為它就像是心靈生命歷程的自畫像。」

——榮格，《榮格全集．第七卷．二一〇節》

和別人一起做夢，以及為別人做夢，
是一種自古埃及和古希臘時代以來就曾被記錄與讚頌的現象。
它包括串連做夢，
在這種狀況下，夢者會在夜間同時分享或進入彼此的夢境。
在本章節中，
我們將看到夢如何運用宇宙一體的特性，
將我們與其他夢者聯繫在一起。
也許我們真的是我們兄弟姊妹的守護者。

45 腎臟癌和肺癌

賴瑞・伯克醫學博士、能量心理學專業認證

我第一次親身經歷到診斷夢，是在一九八七年感恩節的晚上，與我的父母共進晚餐之後，那時他們來費城探望我。

我夢見在電腦斷層掃描上，我的大腦左側有一顆腫瘤。每個人都感到很震驚，因爲我看起來很健康。

這是我這輩子第一次夢到癌症，但是我只是把它寫在我的夢境日記裡，並沒有多想。一週後，我在芝加哥參加北美放射學會會議，那時我母親打電話告訴我，我父親尿中帶血，在做過電腦斷層掃描後，左邊腎臟被診斷出有大型的癌症腫瘤。每個人都感到很震驚，因爲他看起來很健康。

西格爾醫師的《愛・醫藥・奇蹟》剛剛出版，我們全家人開始拜讀。他講了一個診斷夢的故事，而我記得，我的夢發生在前一年裡，我和父親唯一一起度過的那一天。在這本書的提示下，我認出了夢境和眞實生活的相似之處，對我來說，一切都變得言之成理了。我是以我父親的名字來命名的，名爲小大衛·勞倫斯·伯克。

腎臟的解剖結構與大腦相似，中間有一個髓質區域，周圍是皮質。我一定是在那次探訪中，憑直覺從他那裡得到了一些訊息，進而轉譯成這個夢。這使我體認到，醫療上的直覺是可能的。我第二次體驗到診斷夢，是在十一年之後的一九九八年，發生在北卡羅來納州。

我夢見我的X光片上顯示我得了肺癌，而我並沒有任何症狀。

因爲我與父親的經驗，我的第一反應是，這可能跟別人有關，所以我沒有立刻幫自己拍一張X光片，雖然拍X光片對我來說是輕而易舉的事。我決定靜觀其變，看看我是否會參透其中的含意。

在接下來的一週，我去參加喬·卡巴金（Jon Kabat-Zinn）正念冥想工作坊時，我在整合醫學中心的同事蘇珊·蓋洛德（Susan Gaylord），她也是北卡羅來納大學該計畫的主任，堅持我一定得去見見她的一位朋友，他也參加了這個工作坊。她介紹說，他跟我一樣，因爲他也是一名放射科醫師。我問他爲什麼會想來跟我們一起學習冥想，因爲在這種工作坊中有一名放射科醫師已經很不尋常了，更遑論有兩位了。

我不記得我預期他會做出什麼樣的專業回應，但是我沒料想到他的答案。他回答，他是爲個人因素而來的，他剛剛被診斷出罹患肺癌。當我明白我的夢是關於他，而不是我的時候，我恍然大悟，全身立刻受到一陣衝擊。我和他分享了我的預知夢，並祝福他早日康復。隔天我回去工作，並爲自己照了一張X光片，正如我預期的，完全正常。

凱特的解析

如果這是我的夢，我會將第一個夢定義為腎臟癌的診斷預知夢，第二個夢定義為預知的診斷夢，而且兩個夢都是為他人而做的夢，因為透過醫學檢測，夢者並沒有罹患這些疾病。這些夢是象徵性的，因為它們牽涉到意象，而不是直白的文字，由於伯克醫師精通自己的夢語，所以能夠了解這些夢。然而，一直到不久之後，當這些夢的預知層面應驗了，並且通過醫學的驗證時，它們的真正含意才被完全理解。

伯克醫師的評論

第一次經驗發生在我開始寫夢境日記剛滿一年之後，我在一九八六年搬到費城，這觸發了我寫夢境日記的動機。那是我靈性成長的密集期，其中包括找到我的第一家玄學書店，南街上著名的 Garland of Letters Bookstore，它是主要城市中少數專賣這類型書籍的獨立書店。那一年我還看了莎莉．麥克蓮（Shirley MacLaine）為電視電影系列製作的《Out on a Limb》，其中介紹了許多我從未聽聞的靈性觀念，例如靈魂出竅、通靈和靈媒的形成。到了第二次夢境體驗發生的時候，我已經埋首於我和馬蒂．蘇利文（Marty Sullivan）共同創立的杜克大學整合醫學中心，蘇利文是一位全人心臟科醫生，他透過一系列強大的預言夢，引導著我們的學術冒險。磁振造影檢驗師安．查爾斯，以及本書第三部出現的全人教育者帕里．德利維特，也在這個過程中貢獻出他們驚人的夢境，所以我的這些同事已經提前幾十年為我做好萬全的準備，讓我最終能夠進行〈乳癌夢境研究計畫〉。

46

癌症或不是癌症？

凱瑟琳（凱特）．奧基夫．卡納沃斯
普莉希拉．威拉德（Priscilla Willard）

這個故事源自於卡納沃斯《癌境夢遊：直覺切入治療》這本書第三十四章的內容。

「嗨，凱西，我是普莉希拉．威拉德。」答錄機上平靜的聲音掩蓋了眞正焦慮的程度。「我眞的很想跟你談一談，事情很緊急。」

我感到脊背發涼。普莉希拉從來沒有打電話給我。我立刻回電。

「所以，你看，我必須對手術做出選擇，即使醫生們也不確定它是否是癌症。他們只看到我卵巢上有一個可疑的區域，這讓我很痛苦。我不知道是否要去找波士頓的醫生，讓他徹底切除子宮，或是找岬角這裡的女醫生，她打算只拿掉上面有可疑區域的那一側卵巢。你能和我的嚮導談談，看看他們對這一切有什麼看法嗎？並且請問他們，這個位置是否有癌症嗎？」普莉希拉冷靜地解釋，然而我光是聽她說話，就爲她感到恐慌。

「派翠西亞（普莉希拉的表姊）和我，對『嚮導』在她的兒子湯姆做腹部手術時的幫助和準確性，感到印象深刻。我希望他們能夠和你談談我的事。」

「當然，我會試著聯繫你的嚮導。」我說：「一有消息我就會打電話給你。」

我用手摀住了臉。她怎麼能夠如此冷靜地解釋這一切？如果是我，一定會痛哭流涕。我一定會變得歇斯底里！這個C開頭的字，CANCER（癌症），仍然讓我怕得要死，即使不是我自己的。

那天晚上我特意爲普莉希拉做夢。當我開始做夢，一個窗戶彈跳出來，然後它在原地定住，就像電視節目暫停播放那樣。我之前做指引夢的經驗告訴我，這是一個訊號，我正在進入指引夢的地帶，這裡有如愛因斯坦博士所描述的時間連續體。

彈出式窗戶的夢境訊號

夢裡的彈出式窗户向我發出訊號，我的夢將會轉變成指引夢。彈出式窗户拉長，變成神聖的夢境之門，我的幾位方濟會修士嚮導，披著長袍，從夢境之門步入，他們示意要我跟著他們回頭穿過神聖的夢境之門。我不知道我們要去哪裡，直到我步入我稱爲交界之處的房間。

這個房間就像天國的等候室或會議室，位於生死的交界，在這裡，生者、亡者、天使和指導靈可以齊聚一堂共享訊息，並且偶爾來訪。這裡沒有時間，只有空間，白色的地板和牆壁無邊無際地連在一起。但是要通過神聖的夢境之門進入這間交界之處的房間，你必須得到你的指導靈、守護天使的許可，而他們則是從上帝那裡獲得許可。許可原則統治著這個夢的國度，沒有來自上面力量的邀請和明確的同意，什麼事情都不會發生或被說出來。

「爲什麼你希望我們給你檢測將會確認的訊息？」一位嚮導問，他的頭罩遮住了臉，雙手交疊在長袍的袖子裡。「我們不繞圈子，你也不用。」

「好吧，這相當直接。」我想。

我解釋我對他人醫療狀況的解讀感到不確定，如果我的解讀可以很快被醫學檢驗驗證，這可以增強我對直覺的信心。「如果透過夢境幫助他人是我應該做的事，請幫助我建立成功的信心。」

停頓了很長一段時間之後，終於發出了一聲：「好吧！」

「是的，她卵巢上的斑點是癌症，但是被抑制住了，所以不論她只切除一側的卵巢，或是切除整個子宮和兩側的卵巢，都沒有關係，因爲只有一側的卵巢受到影響。」

「如果其他的部分完全被切除，或是保持原樣，也不會有任何差別。她都可以過同樣健康的生活，」另一位嚮導微笑地對我說。

他的穿著並不像方濟會修士，而是像一名古代的亞洲男子，穿著紅白相間的彩色絲綢長袍。他有一頭白色長髮，綁著辮子，配上相襯的辮子鬍鬚。我的夢境轉移到天空中的大理石冥想平台，他從一條白雲鋪成的小徑向我走來。我很確定他不是我的嚮導，我的嚮導看起來像方濟會或德魯伊特教的修士，他們穿著棕色連帽長袍，繫著結繩腰帶，穿著皮革涼鞋。我很少看到他們的臉，因爲他們的頭罩總是把臉遮住了。也許這位是普莉希拉的嚮導。

「還有，」我的修士嚮導說，他朝我靠過來，彷彿在說悄悄話。「普莉希拉會從縫合線得到嚴重的感染，危及她的生命，因爲它們被標記錯了。」他轉身離去，但是又回頭喊了一聲。「是的，手術當天所有的縫合線都必須更換。」

我醒過來，伸手去拿我的夢境日記，寫下每一個細節。

我告訴普莉希拉那位亞洲嚮導所說的話，並且描述他的樣子，普莉希拉說：「喔，是的，那是寧（Ning）。我一直感覺到他在我身邊。」她的嚮導有個名字，我的嚮導有個頭罩。不同的人，不同的嚮導。

「好吧，我已經決定去找岬角的那位醫生了，她只想摘除一側的卵巢，因爲她不認爲有癌症，只是個囊腫，」普莉希拉說，「我進行手術的時候，你將會做放射治療吧。」

「我在做放射冥想的時候會把你包含進來，」我脫口而出，還來不及意識到這些話可能會嚇到她，當她想到放射治療射線和她的手術在同一個冥想泡泡裡時。

「那太好了。謝謝，」她回答。

就這樣，在普莉希拉的卵巢被送去病理檢查之後，發現它是癌症。於是她被推回手術室，切除了另一邊的卵巢和子宮。但病理檢查結果顯示，這些並沒有癌症的跡象。正如那位指導靈所說的：子宮有沒有完全切除並不重要。

隔天，普莉希拉的表姊派翠西亞打電話給我。

「啊，親愛的，我打電話來是因爲普莉希拉發燒了，醫生也不知道爲什麼。他們似乎找不到感染的地方。普莉希拉的女兒打電話說，普莉希拉想知道，你是否可以跟她的嚮導談一談，看看是怎麼一回事？」

「當然，」我告訴派翠西亞：「我想是嚮導在我夢裡提到的縫合線，當時我完全不懂他的意思。請告訴普莉希拉的女兒，讓醫生檢查一下他使用的縫線，他以爲這是可溶解的那型。我認爲它們並不是，它們可能造成感染和發燒。一旦我知道任何消息，我會再打電話給你。」

「你確定要這樣做嗎？我不希望你過度勞累。」派翠西亞是在擔心我的健康，因爲儘管放射治療進入尾聲讓我感到很開心，但我也感到前所未有的疲累。

「沒問題，我可以在舒適的床上跟她的嚮導聯繫，」我回答她，並掛了電話。普莉希拉的嚮導正等著跟我說話。

那位亞洲嚮導

我冥想到一半的時候，進入了深度睡眠。普莉希拉的嚮導出現了，並且帶我到普莉希拉的醫院病房，我在那裡看到許多「處於靈魂狀態」（死去）的人，正在守護著普莉希拉。當我靈魂出遊（astral-traveled）到這裡，他們便向我打招呼，對我介紹他們的名字，所有的人都同時發言，然後站在一起，好像在擺姿勢拍照，並說：「告訴她，我們都在相簿裡。」

在我離開夢中普莉希拉的病房之後，我打電話給派翠西亞，告訴她「那些探訪者」。「我剛跟普莉希拉的女兒講完話，她不知道你在普莉希拉病房裡看到的那些人是誰，」派翠西亞在電話上說：「不過，結果證明你是對的，感染是在縫線上，他們的確用了錯誤的縫合線。顯然，它們被貼錯標籤或發生了什麼差錯，醫生必須幫許多病人把縫線拆除。醫院裡發生這種事情眞是令人難以置信，不過更令人難以置信的是，這些嚮導是如何得知這些訊息的。

「此外，請告訴我關於醫院病房裡的那些人，因爲普莉希拉說，你所描述的那位有著一頭黑色鬈曲短髮的護士，正是她的護士。所以你來對了地方。你告訴過我，你看到的那位活著的護士是黑白的，而病房裡那些『去世的靈魂』是彩色的？」

黑白的靈魂

我解釋，我在冥想的中途睡著了，並且發現自己在普莉希拉的醫院病房，而不是在我天空中的專用之地。普莉希拉睡著了，但是房間裡到處都是穿著彩色衣服的人，彼此互相交談。然而，護士穿著黑白色的衣服，似乎沒有注意到房間裡的騷動。

「當我靈魂出遊到病房時，我幾乎是在護士的頭頂上。」

「嗨，普莉希拉的縫合線感染嚴重，因爲它們的型號不對。它們不會溶解。她需要花六個月的時間才能從併發症中康復。她也需要換一個新的醫生。我不喜歡她的醫生，」我一恢復鎮定，一位三十多歲的漂亮女士便這樣對我說，她留著一頭閃亮的披肩棕色長髮，穿著一九五〇年代的服裝。

「親愛的，你怎麼想，」她問，轉向一位英俊的紳士，他正低頭凝視著普莉希拉。

「是的，我非常同意。但是我們會待到她好轉，這應該會很快。」

「你們是誰？」我終於開口問了，因爲我對這些人、他們的談話，以及他們想當然地認爲我預期會看到他們，並且知道他們是誰，感到驚訝。而他們似乎認識我。

「喔，我們是一家人。我是琳達，這是我丈夫凱文。」她指的是那位高大、黑髮的紳士，他聽到自己的名字，轉身微笑。「還有這位是我兒子，傑夫，」她說，一位大約十七歲的男孩，高個子，黑頭髮。他站在他母親身旁，從頭到尾都沒有說半句話。

就在這個時候，他們靠攏在一起，讓兒子站在中間，並且擺好姿勢。「我們在家庭相簿中，」她微笑說。然後，我的嚮導出現，護送我回到我的身體和床上。

在接下來的幾天，縫合線導致的感染，影響到普莉希拉的心臟，她被送進了加護病房。以某種方式（我確定是在嚮導們的幫助之下），派翠西亞和我偷偷溜進去看她，並且告訴她嚮導所說的話，關於她六個月就會康復的事情。我握著她的手，而派翠西亞則站在床尾，用手握住普莉希拉的腳。

「如果你們不是她的家人，就不能在這裡！」護士說，她很驚訝我們竟然從她身旁溜進去了。

「喔，我們是一家人，」派翠西亞撒了一個善意的謊言。她有講嗎？然後我們離開了，相信普莉希拉知道她會活下來。

而她做到了。六個月之後，她又回復到原來的樣子。此外，在她出院之前，她的女兒打電話告訴我，普莉希拉已經告訴她去哪裡找家庭相簿。裡面包括了在醫院探訪她的已故家人，照片背面漂亮地寫著日期和他們的名字。在那張黑白老照片中，他們擺出的姿勢跟夢中所描述的一模一樣。

凱特的解析

這個夢是預知夢，因為它預言了縫合線會被感染；也是診斷夢，因為它診斷出癌症；而且是療癒夢，因為它提供了從感染和癌症中存活下來的治療建議。雖然這個夢是直白的，因為它充滿了指導靈提供指引的直接對話，但它仍包括了一些象徵，似乎是為了獲得額外的驗證。夢中的窗戶可能象徵著洞察力（雙關語），或是你對生活某些層面的前景或看法。你可以從窗戶往內或往外看。門象徵著生活從一個階段或情況過渡到另一個階段。在這個夢中，窗戶可以洞察到過渡的地方，這為充滿挑戰性的生活，提供了一個正向的前景。

普莉希拉的指導靈，寧，頭上和臉上都編了辮子，穿著飄逸的紅白長袍。

頭髮代表來自頭部的思想。臉上的毛髮可能是雙關語，指看得見的思想。長髮象徵著神性。紮著辮子的頭髮代表整齊有序的思想、決心和堅強的意志。銀色或白色的頭髮代表思想純正。紅色和白色代表純潔的力量，而飄逸的長袍是喜慶的象徵。寧代表著秩序、看得見的神聖思想，編紮在強大的喜悅之中。

黑白的夢境有顯著的雙重含義。黑色可能意味著神祕、潛意識、哀悼和潛力。白色在夢中可能意味著清醒的頭腦、純潔、重生和潛力。

我經常被問到：「為什麼在病房裡看到活著的護士是黑白的，而死去的訪客卻是彩色的。」對於這種現象有多種解釋。一種答案是，我們是在亡者的國度裡與他們交談。通過亡者的眼睛所看到的活人，有可能看起來像是一部古老的黑白電影。相簿中找到的已故親人，他們看起來是黑白的。這可作為驗證。另一種可能的解釋是，我是透過夢中已故親人的眼睛看到普莉希拉。

夢的研究顯示，你小時候所看的電視類型，對你夢境的顏色有深刻的影響①。從一九一五年到一九五〇年代的研究顯示，二十五歲以下的人，夢幾乎都是彩色的，然而成千上萬超過五十五歲的人，他們成長在黑白電視機的年代，夢經常是黑白的，即使到現在也是如此。在電視機出現之前誕生的人，他們看的是黑白照片。英國鄧迪大學（Dundee University）心理學學生伊娃．莫辛（Eva Murzyn）是這項彩色夢 vs. 黑白夢的研究人員之一。在普莉希拉病房中的那一家人生活在一九四〇年代。也許我是透過他們的眼睛看到他們的。

---

① http://www.telegraph.co.uk/news/science/science-news/3353504/Black-and-white-TV-generation-have-monochrome-dreams.html

伯克醫師的評論

凱特能夠設定意圖，希望在夢中獲得健康訊息，然後真的讓夢境傳遞了這些訊息，這是一種相當了不起的技能，特別是這些訊息來自不熟悉的嚮導或已故的親戚時。這實際上是一種醫療直覺，也是我過去二十五年一直在研究的主題②。醫療直覺諮商師例如：凱洛琳．梅斯（Caroline Myss）以及我在門羅研究所（Monroe Institute）的教學夥伴溫特．羅賓森（Winter Robinson），他們能夠在清醒狀態下獲得診斷訊息。其他人，例如艾德格．凱西，只能在出神狀態下進行診斷。這是一種可以透過練習開發的天賦才能。然而，它還需要更多的研究才能獲得傳統醫學的認可。

② Burk, L. Psychic/intuitive diagnosis: Two case reports and commentary. JAltern Complement Med [letter] 1997;3(3):209-11.

47 我兒子的脊髓粘連和癲癇治療

蘇珊娜・瑪麗亞・德・格雷戈里奧

在伯克醫生〈乳癌夢境研究計畫〉中的同輩，他們的經歷都貫穿著一個主題，那就是在治療過程中與治療後，都會放慢腳步，深入自我，尋求指引與解答。但是對我而言，情況恰巧相反。我的世界加速了。你知道的，我不只要爲自己的生命奮戰；還必須救我的兒子。

愛力克斯患有癲癇和其他神經系統問題，這導致他巨大的痛苦。他在尖叫中醒來，在尖叫中上床，並且在這中間的大部分時間裡尖叫著。多年來他都處在崩潰狀態。我無法工作，因爲當愛力克斯攻擊其他小孩時，這經常發生，我就得去學校接他回來。這個孩子痛到發瘋，卻說不出來到底是哪裡受傷。

燈光和聲音會讓我兒子招架不住，他無法忍受待在公共場合，這也有效地把我們全都困在家裡。當我們眞的出門，而他的神經系統風暴發作，需要抓住一些東西，他偶爾會在我開車的時候，抓住我的頭髮，把我拉到汽車後座。愛力克斯上下不停地咬著他的手臂，直到瘀青。

我開始做夢。

愛力克斯的意外

愛力克斯發生了可怕的意外，然後起身，若無其事地走開。有一次，他開著一輛卡車從懸崖上掉下來，然後毫髮無傷地出現了。還有一次，我驚恐地看著他從幾層樓高的陽台摔到水泥地上。他一動不動地躺著，扭曲了幾下，然後站起來走開。

從此之後，我開始關注我預知夢的品質，尋找模式和連結點。當有關愛力克斯的某個甦醒夢佔據我的生活時，這樣的活動便變得很珍貴。對我來說，那些反覆出現的夢境，預示著未來的路途並不平坦。

愛力克斯開始不良於行。我兒子一直都有腸胃問題，所以安排了一次腰椎的磁振造影，連同髖關節也一併做了。結果在他的髖關節發現一個良性腫瘤，此外，愛力克斯還有脊髓粘連。我們的脊髓靜靜地躺在我們的脊柱內，絕對不是用來拉伸的。可憐的愛力克斯打從在子宮裡就被緊緊綁著，隨著他長大，他的脊髓就一直被拉伸，造成他巨大的痛苦。經過矯正手術之後，他站起來走路，就像他在我夢中那樣。

事後檢視這些模擬生活的夢境，給我上了關鍵的一課。在擔心有什麼可怕的事情即將降臨在我孩子身上的時候，我忽略了愛力克斯在兩個夢中毫髮無傷地起身，並且走開的意象。在我痛苦的心靈中提供這種充滿希望的空間，可以及早消除我過度的憂慮。從那以後，我學會了把所有潛在的預知夢資料都視爲相關的重要訊息。

我兒子的健康問題就像剝洋蔥一樣：一個問題解決了，卻又露出下一層的問題。他的癲癇藥雖然有用，卻不足以穩定他的大腦。有一天，我撲倒在地上啜泣，乞求答案。

言語不足以描述接下來發生的事情。時間似乎扭曲了，而我的心一片寂靜。我感到以下的訊息默默地印刻在我心裡。

在青春期前後，會發生一些事情，這將會徹底改變愛力克斯，但是你必須密切注意，否則你會錯過它。

愛力克斯十歲了。這是新的。我習慣解析從夢中取得的預知訊息，但這件事暗示我必須在現實中尋找答案。

愛力克斯預期可以痊癒，這讓我大受激勵，我每天都在搜尋線索，閱讀醫學摘要和新聞報導，有如大海撈針一般，希望發現他的奇蹟，當時，我偶然發現了桑傑・古普塔（Sanjay Gupta）醫生的CNN紀錄片《Weed》（大痲）。我看到大痲植物對小兒癲癇病人的驚人改善。愛力克斯現在十一歲了，接近青春期。

我們住在肯塔基州的路易維爾，而不是加州或科羅拉多州，大麻在這裡是非法的。爲什麼我們的兒子要被剝奪了最好的機會，只因爲我們住錯了地方。我開始研究立法程序，了解必須做哪些事情才能取得大麻油（hemp oil）。

愛力克斯說話

大約在那個時候，我夢到愛力克斯用流利的句子跟我說話。那個星期，我姊姊打電話來，告訴我她夢到愛力克斯正在跟她說話。而我的朋友凱瑟琳夢見我兒子騎著單車的時候，她就走在他旁邊。他告訴她，患有自閉症的時候，他過得有多辛苦。

一個星期。三個人。類似的夢。這個油就是解答！這將是愛力克斯改變命運的關鍵。我必須完成一些事情。我集結了一群患有癲癇的孩童父母，並且獲得了該州癲癇倡議團體的加入。我們推動了立法。不到四個月，大麻素油（cannabinoid oil）或稱做CBD，在肯塔基州基本上合法了。然而，各州和聯邦法律之間的差異，仍然剝奪了孩子的用藥。因此，我把重點轉移到改變聯邦醫用大麻的法律，該法尚未通過。

我的化療注射站成爲一個移動的指揮中心，讓我能夠跟全國的父母共同努力，促使聯邦政府將醫用大麻合法化。一位研究員曾經在我注射的過程中，全天候坐在我身旁。我們彼此交換意見。當腫瘤科護士在幫我注射 Taxotere, Carboplatin, 和 Herceptin 這些抗癌藥物到我體內系統的同時，我經常在和參議員保羅（Rand Paul）、麥康奈爾（Mitch McConnell），以及眾議員亞爾馬斯（John Yarmuth）的辦公室講電話。當我掛斷電話，我的病患同伴們都充滿疑問。你覺得你會贏嗎？你會很驚訝地發現，醫用大麻在化療病房裡是一個多麼熱門的話題。

我兒子終於獲得這個改變命運的機會，時間剛好，就在他十三歲，正要進入青春期的時候。這是奇蹟。在神經科醫師的批准下，愛力克斯開始使用ＣＢＤ之後，他這一生第一次擁有了清晰的腦波圖。一整天的鬧脾氣、攻擊性和持續的頭痛已消失無蹤，而且他現在說得更多。在服用這個油三個星期之內，我兒子開始騎自行車，就如凱薩琳夢到的一樣。而且他會跟我們說話。天啊！他真的在說話嗎！

有一天，當他服藥的時間快到了，我兒子說：「我需要給我的大腦加油。」

凱特的解析

蘇珊娜非常厲害地讀懂了關於她兒子的預知夢，而這個夢也獲得了醫學的驗證。

伯克醫師的評論

我是最早一篇關於使用磁振造影診斷兒童脊髓粘連的論文共同作者之一。這種疾病有時候是很明顯的，因為有其他先天的脊柱畸形，但有時會拖延到較晚，由於不良於行才被發現，例如愛力克斯的情況。蘇珊娜夢到他最終可以透過手術獲得痊癒，這確實幫助她做好準備，以面對他的癲癇歷程。

大麻素油用於治療難以醫治的兒童癲癇發作是近年來的重大突破，也是推動醫用大麻在全國合法化的主要動力。她最初的預知指引是以甦醒夢的形式出現的，而愛力克斯開口說話的夢，則更加強化了她的信念，從此她便踏上了推動立法的道路。令人驚訝的是，愛力克斯的療癒過程與她的化療過程以一種非常同步的方式交織在一起。有些事情是命中注定的，而夢提醒了我們，療癒會在如何不可思議的情況下發生。

48 致命的心臟病

珍．卡特拉（Jane Katra）博士

這個故事涉及到三位天賦異稟的人：健康教育工作者與心靈療癒師珍．卡特拉；雷射物理學家與遙視專家羅素．塔格（Russell Targ）；以及他去世的女兒伊麗莎白，她在死於腦瘤之前，是一位傑出的整合醫學醫生，研究過禱告對健康的益處。

二〇一七年二月

嗨，羅素：

今天早晨，我在靈魂出遊時，做了一個令人印象深刻的夢，夢到去探望你。在夢中，伊麗莎白給我看了一張你很嚇人的畫面，傳達了你狀況不太好的訊息。她向我強調，你的狀況是我能夠看到的，但是你根本沒有去注意。她強調，你感覺不到自己有問題。我想說的是：「這是一個無聲的問題。」這就是爲什麼我要寄這封電子郵件給你。無論如何，我對於她拿給我看的你的樣子感到震驚。

然後我與你同在這個夢中

我告訴你，你的樣子看起來完全不對勁。我看到你的軀體腫脹，皮膚上有褐色和綠色的斑點。（我想到：綠色，壞疽，組織缺氧。）在夢中，我想到的是，也許你的心跳不夠有力。

然後我彎下身，將我的心臟貼近你的心臟，接著，呼地一聲，一股巨大的能量爆發出來，我被喚醒了。

我知道我應該與你聯繫，告訴你這件事情……希望你一切安好。請多珍重。

獻上祝福與愛，

珍

羅素回電子郵件給我，說他感覺一切正常，這正是伊麗莎白曾經告訴過我他會有的反應。（伊麗莎白是羅素已故的女兒，此處指的是她的靈魂，她曾經是一位醫學博士，而她在臨終時曾告訴我，她不會停止作爲一名治療者。）

五天之後，羅素的心率直速下降。他陳述，他「沒有疼痛，但是突然冒很多汗、虛弱、胸悶。如果你曾經歷過，你就知道這代表什麼意思了。」

他撥了911，五分鐘之內，五名穿著橡膠靴，帶著大量設備的急救醫護人員抵達他家門。一分鐘內，他們斷定他的心率「接近零」。

「他們撕破我的T恤，在飯廳裡開始用電擊板爲我電擊。在撥了911的八分鐘之內，我已經在被送往史丹佛醫院的途中。他們告訴我，我命在旦夕，來不及把我送到凱薩醫院我的醫生那裡。醫護人員提前打電話給史丹佛醫院，當我們抵達急診室，他們正在那裡等候我們。」

羅素陳述，他失去了意識，並且「心臟遭受了九十分鐘極度不舒服的電擊，」每一次都讓他恢復了短暫的意識。他接下來還記得的事情就是「正在恢復中，身上裝了心律調節器，心律爲六十。」

羅素目前已經回家了，而且感覺好多了。

凱特的解析

如果這是我的夢，我會將它稱為預知的診斷夢，而其中的夢者是在為他人做夢。它是預知性的，因為它診斷到在不久之後會發生的醫療狀況。它是直白的，因為夢中有一段對話；它也是象徵的，因為它用了雙關語，「這是一個無聲的問題。」以及「組織缺氧」，這是在心臟病發作時會出現的狀況。夢中的診斷是針對別人，而非夢者自己，但仍然得到醫學報告的證實。

伯克醫師的評論

多年前，當伊麗莎白透過瑪莉・喬・布魯克（Mary Jo Bulbrook）第一次聯繫到珍的時候，我也在場，瑪莉是一位直覺護理治療師，也是一位靈媒。已故的親人出現在夢中，並帶來重要的醫療訊息，這種現象在汪達・伯奇二〇〇四年針對乳癌病友團體的訪問中就很常見。

49 X光片

卡蒂・坎伯爾醫學博士、公衛碩士

最近我受到啓發，開始眞正進入夢境，每天忠實地記錄我的夢與我最初的解析。

昨天，其中一個夢境的部分跟我的一位好友與同事TL有關，我夢到我幫助她得到了移植所需的腎臟，因爲她腎衰竭。（我清醒時不知道她有腎臟問題，但是跟你一樣，凱特，她是三次的癌症倖存者，她得的是卵巢癌。）

在夢中，我看到她在醫院裡，身邊圍繞著她的女兒、祖母（她是半透明的，所以我認爲她已經過世了），還有其他朋友，充滿了快樂與愛。然後，我看了她的X光片，知道她年輕時因爲練武受傷，做過右邊髖關節的置換手術（同樣地，我清醒時並不知道這件事）。但是當我看著X光片，它看起來很好，一切正常，完全沒有關節炎。

當我醒來，我意識到，當然，這個夢有可能跟我有關，但是爲了以防萬一，我把跟她有關的那部分寄給她。她立刻回信，並確認她的腎臟因爲化療副作用而導致功能下降，但還不到腎衰竭；她的祖母已經過世，但是她能強烈地感受到她的關愛；而她的右髖關節因爲練武受傷，做過替換，但現在沒事了。她覺得這個夢讓她感到很安心，並且幫助她感到平靜，因爲我看到她一切順利，而且身邊充滿了愛。聽起來很驚人吧？

凱特的解析

如果這是我的夢，我可能也會認為它跟我的象徵性診斷夢有關，但是卡蒂決定冒風險，把這個夢分享給她懷疑可能相關的人，並且得到了確認的答覆。坎伯爾醫生是在為他人做夢。這個夢是直白的，因為它向卡蒂顯示了X光片，以及這個病患的其他實際醫療訊息，而這些也得到了驗證。

伯克醫師的評論

有趣的是，她在清醒時，並不知道夢中發現的人工髖關節與受損的腎臟功能這些事情。有時候，夢中世界恰巧給了你當時需要的東西。半透明的已故祖母，讓我想起了電影《星際大戰》首部曲中最後的慶祝場景，尤達、歐比王．肯諾比和天行者安納金，都以幽靈般的形象出現在其中。我很好奇，是什麼樣的原力夢境，指引著喬治．盧卡斯創作出這史詩般的傳奇作品。

50 卵巢癌

瑪莉案主的故事

大約在五年前，我的案主，一位退休的醫生，來找我做直覺諮商。我也幫她進行了醫療直覺檢查。在掃描她的身體時，我感覺到她下腹部的能量在「下降」，很像我的胸部在之前的故事中（第十五章）那樣，也曾感覺到能量的「下降」。換句話說，她腹部的能量感覺很黯淡。我問她最近是否曾做過內診，她回答沒有。不過，她會去檢查她的腹部。

那天晚上，我做了一個夢。

癌症看起來像頭髮

我剛入睡，處在完全清醒和完全睡著的模糊地帶，當我與案主會談的記憶進入夢境時，一本我曾經讀過的書，芭芭拉．布藍能（Barbara Brennan）所寫的《光之手》（*Hands of Light*，橡樹林，二〇一五年）也一同進入夢境。這本書打開的那一頁，顯示著癌症看起來像頭髮，當我進入更深的睡眠，我不禁懷疑，這則訊息是否是在告訴我，我的案主罹患了癌症。

幾年過去了，她打電話來，說她應該聽我的話，早點去看醫生。我的案主被診斷出患有卵巢癌。她要我不要跟她聯絡；當她準備就緒，她就會跟我聯繫。

去年，當我喝著早晨的咖啡時，她突然浮現在我腦海。好像她就跟我在同一個房間裡。我感覺很平靜。我想到，「我要寫封電子郵件給她，雖然我也想過，喔，天啊！也許她已經不在人世了。」在寄給她電子郵件的十分鐘之後，我收到了她妹妹的回覆，說我的案主已經在幾個月前過世了。生命眞的很意思，夢也是如此。

凱特的解析

如果這是我的夢，我會將它定義為，為他人而做的預知夢，並且具有象徵性與診斷性，因為瑪莉的夢跟她的案主有關。瑪莉是這個夢的信使。這位案主死於癌症，驗證了這個夢。

伯克醫師的評論

瑪莉的經歷是醫療直覺的例子，它的過程從清醒的狀態，一直持續到夢中做出診斷結果。如果她的案主能夠針對一開始的直覺印象採取行動，她或許可以在更容易治療的階段就揪出癌症，因為早期發現對於卵巢癌至關重要，就像之前凱特分享的那個例子一樣。

還值得一提的是，布藍能藉由開發人們的醫療直覺，在全世界各地訓練了許多治療師。她的書充滿了戲劇性的視覺意象，啓發了許多人致力於發掘他們的靈視技巧。

第九部

結論與對未來的願景，關於預防、直覺的指引，以及靈性的含意

「沒有人會懷疑意識經驗的重要性；
那麼，我們為什麼要懷疑潛意識裡發生的事情的重要性呢？
它們也是我們生活的一部分，而且不論是福是禍，
它們有時候比一天中發生的任何事情都更為真實。」

——榮格，《榮格全集．第十六卷．三二五節》

51

「你的電纜扭曲了」

凱瑟琳（凱特）．奧基夫．卡納沃斯

「確切地說，我們不需要對病人反覆灌輸真相，如果我們這麼做，我們也只能觸及到他的頭；他需要更多的東西來幫助他成長，才能認清這個真相，透過這種方式，我們才能觸及到他的心，這種吸引力會更深入、效果會更強大。」

——榮格，《榮格全集．第十六卷．三一四節》

這本書中所有的診斷和預知夢不是能挽救生命，就是能發現潛在問題去拯救他們，如果有認眞看待夢境的話。想像一下，許多夢者，包括我在內，如果沒有自我維權到令人討厭的程度，或是等上好幾個月，才去做他們從夢中得到訊息需要做的檢測，後果會如何。試想一下，如果你願意善用夢境及早發現疾病，以增加你存活的機會，並讓你的治療方式不用那麼極端，結果會怎麼樣。

我第一次花了三個月的時間，才爭取到我需要的探查手術，在一個淋巴結裡發現了第二期的侵襲性乳癌。這又導致了另外兩次手術、化療和放療；我的頭髮全部掉光；服用了五年的泰莫西芬，而它在兩年之後就沒效了。不過這是下一本書的另一個夢境故事了。

現在，想像一下，如果我有足夠的安全感告訴我的醫生：「我做了一個夢……」，並且提早三個月做磁振造影，便能在更早期就發現癌症。我的治療也許可以比較不具侵入性、比較不痛苦，而且副作用更少。我相信，當我們用毒素轟炸我們的身體，爲自己在生命的這一端爭取更多的時間，我們就偷走了另一端的時間。化療不是在公園裡健康地散步。它是挽救生命的最後手段。

夢對於任何疾病發現的早晚都能造成一些影響，而這也對於生死的結果造成了影響，這本書中的疾病故事就可以證實這一點。這些疾病大部分被描述爲無症狀，診斷夢是唯一的徵兆和預警訊號，點出有些地方出了問題。

自從我第一次夢到癌症以來，已經十八年了，而我第二度和第三度罹患癌症也將近十五年了，這幾個癌症全都沒有症狀，除了我的夢。這讓我對自己把夢作爲診斷工具的能力有了更強的信心。

以下將敘述我現在爲何，以及如何把我的診斷夢告訴療癒社群。

最近，我乘坐了一架冷颼颼的噴射飛機從東岸飛到西岸之後，第一次感到右邊臀部劇烈疼痛，這種疼痛一直蔓延到腿部，造成了我右腳大腿和小腿的嚴重抽筋和麻木。我不能坐，也不能彎，於是去了急診室，在那裡，我被診斷出梨狀肌症候群，這是一種坐骨神經病變。我可以選擇在我疼痛的屁股上注射一針麻醉劑/皮質類固醇，或是肌肉鬆弛的處方。我選擇了吃藥。我不喜歡打針！我的醫生告訴我，這個病需要六個月才能完全自行康復。

那天晚上，我做了一個夢。

「你的電纜扭曲了」

有一個大型的海灘派對，我負責從架設在海灘上的一架兩層樓高的巨大攝影機現場直播慶祝活動，在海灘上，攝影機通過一條大電纜將影像上傳到平穩的山丘斜坡草地，再傳到山頂上另一台架設在平台上的巨大電視機，由這裡監控畫面。山頂電視機上的畫面像素跑掉了，還有短路造成的空白。

我正試圖用頻道調節器找出問題，一名男子打電話給我說：「你的電纜線扭曲、纏繞在一起了。它們向後摺疊，造成內部的纜線、纜繩短路。你必須把它們拉直，讓它們平行地沿著山坡往下，以連結這些畫面。」

我走下平台的樓梯，來到草地上，站在十二條糾纏的纜繩中的三條上面。

「你必須脫掉你的鞋子，否則情況會更糟糕，」他說。

我低頭一看，發現自己穿著一雙香奈兒的涼鞋，有著白色的木頭鞋跟。我把鞋踢開，開始這個累人的工作，一一拾起這些直徑一英尺的沉重纜線，將它們拉直，解開糾結，然後將它們一一平行擺回。當我往山丘看下去，我意識到這將是一項艱苦漫長的工作。

隔天早晨，我的疼痛依然很嚴重，我預約了按摩。治療師蘿絲瑪莉（Rosemary）向我問候：「有什麼我可以爲你服務的？」

我自己也感到很驚訝，當我回答她說：「我昨晚做了一個夢，」而不是告訴她我醫療診斷的結果。

「太好了！告訴我你夢到什麼？」

我一五一十地將我的夢據實以告，蘿絲瑪莉說：「根據你的夢，我應該知道出了什麼問題。你的梨狀肌受傷了，坐骨神經受到嚴重的破壞。你有小腿抽筋、腳麻木的情形嗎？」

然後她指著掛在牆上的人體肌肉組織圖，請我指出我臀部疼痛的位置。它被標記爲梨狀肌①②③。

---

① Fishman L, Dombi G, Michealsen C, 等 . Piriformis syndrome: Diagnosis, treatment, and outcome. A 10-year study. Arch Phys Med Rehabil. 2002;83:295-301.

② Pace, J. B. 與 Nagle, D. Piriformis syndrome. Western J. Med. 1976;124:4359.

③ Benson E. R. 與 Schutzer, S. F. Posttraumatic piriformis syndrome: diagnosis and results of operative treatment. JBJS. 1999;81(7):941-9.

然後，蘿絲瑪莉指著圖表上沿著腿部下來的「肌肉束」，這在我夢中就像沿著山丘而下的電纜線。接著她開始按摩我的肌肉束，讓它們放鬆、伸直，釋放我腳上的疼痛和神經病變。我六個星期就康復了，而不是六個月，而且回到網球場上打球，我也未曾服用肌肉鬆弛劑，因爲它們會讓我噁心。

愈早診斷出疾病或病情，完全康復的機會就愈大。這本書證明了夢是一種神奇的診斷與療癒工具。當你走進一間傳統的醫療院所，並且告訴醫生：「我做了一個夢」，而醫生能夠笑著說：「告訴我你夢到什麼？」並且將它作爲一種診斷工具，以採取進一步的檢測或治療，如果這是受到伯克醫師研究小組直接或間接影響的結果，那會是多麼美妙的事啊？

我們希望這本書是實現這個夢想的一大步。

52

「進入地底世界的英雄之旅」

賴瑞·伯克，醫學博士、能量心理學專業認證

任何電影、小說、史詩民間故事中的經典冒險故事，都依循著神話學家喬瑟夫·坎伯（Joseph Campbell）所描述的英雄旅程模式①。

在他的神話模型中有許多步驟，包括在日常世界的生活；冒險的召喚；拒絕召喚；尋找導師；通過門檻；尋找盟友以及遭遇敵人、考驗與挑戰；深入洞穴內部；奪劍；最後的考驗；復活；帶著仙丹妙藥回來。

當我在二〇〇四年離開杜克大學的學術職位，在家從事遠距放射診斷服務，並且追尋自己的療癒冒險時，我從來沒有想過我還會再回來。然而，二〇一五年十月初，我收到了一個意外的邀請，要我回到我以前的骨骼肌肉影像部門兼職，因爲我的前同事人手非常短缺，有太多的X光片

① Campbell, J. *The Hero with a Thousand Faces*. (Princeton, NJ: Princeton University Press, 2004).

需要判讀，他們不知道該怎麼辦。十月五日晚上，我在自己的夢境日記寫下這個問題：「我應該回杜克大學兼職嗎？」

我夢到我來到了大學校園裡的一間教室。一位女老師出現了，她讓我想起一九七〇年代，我在杜克大學念大學期間最喜歡的英文老師。她說，這將會是一場關於創意寫作的精彩冒險！我不知道我已經報名參加了。

我展開了一場英雄旅程，沿著蜿蜒的小路走下去，在路邊的小攤上遇到了一位神祕的老婦人。她賣給我一瓶玻璃瓶飲料。我喝下這罐靈藥，並且注意到內側標籤上寫了一些東西，透過黑色的液體可以看到。

我依照這上面的指示進入電梯，並且按下往下的按鈕。它下降到地底世界，而我則從最底下一層出來。我踏上新的冒險之旅，並且聽到一句話，「我們要去見巫師了！」

我接受了杜克大學的邀請，從十二月開始工作。在我的迎新週期間，我做了一個單車意外的預知夢，這個經歷的描述可見本書第三十二章，主題是關於復原力。在我被引導回到杜克大學重新開始事業的同時，我也喝下了這杯療癒的靈藥，這讓我有能力在更正式的學術環境中，對乳癌夢境做更進一步的研究。現在這本書已經完成了，我可以再次拿起我的智識寶劍，針對夢到乳房切片檢查的女性，展開下一個先導計畫。

當你讀到這本書裡許多令人驚奇的故事時，你也許可以從當中的許多故事辨認出這個英雄之旅的主題。希望你能用你的夢境日記、嚮導，甚至是一根神奇的羽毛，爲自己加強裝備，展開你的英雄之旅。或是你已經在旅程的途中，並且正在經歷最終的考驗。願你在復活的過程中，找到你的劍與療癒的靈藥！

53

千金難買早知道——給你的智慧之語與勉勵的話

「人們在回顧時，會讚賞那些聰明的老師，
但是會感激那些觸動我們人性情感的老師。
課程是非常必要的原材料，
但是溫暖是讓植物與孩子的靈魂成長的關鍵要素。」

——榮格

本章是以你為前提寫的。在伯克醫師的〈乳癌夢境研究計畫〉中，我們分享了如何透過夢境走向健康的故事之後，現在我們很榮幸能夠跟你分享幾句智慧之語與勉勵的話。如果早知道我們現在所知道的事情，我們會想跟這個世界分享什麼，以便讓你可以在一趟注定要走的旅程上，走得輕鬆一點、成功一點，以及更充實一點？我們其中有些人，絞盡腦汁才想到要分享哪些智慧，有些人則立刻想到要說什麼。這些小小的智慧珍珠，也是通往夢境、成功與療癒的關鍵。

智慧的珍珠？

有一條線貫串著本書中的許多癌症夢境故事。它象徵著螃蟹、蜘蛛、鈣化物，以及夢者在生活中的刺激物，例如，凱特的「三隻螃蟹、三顆珍珠和一位內在的醫生。」

除了把生命中的刺激物堆積成寶藏的美麗轉變之外，珍珠還有什麼含意？珍珠一開始是沙粒，類似於乳房中的鈣化，或是外來的有毒入侵者，像是小螃蟹，牠們把自己插入軟體動物的軟組織中，目的是爲了從裡到外生吞牡蠣。爲了因應可能危及生命的狀況，軟體動物藉由將牠們包裹進內部，把牠們給抑制住了。

隨著時間的累積，它們會轉變成美麗、珍貴的寶石，稱作天然珍珠——這是從逆境中創造出來的具體正向成果。珍珠可以用來作爲男士的領帶別針，也可以做成賈桂琳·甘迺迪（Jackie Kennedy）脖子上整串的寶貴珍珠項鍊。如果珍珠會說話，它會分享什麼樣的故事？在下面的智慧之語，我們將我們智慧的珍珠獻給你。請驕傲地戴上你的珍珠。

「進入你生命的深處」

——卡洛琳·金尼博士，註冊護士

與你分享我的收穫，使我能夠更充分地整合我的經驗，將我的身心靈交織在一起，繼續永無止盡地進行重建自我的過程。有時候，在努力了解這一切的過程中，深入自己的內心深處，去檢視現在所發生的事情是爲何、以及如何造成的，會很有幫助。面對自己或摯愛的死亡或重病時，通常會讓人更徹底地檢視和質疑生命的目的。死亡和悲傷讓我們思考自己的生命有限，提醒我們，沒有什麼是永恆存在於這個世界上的，這個看得見的世界。

請重新評估什麼是重要的、什麼是你希望完成的，不僅是針對你的職業生涯，而是你的人生。請慢慢在生活方式上展開具體的改變；特別是，開始更關注自己的需求，以及其他你所愛的人的需求。你可能因爲這些重大的改變而遭逢一些損失。要知道，如果你想以健康的方式前進，悲傷和失落是必要的。讓你自己有時間來面對這種情形。

我再三地問自己：「我如何以健康和成長導向的觀點來看待所發生的事情？」我聽到了答案，當我內在的聲音重複著查爾斯·狄更斯（Charles Dickens）在《雙城記》這本書的開場：

> 這是最好的時代，也是最壞的時代；這是智慧的時代，也是愚蠢的時代；這是信仰的時期，也是懷疑的時期；這是光明的季節，也是黑暗的季節；這是希望的春天，也是絕望的冬天。

也許在新生活中，最重要的部分是重視你靈性上的需求。

「我還活著，多虧了夢」

——汪達．伯奇

我所學到的，並希望當時我就知道的是（但我很慶幸現在知道了），夢是與內在自我不斷的對話，是持續流動的雙向訊息中心，我們內在的聲音、內在的醫生，會在睡夢中或透過想像對我們說話；這些聲音最了解我們，一旦我們放鬆，並且擺脫白天的紛擾，我們就能聽到。

任何創造性地運用想像力，都可能有助於療癒的過程。無論我們是醒著還是睡著，意象或腦海中的畫面，都是我們向身體傳遞訊息的方式，會釋放出我們潛意識中最具創造力與強大的潛力，激發出療癒的意念，強化了想像力，將療癒的訊息傳達到身體。

個人意象汲取自我們自身的經驗，但是探索的範圍遠超過我們清醒時的經驗，而是涵蓋了超越一切時空疆界的可能事物。正是在這樣的情況下，我們可以整理和選擇出對我們的療癒最有幫助的訊息。積極地運用這些意象，我們可以撰寫故事，爲自己或他人進行冥想、唱歌、探索個人神話、跳舞、畫畫、在電腦上創作、用黏土捏出一個形象、再度進入夢境，或是從夢中擷取意象。這全部的經驗——夢境故事、藝術、音樂、運動、在自然中漫步——帶來了身心靈的療癒。

爲了完全療癒，我們必須讓我們的情感與身心靈受到想像力激發的地方全部參與進來，以便打開療癒之門。我們需要去尋找我們的生命夢境——那些可以用各種形式的創造力和想像力積極表達的夢境。將想像的資源與傳統的醫療資源，以及傳統的輔助療法結合使用，可以極大擴展了我們個人療癒的範圍。利用想像力進行療癒，是這個世界上每個人都做得到的事情。

——蘇珊娜・德・格雷戈里奧

「勇敢面對直覺夢」

我們很容易忽略在直覺夢中的警告，因爲我們寧願不相信自己或所愛的人身處危險之中。其結果可能不堪設想。除了可怕、戲劇化的部分，還要注意這種夢境的其他面向。其中也可能蘊藏著事情終究會雨過天青的暗示。關注這些事情可以讓你更安心，就像小鯨魚之於黛安，以及桑妮所獲得的承諾，她將會重新加入她半途離開的比賽一樣。而這段旅程的結局，也未必就如夜晚不請自來的夢境所暗示的那樣。我的癌症預警夢，反而是將我帶向更完善療癒的契機。我現在更進一步：學習與沉睡中的自我對話，以療癒我的身體。

檢驗發現我的自主神經失調，可能是化療造成的。

當症狀出現，我夢見我的車庫被龍捲風夷爲平地。它被重建了，但是沒有打地基。

對我來說，夢到房子一向跟我的身體有關，車庫代表我的腦部。它的象徵意義很清楚：雖然我外表看起來還不錯，但除非我打好堅實的基礎，否則我的神經系統將會處於不穩定的狀態。

研究顯示，舊石器時代飲食法、間歇性斷食，以及增加運動，能夠改善粒線體功能，有助於自主神經的再生。我虔誠奉行這種生活方式持續了一年。

> 大約在進入第八個月的時候，在我漸漸進入夢鄉之際，我發現自己來到一個車庫，這裡比我的車庫漂亮多了，那裡的白色牆壁刷洗得乾乾淨淨，有灑滿陽光的窗戶。我掉落在地上，開始鋪設地基。

我以伯奇的書《做夢的她》作爲我的指南，每天都運用這個意象，想像自己在那個迷人的車庫裡鋪設地基。在發現我的自主神經功能異常一年之後，我去了范德堡大學（Vanderbilt University）做更深入的檢測。那裡的神經科醫師發現，我的自主神經功能完好無損。

現在我已經進展到一個地步，我有時會在睡前提出一個問題，然後在開始入睡或是夢中接收到一個回應的視覺意象。這是我必須解開的象徵密碼，所以這種現象仍然讓我保持用功；這種能力一直在演化當中，在我進入下一個階段之前，我預期還要做更多。這不是什麼超能力，而是專注於跨越時間的結果。

如果你做了一個醫療夢，診斷出你得了某種疾病，請告訴每一個人，包括醫院裡願意聽進去的人，因爲對這樣的事情竟然會發生，我至今仍感到衝擊。獲得全面的自我照顧至關重要。不只是生活的某個領域，而是包括了身心靈各方面的照顧。每天冥想，而且要堅持不懈。瑜伽已經改變了我的生活。對我來說，有時候，實際上是大部分時候，夢，不過就是一個夢。因此，學習從其他僅僅是在處理恐懼的夢中辨認出預知夢，一直都是挑戰。儘管如此，這還是値得去做的事情。

「花更多時間跟自己相處」

——桑妮．英格斯

如果早知道我現在所知道的事情，我會在很久以前就找到給「我」的時間。時時刻刻，我都會活得更充實、更活在當下、更懂得滋養我的身心。我會認眞傾聽別人在說些什麼，而不會老想著自己要怎麼反應。我會以更開闊的胸襟迎接新的體驗，也會減輕對未知的恐懼。

瑜伽會成爲我每日維持身心靈平衡的修行，而不只是伸展運動。孩子們的「噪音」會聽起來像音樂，打掃會像是在跳舞，而下廚會變成移動的冥想。

我也會原諒自己，那些不懂得感激和活在當下的時刻。我會原諒自己在這一生中所犯下的「錯誤」，並且領悟到每一次經歷所帶給我的智慧禮物。

我會花更多時間跟我自己、家人、朋友、陌生人、大自然，以及天地萬物（對我來說也就是上帝）相處。我相信療癒來自這所有的一切：當下、平衡、感恩和聯繫。當我們把這些特質融入到我們每天的生活之中，我們就會找到滿足和平和。最終，我們體內的每一個細胞都能感受到這種和諧，此時，我們便能處於完美的健康狀態。

聆聽你的直覺，並注意你的夢境。不要駁回強烈或「纏繞著你」的夢境或感覺。我就是這麼描述我的預知／訊息夢。花點時間坐下來探索這些想法或夢境。不必迷信它，但問自己幾個問題，例如你是否該對它採取行動，是否該乖乖聽醫生的話等，然後遵照自己內心浮現的想法來做。

——索妮亞．李席德

「醫生和專家也會犯錯」

如果有什麼是我可以告訴大家的，那就是醫生和專家也會犯錯，當內心開始吶喊或做夢時，你務必傾聽。

——安帕羅．特魯西略、羅西奧．阿吉瑞

「夢可以解決問題」

深入探究我們的夢境，讓我們可以發現、揭露，或掀開隱藏在潛意識裡的訊息，並且從中受益。透過深入探索我們的夢境，我們可以挖掘內心深處的渴望、天賦和才能，以及恐懼和自我設限的信念。它們能夠引導我們解決問題，並對我們的身體疾病提出警訊。

夢境以意象、象徵和隱喻爲語言來說話。它們看起來可能很怪異或不合邏輯，因爲它不是遵循我們清醒狀態下使用的線性邏輯，但是如果把它們視爲無關緊要的東西來看待，就等於遺忘了人類一項重要的寶藏。

「奮戰到底！」

——波萊特．維斯布羅德．戈茲

接受我們無法改變的事情並非意味著我們不該爲自己知道的事情奮戰到底。我第一家診所的醫生只打算做乳房X光攝影，如果我當時順從了他的決定，結果會如何？儘管我有乳癌的家族病史，這同一家診所並沒有持續追蹤我之前的乳房X光攝影，而這些檢查已經顯示出鈣化的現象。如果我沒有反對他們的判斷，要求做切片檢查，我的癌症可能會拖到較晚才被發現，我現在可能也不會在這裡寫這些話了。醫生知道很多事情，但他們並非無所不知。

在網路上，動動指尖你就可以看到很多醫生所做的研究，但是你需要他們來幫忙解釋。所以要閱讀、研究、問問題。例如，因爲我的祖父母和兩個姊姊都患有乳癌，爲什麼沒有人建議偶爾該做一次磁振造影，因爲乳房X光攝影有時會錯過某些婦女的腫瘤。如果你認爲你和醫生的互動有問題，換個新的醫生吧；這可能會救了你一命。還有，如果你夢到提醒你健康狀況的夢，請努力找到有人願意聽進去爲止，不管他們的反應如何。

「成為大自然的原力」

——黛安・朗

相信你的夢。非常感謝自己還能夠呼吸。尋找新體驗，享受人生，跟讓你開心的人在一起。而當你的話不被接受時，要勇敢地成爲一股大自然的原力。

「夢是我們的盟友」

——丹妮絲

對我們來說，我們的夢是一種神奇的豐富資源。我們在這個世界上過得如此失衡，而做夢是讓我們保持平衡所需的一種方法。我們經常認爲，如果事情來自我們的左腦，即邏輯思考的那一側，那麼它就是重要的；然而我們的右腦，其實才是禮物的駐足之處，例如夢境。請關注你的夢境想要告訴你的事情。持續寫夢境日記，並且閱讀解夢之外的書籍，因爲學習你自己的夢語很重要。所有的夢都是爲了促進你的健康和完整而來的。夢是我們的盟友。你的夢是夜晚的禮物。

「我們更高的力量透過夢境說話」

——凱瑟琳（凱特）．奧基夫．卡納沃斯

癌症，甚至是復發的癌症，都不再是死刑。通常，對未知的恐懼，才是真正的殺手。而這種恐懼來自於對治療的訊息不清楚。如果你正在接受癌症治療，這本書裡的人會在這裡告訴你：「克服了重重困難，我們做到了，你也做得到。」就像這本書中令人驚奇的男女所說的：「相信你的夢，並且讓他們指引你。」對於他們的明智建議，我想要再添上一句：「信賴你的夢，並且信賴你更高的力量，因為你更高的力量經常透過夢境對你說話。」

不要告訴你更高的力量，你的問題有多嚴重。要告訴你的問題，你更高的力量有多麼強大，並且隱身在這股力量之中。

就像黛安．朗所說的，要懂得自我維權，利用網際網路來研究資訊和答案。成為一名e病人。不要把拒絕當作答案。不要被任意打發。要像吱吱作響的輪子，直到你的聲音被聽到。

正如蘇珊娜和桑妮所分享的，我相信照顧好自己是良好健康的關鍵。我們當中有許多人是家中的照顧者。乳房疾病可以被解析為是環繞著內在照顧者的疾病。就像航空公司所說的：「先為自己戴上氧氣罩，再來照顧你的家人和朋友。」你是最重要的！每當你懷疑自己的價值時，請對自己重複說這句話，直到你銘記在心為止。就如丹妮絲所說的，選擇和能使你快樂的人一起生活。讓你自己也成為能使你快樂的人之一吧。

還有，我要呼應索妮亞說的：「醫生和醫檢人員也會犯錯。」但是我們有一個稱為夢的神聖預設系統，在這個系統之中，我們內在的醫生會指引我們。

你的夢是上帝賜予你與生俱來的禮物。我們生來就擁有指導靈與守護天使。我們是他們的工作，而他們非常認眞對待這份工作，並在夢中與我們說話。我認同桑妮的觀點：「聆聽你的直覺，並注意你的夢境。」因爲它們可能應驗，並能救你一命。這些敢於相信自己夢境的奇女子，她們的故事就是最佳的證明。正如卡洛琳．金尼建議的，要向他們學習。

羅西奧．阿吉瑞這對母女，則分享了被我們的夢境證明的重要事實，「深入探究我們的夢境，讓我們可以發現、揭露，或掀開隱藏在潛意識裡的訊息。」這些訊息可能是救星，就如她母親的情況一樣。

你擁有這些夢者所共同具備的行爲嗎？

在閱讀了伯克醫生〈乳癌夢境研究計畫〉中所有女士的故事之後，我列出了他們當中許多人共同具備、且讓他們得以倖存的行爲與特質。

他們當中有許多人是很棒的自我維權者，算不上很棒的病人，但是個優秀的e病人，他們會研究症狀與夢境，並且運用這些訊息存活下來。他們被告知乳房X光攝影沒什麼好擔心，或檢驗結果呈現陰性，他們可以回家了，但是他們拒絕被打發走。他們永不放棄！他們向醫學界提出挑戰，證明他們是錯的。根據醫學定義的乳癌症狀，這些夢者並沒有症狀，但是他們的夢就是生病的症狀。他們的夢是癌症的早期警訊，這些警訊挽救了他們的生命。他們的診斷、療癒和預知夢/夢魘，都已經通過準確的醫療病理報告驗證。

你被生下來是有目的的，即使你的父母親告訴你，你只是「恰巧」坐在那台老福特汽車的後座上。你偶然地出生是有目的的。你艱困的人生旅程，也許就是你的人生目的或靈魂契約的一部分，正如汪達在第三十七章所探討的那樣。雖然我們可能不知道我們的人生目的或靈魂使命，但是當我們走到人生的岔路時，我們有我們的夢、內在嚮導和守護天使，使我們走在人生正確的道路上。他們透過神聖的夢境之門對我們說話。

記錄下你的夢境，可以幫助你記住他們的指引，而夢境的軌跡，則可以救你一命。我了解有些人無法記住自己的夢，但是你內在的聲音會在你的白日夢、禱告、冥想中，同樣大聲地對你說話，就如這本書所呈現的那樣。傾聽。透過你神聖的預設系統，以及你身後的天兵天將，你會知道，即使是在你人生最黑暗的時刻，你永遠都不會孤單，奇蹟每天都在發生。注意你清醒世界裡被驗證的夢境奇蹟，就像賴瑞醫師在第五十二章所描述的英雄之旅的夢境一樣。有人告訴賴瑞「在他進行創意寫作任務，前往會見巫師的路途上，將會有一趟精彩的冒險。」他的預知夢，就是你現在正在閱讀的現實。驗證了！

總結來說，這本書反映了汪達、波萊特、丹妮絲和我的感受：「我還活著，因爲我的夢。」

「沿著黃磚路走下去……」

——賴瑞．伯克，醫學博士、能量心理學專業認證

凱特和我已經開始和你一起去看這本書中的巫師，但是我們了解，在未來還有更多的夢境冒險。希望我在杜克大學進行的乳房切片先導計畫，可以激勵其他人在其他學術中心做更多癌症夢境的研究，並且會有資金沿著這條黃磚路❶來支持它。與此同時，請透過我們的網站與我們聯繫，以提供其他與健康相關的夢境故事，讓我們可以放進下一本書中，特別是如果有具體的醫學證明來證明其中的細節。

❶ Yellow Brick Road（黃磚路）一詞源自《綠野仙蹤》這本書，女主角桃樂絲（Dorothy）被龍捲風帶到陌生的世界，首先遇到一個女巫告訴桃樂絲要沿著黃磚路前進。黃磚路可引申為通往成功、幸福的道路。

【附錄1】

常見的夢境問題

分享夢境可能會很棘手。萬一有人不相信你，還嘲笑你怎麼辦？這個擔心一直困擾著我，直到我意識到，與其因爲沒有分享可能救了我一命的夢，而在臨終前跟每個人痛哭，倒不如因爲分享了某個應驗了或沒有應驗的夢而被人嘲笑，這樣還來得輕鬆許多。當牽涉到拯救性命的夢境時，要勇於分享。

1. 我們可以訓練大腦記住我們的夢嗎？如果可以，要怎麼做？

是的，我們可以訓練我們的大腦記住夢境，就像我們可以訓練它在每天早上某個時間喚醒我們，或將拼圖拼起來一樣。以下是如何開始訓練你的大腦在睡眠中發揮記憶功能。在睡前設定意圖，設定當你早上醒來的時候，要記得你的夢。當你醒來時，靜靜地躺著，慢慢地記住你夢中的任何情緒「碎片」。一個小碎片就是你寶貴訊息的一條重要線索。訓練自己記住這些情緒片段，也能幫助你將夢境的其他拼圖碎片拼在一起。

2. 清晨的夢最容易記住嗎？如果是，為什麼？

清晨的夢最容易記住，這是因爲你剛通過希塔（θ）階段從REM（快速動眼期）的睡眠階段醒來，而且清晨的夢是你睡眠中最後所做的夢。希塔階段經常被用於療癒。在你的床邊放一本日記，寫下你的夢境，以便知道你的清晨夢是否應驗。這提供了你一種方法，讓你在清醒的世界裡可以回頭去看看這些夢境內容，或是看看有哪些夢境被證實了。在你的夢中，你可以穿越時間連續體，你也可能從你的指導靈或守護天使那裡接收到寶貴的訊息。他們可能知道你比較容易記住清晨的夢。

3. 做夢是什麼感覺？

這取決於夢的類型。如果它不是清明夢，你就不會意識到你正在做夢，而這個夢就是你的現實。你在夢裡的感覺就如同你清醒時那般。就像你醒著的時候不會專注於做夢，當你在做夢的時候，你也不會專注在任何夢境以外的事情。每一件事情，不管多麼光怪陸離，似乎看起來都完全正常，直到你醒來，並且還記得它。請注意，如果你做的是清明夢，你會意識到你正在做夢，這會讓你對現實的狀況有不同的感覺。透過時間和練習，你可以學習成爲一名主動自覺的夢者，並且改變你的夢境。我希望這對你有幫助。

4. 我們的夢是傳達給我們自己的訊息嗎？

是的，我們的夢傳遞了許多訊息給我們，而且它們可以改變我們的人生，有時候甚至會改變我們所認識或所愛的人的一生。你可以在夢中遇到許多構成你整體存在的內在自我。你也會遇見你內在的醫生，來幫助你療癒自己。在我的書中，我遇見了許多內在的自我，包括一位叫作比利的弱智男孩，他經常出現在夢中給我指引。而且他很棒。

5. 我可以在夢中跟過世的親人說話嗎？如果可以，怎麼做？

絕對可以！有時候在晚上睡覺前說出你的請求，就是那麼簡單。這就是所謂的設定你的夢境意圖（請參閱第四部）。記住，夢境世界就像愛因斯坦理論中所探討的時間連續體，在其中，沒有過去或未來；一切都是現在。宇宙一直都在傾聽，並擁有我們過世親人的「直撥電話號碼」。

要確保將你的夢境寫下來，因爲我們可能很難辨認出我們的親人，由於他們經常會回復到他們「最佳的身體狀態」，也就是他們處於最顛峰或最健康時期的樣子。例如，他們可能變得很年輕，讓人很難認出來。他們可能只跟你說了幾秒鐘的話。在我還不知道自己得了乳癌之前，我做了預言夢，我已故的母親來到夢中，看起來非常健康、年輕，她握住我的手說：「你會沒事的。」我醒了過來，不知道她這句話是什麼意思，因爲我不知道我哪裡出了問題。幾個月之後，我開始做得到乳癌的夢魘，然後我收到了病理診斷報告。在療程期間和之後的許多時間裡，會有已故的親人在我的夢中「彈跳」出來，跟我交談。有時我會認出他們，有時候他們看起來非常年輕，非常不一樣，直到我醒來，並且想起他們說過的一些話（聽起來很耳熟），我才認出了他們，這也是證實他們身分的一種方式。當我在相簿中找到他們的相片時，我會想起他們在夢中比較年輕健康的狀態。

【附錄2】夢的專有名詞表

- **積極的清明夢**（ACTIVE LUCID DREAMS）：藉由察覺到夢中的環境並積極地參與夢境，你在做夢的同時也知道你自己在做夢。
- **甦醒夢**（AWAKE DREAM）：從清醒到睡著，或從睡著到清醒的過渡狀態，被稱爲半夢半醒（hypnagogia），一種入眠前的意識狀態，或稱爲意識臨界。雖然做夢的人可能醒了，但他們的夢可能繼續。甦醒夢可能包括了清明的思想、清明的夢境、幻覺和鬼壓床。
- **意識**（CONSCIOUSNESS）：警覺度。
- **白日夢**（DAYDREAM）：對於外在世界專注力的短暫失控，這會導致專注力轉移到類似冥想、禱告或自我對話的狀態。
- **夢的原型**（DREAM ARCHETYPES）：夢裡的象徵對所有的男女都具有相同的普世性意義。
- **孵夢**（Dream Incubation）：在心中播下一顆種子，以便夢到特定主題的夢，不論是爲了健康、財富、愛情、娛樂，或試圖解決問題。
- **夢境日記**（DREAM JOURNAL）：夢境日記用於記錄夢的經歷，並且用於夢境追蹤。

- **記錄夢境日記**（DREAM JOURNALING）：以某種方式，例如書寫日記、口述錄音或藝術作品，記錄下夢境與夢中經歷。
- **再度入夢**（DREAM REENTRY）：從清醒狀態再度滑入某個特定的夢境。
- **夢境指導靈**（DREAM SPIRIT GUIDE）：夢中的存在體，是一種脫離肉身的靈魂，作爲夢者在世的嚮導或保護者。夢境嚮導可能有多種型態。
- **夢境子類別**（DREAM SUBCATEGORIES）：某個夢境的子類別，或某個類別的劃分。
- **應驗的夢**（DREAMS THAT COME TRUE）：請參閱預知夢。
- **夢境追蹤**（DREAM TRACKING）：透過日記持續追蹤可能反覆出現或意義重大的夢。
- **夢境追蹤**（DREAM TRACKING）：運用夢境日記追蹤夢中的啓示，以追蹤訊息，並且持續觀察夢境是否被驗證。
- **雙重性**（DUALITY）：夢中的兩種元素，一種是象徵手法採取的隱藏形式，一種是直接手法採取的顯露形式。
- **似曾相識**（DÉJÀ VU）：一種直覺經驗的描述，這種經驗似乎勾起了我們對某個地方、某個人的記憶，或一種我們已經看過或做過的感覺。這種表述源自法語，意思是「之前已經遇過了」。
- **史詩般的夢**（EPIC DREAMS）：一次做了好幾個夢，而且本質上是宏偉的夢；也稱爲雄偉的夢、宇宙之夢或神聖之夢；夢境如此浩瀚、扣人心弦，且又生動，讓人無法忽視。

- **指引夢**（GUIDED DREAMS）：在這類型的夢中，指導靈會以人類或動物的形象出現，與夢者分享療癒或個人成長的訊息。它們本質上經常具有薩滿的特質。（請參閱薩滿夢。）
- **引導式心像法**（GUIDED IMAGERY）：使用文字、音樂、圖片，或三者兼備，來喚起對某個主題的意象或想像中的情節，以帶來一些有益或期望的效果。
- **療癒夢**（HEALING DREAMS）：這類型的夢會教導你一些自己或他人的重要事情，並且會進一步召喚你採取行動，以改變你的人生。
- **入眠前的意識狀態**（HYPNAGOGIC STATE OF CONSCIOUSNESS）：請參閱甦醒夢。
- **訊息夢**（INFORMATIVE DREAM）：不同於診斷夢，在這種夢裡分享的訊息可能是當前的或是預知的。
- **內在的聲音**（INNER VOICE）：內心的獨白、內心的話語、意識流的字句、用語言文字思考。
- **直白的**（LITERAL）：以第一人稱的觀點直接描述夢的細節。夢中的訊息到醒來時仍然非常清晰。
- **清明夢**（LUCID DREAM）：你在做夢的時候，知道自己在做夢。
- **冥想**（MEDITATION）：也是一種清明夢形式。

- **夢魘**（NIGHTMARES）：令人恐懼不安的夢，有時也稱爲夜驚。
- **預知夢**（PRECOGNITIVE DREAMS）：有時也被稱爲預言夢、通靈夢、原始夢、占卜夢、預感夢、指引夢、薩滿夢和應驗的夢。
- **預言夢**（PROPHETIC DREAMS）：也稱爲通靈夢、原始夢、占卜夢、預感夢和應驗的夢，而且可以通過事實、科學檢驗和生活事件來驗證。
- **重複出現的夢**（RECURRENT DREAMS）：在一段或長或短的時間內，反覆經歷的夢。它們可以是令人愉快的，也可以如夢魘一般，並且對夢者個人和他們的經驗來說是獨特的。它們之所以反覆出現，是因爲夢者還沒有解決這個問題，所以它們是呼籲採取行動的夢。
- **快速動眼期**（REM）：睡覺時看到的眼球快速轉動。
- **神聖的夢境之門**（SACRED DREAM DOORS）：通往平行宇宙的門廊，在那裡，過世的親人、守護天使和指導靈可以跟你說話。
- **薩滿夢**（SHAMANIC DREAMS）：薩滿夢跟療癒夢系出同門，在其夢境旅程之中，夢者通常會飛到一個新的地方以獲取知識、尋求療癒、遇見力量動物和療癒嚮導、發現力量強大的植物，或進行靈魂修復。薩滿夢通常具有這三者的力量在其中。
- **睡著**（SLEEPING）：一種警覺度改變的狀態。
- **象徵的**（SYMBOLIC）：無法了解或意會的符號、象徵事物和抽象訊息，直到眞實事件稍後在清醒的世界裡發生。

- **串連做夢**（TANDEM DREAMING）：夢者在夜間同時分享或進入彼此的夢境。
- **超越**（TRANSCENDING）：到達、優於或超越某個抽象事物的界線，甚至邁向更傑出、昇華、卓越的境界。
- **潛意識**（UNCONSCIOUSNESS）：影響行爲和情緒的清醒意識無法觸及到的那部分心靈。它是下意識（subconscious）、心靈（psyche）、本我、自我、超我和內在自我的同義詞。
- **宇宙意識**（UNIVERSAL CONSCIOUSNESS）：又稱宇宙 Google，或萬物一體，這個概念的基本思想認爲，天地萬物存在與變化的本質都與宇宙相連。

【附錄3】

醫學專有名詞表

- **電腦斷層掃描**（COMPUTED TOMOGRAPHY /CT）：使用游離輻射和選擇性的含碘顯影劑產生身體橫切面的影像。
- **乳房攝影**（MAMMOGRAPHY）：使用含游離輻射的傳統X光攝影，加上壓縮來檢查乳房。
- **磁振造影**（MAGNETIC RESONANCE IMAGING/MRI）：使用磁場和非游離射頻加上選擇性的含釓顯影劑，產生身體橫切面的影像。
- **熱成像**（THERMOGRAPHY）：藉由偵測皮膚表面的紅外線熱產生身體影像，不帶有任何輻射。
- **超音波**（ULTRASOUND）：使用來自手持式探針的非游離聲波，產生身體橫切面的影像。

延伸閱讀

Burk, Larry, MD, CEHP. *Let Magic Happen: Adventures in Healing with a Holistic Radiologist.* Durham, NC: Healing Imager Press, 2012.《讓魔法發生：與全人放射科醫師的療癒冒險》

Burch, Wanda. *She Who Dreams: A Journey into Healing through Dreamwork.* San Francisco, CA: New World Library, 2003.《做夢的她：透過夢工作邁向療癒的旅程》

Kemper, Kathi J. MD, MPH. *Authentic Healing: A Practical Guide for Caregivers.* Minneapolis, MN: Two Harbors Press, 2016.《真正的療癒》

Newmark, Amy and Kelly Sullivan Walden. *Chicken Soup for the Soul: Dreams and Premonitions: 101 Amazing Stories of Miracles, Divine Intervention, and Insight.* Cos Cob, CT: Chicken Soup for the Soul, 2015.《心靈雞湯：夢與預感》

O' Brien, Deborah. *Bliss: Behind the Mask.* Carlsbad, CA: Balboa Press, a division of Hay House, 2015.《至福：在面具背後》

O'Keefe-Kanavos, Kathleen. *Surviving Cancerland: Intuitive Aspects of Healing*. Cypress House, Fort Bragg, CA, 2014.《癌境夢遊：直覺切入治療》

Siegel, Bernie S., MD. *A Book of Miracles: Inspiring True Stories of Healing, Gratitude, and Love*. Reprint. San Francisco, CA: New World Library, 2014.《奇蹟之書：愛、天使與禱告的神奇故事》

—. *Love, Medicine and Miracles: Lessons Learned about Self-Healing from a Surgeon's Experience with Exceptional Patients*. Reprint. New York: William Morrow, 2011.《愛・醫藥・奇蹟》

Van de Castle, Robert L. *Our Dreaming Mind*. New York: Ballantine Books, 1994.《我們做夢的心》

Walden, Kelly Sullivan. *It's All in Your Dreams: Five Portals to an Awakened Life*. Newbury Port, MA: Conari Press, an imprint of Red Wheel/Weiser, 2013.《全都在你的夢中：五扇通往覺醒人生的大門》

撰稿者簡歷

賴瑞・伯克（LARRY BURK）**醫學博士、能量心理學專業認證**，北卡羅來納州德罕 Healing Imager, PC 總裁，專攻遠距放射診斷、情緒釋放技巧（EFT）、催眠和夢工作。他是膝蓋和肩膀磁振造影的研究先驅之一。他後來接受針灸和催眠方面的訓練，是一位能量心理學專業認證從業人員。他是杜克大學整合醫學中心共同創辦人，現在是杜克大學醫學中心放射醫學諮詢夥伴。

他還在 Oriental Health Solutions, LLC 公司擔任兼職教練。伯克醫師是門羅研究所醫療直覺與象徵治療的客座講師。他是美國科學醫療直覺委員會的創始成員、國際夢研究學會的會員，以及萊茵河研究中心前董事會主席。他的書《讓魔法發生：與全人放射科醫師的療癒冒險》在二〇一二年出版。二〇一六年三月，他在 TEDx talk 發表演講，主題爲「Cancer Warning Dreams that Can Save Your Life」（癌症預警夢可以救你一命）。

有關他的演講、論文、部落格和電子報，可到以下網站搜尋 www.larryburkmd.com。

凱瑟琳（**凱特**）**・奧基夫・卡納沃斯**（KATHLEEN (KAT) O'KEEFE-KANAVOS）曾三度從癌症中倖存，她的指引夢診斷出她的疾病，她的故事可見於《奧茲醫生秀》、NBC 新聞、

American Express Open，以及各報章雜誌，在她獲得多項獎項的書籍《癌境夢遊》以及《心靈雞湯：夢與預感》（*Chicken Soup for the Soul: Dreams and Premonitions*）也有詳盡的描述。凱特在佛羅里達州 Lee County Schools 教授特殊教育，並在南方佛羅里達大學麥爾茲堡分校（University of Southern Florida, Fort Myers Branch）教授心理學。凱特是一位作家、講師、電視/電台主持人/製作人。她是《Wicked Housewives On Cape Cod》的製作人，在 New Earth TV 主持《Kat Kanavos Show》，是《*Women's Voices*》雜誌和 BizCatalyst360 網站的國際聯合專欄作家，並擔任有關病人權益、靈性指引等方面主題的講師。

更多相關訊息請上 www.KathleenOkeefeKanavos.com。

卡蒂・坎伯爾（KATHI KEMPER）**醫學博士、公衛碩士**是整合健康與保健中心（Center for Integrative Health and Wellness）的創始主任；俄亥俄州立大學的小兒科教授；曾經在華盛頓大學、耶魯大學、哈佛大學任教；並且在波士頓、北卡羅來納州和俄亥俄州創立了三個整合醫學學術中心。

她已經發表超過一百七十篇同儕評閱的研究論文，和四本針對一般大眾所寫的書籍。她曾擔任小兒科學術學會主席，創立了美國小兒科學會整合醫學分會，並且擔任國際期刊《*Complementary Therapies in Medicine*》總編輯。她在二〇一六年最新出版的著作是《真正的療癒：給照顧者的實用指南》（*Authentic Healing: A Practical Guide for Caregivers*）。

坎伯爾醫師是國際公認的小兒科整合醫學的創始人，並且經常接受媒體諮詢，包括《紐約時報》、《芝加哥論壇報》、新聞週刊、《ABC News》、《華爾街日報》、《Redbook》和《USA Today》。

薩維特里・辛普森（SAVITRI SIMPSON）是多本書的作者，其中包括《夢的意義》。她擁有德州韋科大學（University of Waco）學士學位。薩維特里與她的丈夫蘇達山（Sudarshan）住在阿南達村（Ananda Village）的圓頂屋裡，阿南達村是位於北加州的共同靈修社區，以帕拉宏撒・尤迦南達（Paramhansa Yogananda）的教誨爲指引，由斯瓦米・克里亞南達（Swami Kriyananda）創辦。她是 Nayaswami Order 的成員，所以她被稱爲 Nayaswami Savitri。

想了解更多訊息，請上 www.savitrisimpson.com。

羅西奧・阿吉瑞（ROCIO AGUIRRE）是一名認證的教練、變革轉型教育工作者，也是一位演說家，她曾經在學習產業的企業裡從事科技和專業發展領域的工作將近二十年。她透過夢工作、正念和其他方式，幫助人們充分發揮潛能，找到生命的意義。她是 Awake and Live Your Dreams 的創辦人。

想了解更多訊息請上 www.magloireaguirre.com。

亞典娜・柯林斯基（ATHENA KOLINSKI）碩士，是哲學研究大學（University of Philosophical Research）宗教研究教授，她在那裡獲得第二個碩士學位，主修意識研究。她在加州州立大學北嶺分校獲得學士和碩士學位。雅典娜是一位認證的塔羅牌老師、New Dreamwork 網站的教練，以及二〇一七至二〇一八年國際夢研究學會的當地負責人。

想了解更多訊息請上 www.starcarddreaming.com。

瑞貝卡・格拉西塔諾（REBECCA GERACITANO）是位於肯塔基路易維爾的認證催眠治療師。她在六歲的時候就有了第一次對前世的覺知，後來又夢到前世、她自己的輪迴與前世回溯之旅，這鼓舞她去幫助別人邁向靈性完整的道路。

想了解更多訊息請上 www.integrativemind.net。

黛博拉・歐布萊恩（DEBORAH O'BRIEN）是《至福：在面具背後》（*Bliss: Behind the Mask*）這本書的作者，是一位激勵人心的演講者、靈修教練與自我形象顧問。二十六年前，在一次瀕死經驗與療癒夢的遭遇中，她經歷了靈性的覺醒。她現在教導當年療癒她生命的八個步驟，以此作爲一種工具，幫助女性從摧毀性的模式與受限的信念中解脫出來。

想了解更多訊息請上 www.deborahobrienbliss.com。

印加・尼森鮑姆（INKA NISINBAUM）由於囊腫纖維化，在二〇〇二年進行了肝和肺的雙重器官移植。她擁有心理學碩士學位；她來自德國，是曾在德國出書的作家，也是激勵人心的演說家。印加是全世界唯一一位做過這類移植手術之後生下孩子的婦女。

想了解更多訊息請上 www.inkanisinbaum.com。

瑪麗亞・瑪絲（MARIA MARS）在十歲的時候成了一名〈美麗的夢中人〉（Beautiful Dreamer），當她學會在電子琴上彈奏出這首歌曲時。她記錄了二十多年沉睡時和甦醒時的夢，探索這位宇宙意識夢者的多面向訊息，並且促進有意識的蛻變經驗，也就是所謂自我的藝術（The Art of Ourselves，簡稱 TAO）。瑪麗亞是一位品管專家、覺性赤腳舞者、環境保護者、作家和藝術家。

派翠西亞・羅絲・烏札克（PATRICIA ROSE UPCZAK）是一位作家、靈氣師父、工作坊負責人和老師。她住在洛磯山脈。她目前正在規畫幾本新書，並且推出了一個名爲《創造力、思考與教育》（*Creativity, Thinking, and Education*）的播客節目。

想了解更多訊息，請上www.HappyTeachersHappyStudents.com。

卡洛琳·金尼（CAROLYN K. KINNEY）**博士，註冊護士**，是一位退休的護理教授，曾任教於愛荷華大學、密西根大學、德州大學（奧斯汀、加爾維斯敦分校）的護理學院。金尼博士在她的護理生涯中，致力於將全人醫療的觀點融入到主流的健康照護。她還根據護理學的形塑和角色模範理論，提供個人、家庭和團體的諮商服務。

波萊特·維斯布羅德·戈茲（PAULETTE WYSSBROD-GOLTZ）剛剛獲得她的心理學學士學位，並擔任三個線上平台的自由作家。在和乳癌經歷過一場奮戰之後，她離開了Corporate America公司，從此熱衷於寫作。她的第一本小說《霸凌》（*Bully*），大約是在二〇一五年十一月的全國小說寫作月完成的。現在，寫作、閱讀、音樂和電影，佔據了她大部分清醒的時間。她現在與家人住在德州傑克遜湖。

想了解更多訊息，請上https://pwgwrites.com。

汪達·伯奇（WANDA BURCH）是一位倖存了二十六年的乳癌患者。二〇〇三年，New World Library出版了有關於她的療癒經歷和夢境的故事：《做夢的她：透過夢工作邁向療癒的旅程》。作爲退休的歷史學家，她從事歷史遺跡保護工作，並且在歷史學會和博物館董事會工作。她持續致力於夢境和乳癌權益維護的相關計畫。

關於她的書的訊息，請上www.wandaburch.com。

蘇珊娜・瑪麗亞・德・格雷戈里奧（SUZANNE M. DE GREGORIO）成長於紐澤西州南部，畢業於肯塔基大學，主修政治和國際關係。她積極參與自閉症、環境保護，以及醫用大麻合法化的草根倡議運動。蘇珊娜在東路易維爾爲社區經營一家食物銀行。她和丈夫、兒子住在肯塔基路易維爾。

她的部落格請見http://moonbeamsecodreams.blogspot.com。

達納・瓦爾登（DANA WALDEN）是IREO（Intergovernmental Renewable Energy Organization，政府間可再生能源組織）教育委員會的前主席、Fostering a Change（爲寄養體系外的高齡婦女提供住房和支持方案）的創始董事會成員、「夢想計畫」（青年增能計畫）的共同創始人，也是享譽國際的作曲家、表演者、製作人和導演。他的謬思管理（Muse Management）法致力於實現夢想。他是Strategic Insights and Creative Implementation for CHIME IN（the Change Is Me International）方案的總監。

想了解更多訊息，請上 www.LuvHubProductions.com。

達娜・琳恩・安德森（DANA LYNNE ANDERSEN）**碩士**，是一位富有想像力的多媒體藝術家、作家和轉化的媒介，她曾經在三大洲任教和展出。她創立了覺醒藝術學院（Awakening Arts Academy），中心位在奧勒岡州波特蘭市的 Ananda Laurelwood Campus，以及義大利阿西西的 Ananda Europa。她提供轉化藝術的課程和認證。她的作品曾出現在報紙、廣播、電視以及書籍和雜誌的封面上。

想了解更多訊息，請上 http://danalynneandersen.com。

珍・卡特拉（JANE KATRA）**博士**在奧勒岡大學教授公衛。她在靈媒研究上有傑出的成果，並且從事靈性治療有四十二年之久。她在一九九四年的瀕死經驗中，感受到非常高的振動範圍，在那裡，她被指示去活化其他人微弱的能量系統。她也曾經有在清醒和做夢的狀態下與死者溝通的經驗。她也與物理學家羅素・塔格合寫了兩本書《心的內心：用我們的心轉變我們的意識》（*The Heart of the Mind: Using Our Mind to Transform Our Consciousness*），以及《心的奇蹟：探索非局部的意識和靈性療癒》（*Miracles of Mind: Exploring Nonlocal Consciousness and Spiritual Healing*）。

想了解更多訊息，請上 www.janekatra.org。

增強你的讀書俱樂部

《因為夢，我還活著：讓夢境告訴你身體到底出了什麼問題！》這本書提出了許多複雜難解的事物，需要輔以不同的觀點，例如：

1. 醫學科學對照夢境直覺，以及傳統治療對照全人療法。
2. 針對診斷早期的健康狀況，夢作為一種診斷工具和醫療檢測，是否可以跟傳統的醫學並存與互補，或是只會互相牴觸？
3. 討論哪些夢境故事對你的影響最大，以及為什麼？
4. 討論一個人可以如何利用夢境來自我維權，以避免成為環境下的受害者。
5. 討論你對指導靈、天使、聲音、本能和直覺的感覺。

First published by Findhorn Press,an imprint of Inner Traditions International,Rochester,Vermont.
This edition published in agreement with Inner Traditions International through The Artemis Agency,

衆生系列 JP0205

因爲夢，我還活著：讓夢境告訴你身體到底出了什麼問題！

Dreams That Can Save Your Life: Early Warning Signs of Cancer and Other Diseases

作　　者／賴瑞．伯克（Larry Burk）
凱瑟琳．奧基夫．卡納沃斯（Kathleen O'Keefe-Kanavos）
譯　　者／許芳菊
責任編輯／陳怡安
業　　務／顏宏紋

總 編 輯／張嘉芳
出　　版／橡樹林文化
城邦文化事業股份有限公司
104 台北市民生東路二段 141 號 5 樓
電話：(02)2500-7696　傳眞：(02)2500-1951
發　　行／英屬蓋曼群島商家庭傳媒股份有限公司城邦分公司
104 台北市中山區民生東路二段 141 號 5 樓
客服服務專線：(02)25007718；25001991
24 小時傳眞專線：(02)25001990；25001991
服務時間：週一至週五上午 09:30 ～ 12:00；下午 13:30 ～ 17:00
劃撥帳號：19863813　戶名：書虫股份有限公司
讀者服務信箱：service@readingclub.com.tw
香港發行所／城邦（香港）出版集團有限公司
香港灣仔駱克道 193 號東超商業中心 1 樓
電話：(852)25086231 傳眞：(852)25789337
Email：hkcite@biznetvigator.com
馬新發行所／城邦（馬新）出版集團 Cite (M) Sdn Bhd
41, Jalan Radin Anum, Bandar Baru Sri Petaling,
57000 Kuala Lumpur, Malaysia.
電話：(603)90563833　傳眞：(603)90576622
Email:services@cite.my

內文排版／歐陽碧智
封面設計／耳東惠設計
印　　刷／韋懋實業有限公司

初版一刷／ 2022 年 11 月
ISBN ／ 978-626-72190-1-0
定價／ 600 元

城邦讀書花園
www.cite.com.tw

國家圖書館出版品預行編目（CIP）資料

因為夢，我還活著：讓夢境告訴你身體到底出了什麼問題！
／賴瑞．伯克（Larry Burk），凱瑟琳．奧基夫．卡納沃斯
（Kathleen O'Keefe-Kanavos）著；許芳菊譯 . -- 初版 . --
臺北市：橡樹林文化，城邦文化事業股份有限公司出版：
英屬蓋曼群島商家庭傳媒股份有限公司城邦分公司發行，
2022.11
面；　公分 . --（衆生：JP0205）
譯自：Dreams that can save your life : early warning signs of cancer and other diseases.
ISBN 978-626-7219-01-0（平裝）

1.CST: 夢　2.CST: 解夢　3.CST: 心身醫學

175.1　　111016202

廣	告	回	函

北區郵政管理局登記證

北台字第10158號

郵資已付　免貼郵票

104台北市中山區民生東路二段141號5樓

城邦文化事業股份有限公司

橡樹林出版事業部　收

請沿虛線剪下對折裝訂寄回，謝謝！

|橡|樹|林|

書名：因為夢，我還活著：讓夢境告訴你身體到底出了什麼問題！

書號：JP0205

橡樹林文化
讀者回函卡

感謝您對橡樹林出版社之支持，請將您的建議提供給我們參考與改進；請別忘了給我們一些鼓勵，我們會更加努力，出版好書與您結緣。

姓名：＿＿＿＿＿＿＿＿＿＿ □女 □男 生日：西元＿＿＿＿＿年

Email：＿＿＿＿＿＿＿＿＿＿＿＿＿＿＿＿＿＿＿＿

●您從何處知道此書？

□書店 □書訊 □書評 □報紙 □廣播 □網路 □廣告 DM □親友介紹

□橡樹林電子報 □其他＿＿＿＿＿＿

●您以何種方式購買本書？

□誠品書店 □誠品網路書店 □金石堂書店 □金石堂網路書店

□博客來網路書店 □其他＿＿＿＿＿＿

●您希望我們未來出版哪一種主題的書？（可複選）

□佛法生活應用 □教理 □實修法門介紹 □大師開示 □大師傳記

□佛教圖解百科 □其他＿＿＿＿＿＿

●您對本書的建議：

＿＿＿＿＿＿＿＿＿＿＿＿＿＿＿＿＿＿＿＿

＿＿＿＿＿＿＿＿＿＿＿＿＿＿＿＿＿＿＿＿

＿＿＿＿＿＿＿＿＿＿＿＿＿＿＿＿＿＿＿＿

＿＿＿＿＿＿＿＿＿＿＿＿＿＿＿＿＿＿＿＿

＿＿＿＿＿＿＿＿＿＿＿＿＿＿＿＿＿＿＿＿

非常感謝您提供基本資料，基於行銷及客戶管理或其他合於營業登記項目或章程所定業務需要之目的，家庭傳媒集團（即英屬蓋曼群商家庭傳媒股份有限公司城邦分公司、城邦文化事業股分有限公司、書虫股分有限公司、墨刻出版股分有限公司、城邦原創股分有限公司）於本集團之營運期間及地區內，將不定期以MAIL訊息發送方式，利用您的個人資料於提供讀者產品相關之消費與活動訊息，如您有依照個資法第三條或其他需服務之業務，得致電本公司客服。

我已經完全瞭解左述內容，並同意本人資料依上述範圍內使用。

＿＿＿＿＿＿＿＿＿＿（簽名）

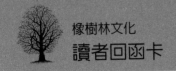